TGCR

『十三五』国家重点出版物出版规划项目

长江三峡工程
文物保护项目 报告 乙种第五十七号

重庆市文物局 重庆市水利局 主编

巫山江东嘴墓地

中国文化遗产研究院
宜昌博物馆

编著

科学出版社

内 容 简 介

巫山江东嘴墓地位于重庆市巫山县巫峡镇，是一处以汉代墓葬为主，包括两晋时期墓葬的墓地。本书以江东嘴墓地1998~2004年先后五次发掘的102座墓葬为研究内容，将江东嘴墓地的墓葬分为五期，各期年代分别相当于西汉中期、西汉晚期、新莽至东汉早期、东汉中晚期、两晋时期。江东嘴墓地出土器物的演变序列较为完整，为建立峡江地区汉晋墓葬分期序列提供了参考。这批墓葬材料对再现巫山地区汉至六朝时期的政治、经济、文化和社会变迁具有重要意义。

本书适合从事考古学、历史学、博物馆学及相关学科的研究人员与相关专业高校师生阅读和参考。

图书在版编目（CIP）数据

巫山江东嘴墓地 / 中国文化遗产研究院，宜昌博物馆编著. -- 北京：科学出版社，2025.4. --（长江三峡工程文物保护项目报告）. -- ISBN 978-7-03-081981-9

Ⅰ. K878.85

中国国家版本馆CIP数据核字第2025NH9911号

责任编辑：王光明 / 责任校对：邹慧卿
责任印制：肖　兴 / 封面设计：陈　敬

科学出版社 出版
北京东黄城根北街16号
邮政编码：100717
http://www.sciencep.com
北京中科印刷有限公司印刷
科学出版社发行　各地新华书店经销

*

2025年4月第　一　版　　开本：880×1230　1/16
2025年4月第一次印刷　　印张：17 1/4　插页：31
字数：500 000

定价：268.00元
（如有印装质量问题，我社负责调换）

"13th Five-Year Plan" National Key Publications Publishing and Planning Project

Reports on the Cultural Relics Conservation
in the Three Gorges Dam Project
B(site report) Vol.57

Cultural Relics and Heritage Bureau of Chongqing
Chongqing Water Resources Bureau

TGCR

Jiangdongzui Tombs in Wushan County

China Academy of Cultural Heritage
Yichang Museum

Science Press

长江三峡工程文物保护项目报告

重庆库区编委会

石　强　高　琳　刘　忠　幸　军　王德兵　王川平　程武彦

刘豫川　白九江

重庆市人民政府三峡文物保护专家顾问组

张　柏　谢辰生　吕济民　黄景略　黄克忠　苏东海　徐光冀

刘曙光　夏正楷　庄孔韶　王川平　李　季　张　威　高　星

长江三峡工程文物保护项目报告
乙种第五十七号

《巫山江东嘴墓地》

主 编

肖承云　阮胜胜

副 主 编

乔 梁　刘继东　吴义兵　赵 冬

项目承担单位

中国文化遗产研究院

重庆市文物考古研究院

宜昌博物馆

目　　录

插 图 目 录

图版目录

第一章　绪　　论

第一节　地理位置

　　江东嘴墓地位于重庆市巫山县境内长江与大宁河交汇处东岸凸出的三角形山嘴上，行政区划隶属巫山县巫峡镇江东村二组和三组，遗址西面过大宁河即为巫山县城，遗址东面为下沱遗址，东去1千米即为三峡之一的巫峡峡口，北面为陡峻的山体，南面为长江干流（图一）。

　　巫山为重庆市的所属县城，地处重庆市和湖北省的边界处，其北相邻巫溪县，其西相邻奉节县，其南相邻湖北省建始县，其东相邻湖北省巴东县。巫山是四川盆地东部的边缘山地、大巴山和鄂西山地的接壤地带，地形复杂。巫山地处长江三峡的瞿塘峡与巫峡之间，峡谷幽深，境内有长江及大宁河，而巫山县城则位于长江和大宁河的交汇处。

　　大宁河是长江三峡库区长江北岸的一级支流。它发源于重庆市巫溪县大巴山南麓，流经重庆巫溪和巫山两个县，经巫山县城注入长江，全长约250千米，流域面积3720平方千米。从地貌上看，大宁河流域属于四川盆地东部边缘部分，因长期在内外力相互作用下而形成复杂多样的地貌形态。大宁河上游分为东溪、西溪两支，西溪的源头在重庆市巫溪县高楼乡龙潭河，为大宁河的主流，长117千米。东溪的源头在巫溪县的高竹乡，大巴山南麓，长90千米。东溪、西溪两水在两河口汇合后称为大宁河。大宁河流域的上游是山间谷地，中下游是大昌盆地，盆地中部有中低山和各级台地，地势由西北向东南倾斜，被东北部的大巴山脉与西南部的巫山山脉所环绕。

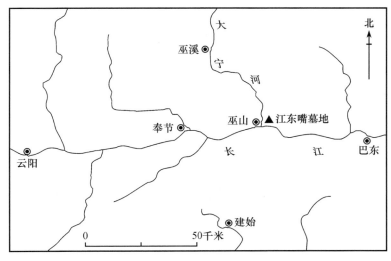

图一　江东嘴墓地位置示意图

第二节　历史沿革

　　大宁河所在的巫山地区很早就有人类活动，巫山龙骨坡遗址出土的距今200万年前旧石器时代"巫山直立人"在探讨亚洲人类起源问题上有着举足轻重的作用。旧石器时代中、晚期以来，三峡地区一直有人类在此生存、繁衍，发展至新石器时代的大溪文化，更是研究长江流域文明起源不可或缺的一支重要文化。

　　据《巫山县志·沿革志》，巫山历唐、虞及三代，悉以巫称。唐尧时，巫山以巫咸得名。《艺林伐山》卷四引郭璞《巫咸山赋》："巫咸以鸿术为帝尧医师，生为上公，死为贵神，封于是山，因以为名。"虞，《舜典》"肇十有二州"，巫山属荆梁之区。夏，《禹贡》分九州，巫山仍在荆梁二州之城。夏后启帝的臣子孟涂主管巴人讼狱类事务。汤灭夏后，巫山尚有其臣民，可见当时这一地区已经和中原地区有密切的交流。

　　商周时期这里生活着巴、庸、夔等国族，其中巴国影响力最强，1980年出土于巫山大昌镇大宁河李河滩的三羊方尊、双偃塘遗址等都证明商周时期巫山地区的重要地位。庸国曾参与灭商战争，其中心大约在湖北，领域大致覆盖大宁河流域或其北部地区。周初，巫山的大宁河下游与长江一带建有鱼复国。

　　商代后期至西周初年，巫山为庸国之地。庸国是一个臣服于商王朝的较大的方国，其立国之地在今湖北省西北部与重庆巫山、巫溪接壤的竹溪、竹山一带。周宣王时代（前827～前782年）熊挚之子建立夔子国（系楚国附属）。巫山曾一度成为夔子国的建都之地，后来为北面庸国所逼，才东迁秭归。从西周周宣王时代到春秋中叶，巫山地区一直属夔子国管辖。

　　春秋战国时期（前634年），夔子国因不祭祀楚国的祖先祝融，楚王派令尹成得臣、司马子西灭夔，县境随之归楚。公元前611年，楚联合巴、秦，灭掉庸国以后，即在巫山设置巫郡，系楚国西陲门户。

　　秦昭襄王三十年（前277年），秦国派蜀守张若伐楚，攻巫郡。又命白起突袭楚国郢都（今江陵），烧夷陵（今宜昌），截断楚国对巫郡援救，遂夺取巫郡及江南之地，置黔中郡，巫郡以县隶属秦国（治今大昌镇），后改属南郡。以巫名县，自此开始。

　　汉高祖元年一度更郡名为临江，五年复故。汉景帝二年再改郡名为临江，中二年复故。王莽时，此地隶属荆州。东汉建安十五年（210年），析巫县置北井县。蜀汉章武二年（222年），县境属吴国宜都郡。吴孙休永安三年（260年），分宜都郡置建平郡，治巫县。

　　西晋泰始四年（268年），以巫县为吴蜀之界，置建平郡都尉治，又置北井县。后又改都尉为建平郡，又置南陵县。宋、齐、梁皆因之。后周巫县属建平郡，又置江阴县。

　　隋文帝改州、郡、县三级制为州、县二级制，以州统县。开皇三年（583年），巫县加"山"字，巫山县名自此开始，属巴东郡。唐武德元年（618年），改隋巴东郡为信州；武德二年（619年），改信州为夔州，仍置总管府；贞观十四年（640年，改为夔州都督府；天宝元年（742年），易都督府为云安郡；乾元元年（758年），复为夔州。巫山县皆属。

　　宋太祖开宝六年（973年），以夔州大昌县盐泉所建为大宁监（治今巫溪县）；端拱元年

（988年），大昌县自夔州改属大宁监。是时，巫山县隶属夔州路。嘉定八年（1215年），大昌县移治今大昌镇。

元王朝废军、监制，改为州县，巫山县直属夔州路。世祖至元二十年（1283年），升大宁监为州，大昌县并入大宁州，亦属夔州路。明代废路改府，省州改县，巫山隶属夔州府。太祖洪武十三年（1380年），大昌县自大宁州析出复置，并于边地设当阳镇巡检司（治今当阳乡）。清初，袭明制。由于连年战争，大昌县因钱粮无几，县民寥寥，已不成治。康熙九年（1670年）八月，大昌县并入巫山，隶属夔州府。

中华人民共和国成立后，四川省巫山县人民政府于1949年12月17日成立，隶属四川省万县地区。1951年3月，湖北建始铜鼓乡划归到巫山县官渡区境域。1961年3月，北部的龙溪人民公社所属上安、下安、双河，划归巫溪县，形成至今的巫山县境。1993年，属四川省万县市巫山县。1997年，重庆列为直辖市之后，划为重庆属县。2003年8月，为配合三峡工程建设，巫山新县城建设落成。

第三节　工作概况

一、工作背景

20世纪50年代，为配合长江三峡水库建设工程需要，由四川省博物馆、重庆市博物馆和四川大学历史系合作进行了长江三峡水库考古调查，这是新中国成立后进行的第一次大规模的考古普查工作。调查发现的巫山地区重要遗址有双堰塘遗址和火爆溪遗址；20世纪80年代，中国社会科学院考古研究所四川工作队在巫山地区，共调查有文化堆积的遗址十余处，年代从东周至汉以后，分布在大宁河和长江流域；20世纪90年代后，伴随着三峡水利工程建设和重庆直辖之后开展的库区文物保护工作，巫山地区的考古调查发掘工作也进入了高潮，两汉时期的墓葬被大量发现。根据相关资料，在巫山地区发掘的两汉时期墓葬遗址有20余处，包括双堰塘遗址、林家码头遗址、涂家坝遗址、琵琶洲遗址、水田湾墓地、王城坡墓地、下沱遗址、麦沱墓地、江东嘴墓地等。

二、调查和发掘经过

江东嘴墓地处在长江与大宁河交汇处东岸凸出的三角形山嘴上，西面过大宁河即为巫山县城，东去1千米即为三峡之一的巫峡峡口，北面为陡峻的山体，南面为长江干流。区域内有差转台、神女庙旧址、大和尚包、小和尚包等山包，地势坡度较大，文化遗产分布范围广，时间跨度长，主要遗存为汉代至六朝的墓葬，还有新石器时代、商周的文化遗存分布。其中墓葬大致沿迎江或河面呈"L"形分布，占地面积超过75000平方米，墓葬依坡安置、高低错落，主要分布在海拔130~190米。

　　江东嘴墓地早在20世纪50年代末已被发现。为配合三峡水利工程建设，1987年以来中国社会科学院考古研究所、四川省文物考古研究所等单位对该墓群进行了多次查勘，并制定出发掘保护规划。为配合三峡工程的文物抢救与保护工作，在重庆市三峡文物保护办公室的统一规划下，1998～2004年，多个单位对江东嘴墓地所在的区域进行了发掘工作。海拔135米以上的江东嘴迁建区历史时期墓葬发掘由中国文物研究所（现中国文化遗产研究院）、宜昌博物馆完成；海拔135米以下的遗址和墓葬主要由南京大学、湖南省文物考古研究所（现湖北省文物考古研究院）完成。

　　本报告以中国文物研究所、宜昌博物馆的墓葬发掘为主要内容（图二），具体发掘情况介绍如下。

（一）1998年发掘情况

　　中国文物研究所和吉林大学考古学系共同承担完成了1998年度的保护发掘工作，由于经费滞后等原因，实际发掘工作自1999年5月完成。根据万余平方米的重点勘探确定了发掘区域，发掘区域分为1998WJ Ⅰ、Ⅱ、Ⅲ三个区域，完成发掘面积1000平方米，发掘了20座墓葬和5座残墓。参加发掘工作的有叶学明、乔梁、李言、杨晶及吉林大学考古学系99届学生3人，山西省考古研究所技术工人3人，修复、摄影、绘图由王超、李言、马小娇完成，并由杨晶、李言执笔发表了简报[①]。

（二）2000年发掘情况

　　中国文物研究所和宜昌博物馆共同承担2000年度巫山江东嘴墓地的考古勘探75000平方米，考古发掘2000平方米的工作任务。2000年度的工作是在1998年度工作的基础上展开的，2000年11～12月对墓群进行了全面勘探，采取了边勘探边发掘的方法，发掘工作自2000年12月至2001年3月底。发掘区域分为2000WJ Ⅰ、Ⅱ、Ⅲ三个区域，完成发掘面积2000平方米，发掘了31座墓葬。参加发掘工作的有叶学明、乔梁、刘继东、李孝配、乔峡、向光华、王超，山西省考古研究所技术工人4人，绘图、摄影由王超、谷德平完成，并由乔梁、刘继东执笔发表了简报[②]。

---

　　① 　重庆市文物局、中国文物研究所、吉林大学考古学系等：《巫山江东嘴墓群发掘报告》，《重庆库区考古报告集·2000卷》，科学出版社，2007年。

　　② 　重庆市文物局、中国文物研究所、吉林大学考古学系等：《巫山江东嘴墓群发掘报告》，《重庆库区考古报告集·2000卷》，科学出版社，2007年。

（三）2003年发掘情况

重庆市文物考古所（现重庆市文物考古研究院）、宜昌博物馆承担了2003年度巫山江东嘴墓地、神女庙遗址的考古发掘任务，分为两个发掘点进行，因神女庙遗址紧挨江东嘴墓地，两处墓葬的文化内涵又较一致，故将神女庙遗址的墓葬部分归入江东嘴墓地。2003年10月底到12月底，宜昌博物馆继续对江东嘴墓地进行了考古发掘工作，发掘面积2050平方米，发掘区域分为2003WJⅠ、Ⅱ两区，发掘了13座墓葬。参加发掘的工作人员有刘继东、李孝配、王超、付义、周昊、胡明忠、侯清伟、许卫国。宜昌博物馆对神女庙遗址进行了大面积的调查和勘探，神女庙遗址已毁坏殆尽，但墓葬分布却较密集，2003年10月底到12月底，宜昌博物馆对神女庙遗址进行了考古发掘工作，发掘面积800多平方米，发掘区域分为2003WSⅠ、Ⅱ两区，发掘了8座墓葬，参加发掘工作的人员有刘继东、乔峡、向光华、刘晓伟、曹祖德。

（四）2004年发掘情况

重庆市文物考古所、宜昌博物馆承担了2004年度对神女庙遗址考古勘探发掘的任务，2004年9~12月，完成了勘探面积15000平方米，发掘面积4000平方米。神女庙遗址的第二次发掘主要集中于长江沿线，发掘区域分2004WSⅢ、Ⅳ两区进行，发掘了30座墓葬。参加发掘工作的人员有刘继东、李孝配、乔峡、王超、刘晓伟、丁丹、侯清伟、许卫国、陈俊华、曹祖德。

三、资料整理与报告编写

江东嘴墓地历经多个单位数次发掘，由中国文物研究所负责1998年度和2000年度的发掘，在田野工作结束后，由中国文物研究所进行了器物修复、器物绘图、资料核对、摄影制卡，编写了发掘简报并提交了原始发掘资料档案，参加工作的人员有叶学明、乔梁、杨晶、李言、刘继东、李孝配、乔峡、向光华、王超、谷德平等。主要由宜昌博物馆负责的2003年度和2004年度的发掘在田野结束后，由宜昌博物馆进行了器物修复、器物绘图、资料核对、摄影制卡，编写了发掘简报，并提交了原始发掘资料档案，参加工作的人员有叶学明、乔梁、刘继东、李孝配、乔峡、向光华、王超、付义、周昊、胡明忠、侯清伟、许卫国、陈俊华、曹祖德等。

因历年的发掘简报仅公布了部分墓葬和出土器物情况，不能全面反映江东嘴墓地发掘情况，2021年通过重庆三峡办的协调帮助，收集整理了各发掘单位历年的原始发掘资料。在收集汇总了所有资料的基础上，对资料重新进行了核对整理，对原始资料中的墓葬平剖面图、器物线图重新进行了描制，对所有的发掘墓葬和出土器物的描述重新进行了核定，力求全面准确地反映发掘成果。全部资料由阮胜胜统一进行了清点核对，除简报已公布的器物卡片外，其他的器物描述由阮胜胜、裴蓓完成，需要重新描制的墓葬平、剖面图由阮胜胜、刘锐完成，需要重新描制的器物线图由杜青、阮胜胜完成，整理补充的探方资料、遗迹分布、探方剖面图等由阮胜胜完成，报告插图排版、图版等编排工作由阮胜胜完成。

资料整理过程中，因多个单位历年发掘，不同年度和不同单位的墓葬编号存在重复，为了保证与原始资料档案的统一性和完整性，在报告中根据发掘年度的区别，在编号中增加了年份和发掘点简称，如2000年度江东嘴发掘的M36改为"2000WJM36"，但原始档案中已有各年度的墓葬编号和器物编号均未改动，与本报告能准确对应，同时一些通过校准核对后补充的资料则顺号编排。在全面整理工作的基础上，报告的编写尽可能全面系统地介绍遗存，客观反映墓葬的堆积和文化面貌，同时进行了适当的分析和总结。以往发表的有关资料均以本报告为准（图三）。

本报告公布的是1998~2004年由中国文物研究所、重庆考古所、宜昌博物馆发掘的巫山江东嘴墓地的考古资料，是集体劳动的成果。在考古发掘、整理和报告的编写过程中，得到了各级领导、专家学者的关心、支持和指导，参与发掘、整理和研究工作的同人付出了辛勤的劳动，科学出版社王光明先生为本报告的出版倾注大量心血，在此一并表示诚挚的感谢！

第二章 1998WJ发掘区

第一节 工 作 情 况

为配合三峡水利工程建设,受重庆市文物局委托,在巫山县文物管理所的配合下,中国文物研究所和吉林大学考古学系承担了巫山江东嘴墓地1998年度的发掘工作,以沿长江一侧的淹没区(即江东村二社)为对象,实际发掘工作在1999年3~5月完成,完成发掘面积1000平方米。

本次发掘区域位于江东嘴墓地的东南部,处在小和尚包的南部(图版一,1)。根据万余平方米的重点勘探确定了发掘区域,发掘区域分为1998WJⅠ、Ⅱ、Ⅲ三个区域。其中1998WJⅠ区的高程一般在170米之上,布设5米×5米的探方6个,布设探方方向为正南北向,探方编号为1998WJT1~1998WJT6;1998WJⅡ区布设5米×5米的探方11个,布设探方方向为正南北向,探方编号为1998WJⅡT1~1998WJT11(图四;图版三,1);1998WJⅢ区高程一般在150米之下,布设5米×5米的探方12个,布设探方方向为正南北向,探方编号为1998WJⅢT1~1998WJⅢT12(图五)。此次发掘墓葬总计20座,编号为1998WJM1~1998WJM20,清理近年遭盗掘的墓葬5座(墓葬编号前冠以CM),编号为1998WJCM1~1998WJM5。

第二节 文化堆积与层位

江东嘴墓地经多年的改土造田,破坏严重,三个发掘区域的文化层堆积也不相同。

1998WJⅠ区地势北高南低。文化堆积简单,耕土层下即为生土,生土为黄色土,结构紧密,呈块状,包含料姜石。1998WJM5、1998WJM16开口于耕土层下,打破生土。

1998WJⅡ区地势北高南低。文化堆积可分为三层。

以1998WJⅡT3、1998WJⅡT4北壁地层堆积情况为例(图六)。

第1层:耕土层。自北向南倾斜着分布于全方。厚10~15厘米。土色呈灰黄色,土质疏松,包含植物根茎等。

第2层:黄褐色土层。自北向南倾斜着分布于全方。厚25~50、深40~60厘米。土质较硬,包含少量陶片。

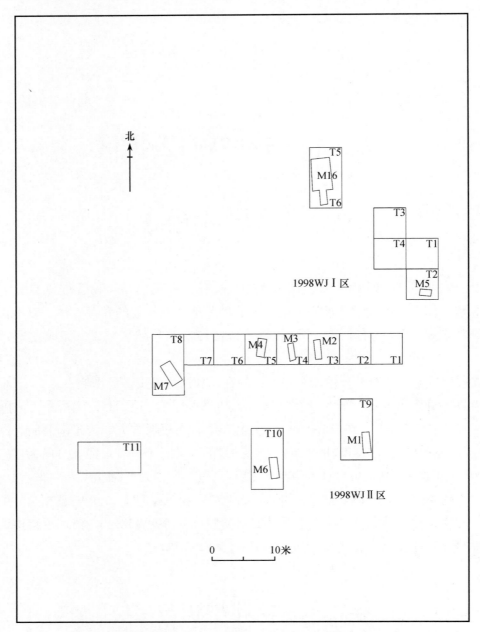

图四　1998WJⅠ、1998WJⅡ区探方、墓葬分布图

第3层：红褐色土层。仅分布于1998WJⅡT3。厚75～160、深120～200厘米。土质较坚硬。1998WJM2开口于此层下。

第3层下为生土。

1998WJⅢ区地势北高南低。文化堆积可分为二层。

以1998WJⅢT3南壁地层堆积情况为例（图七）。

第1层：耕土层。自北向南倾斜着分布于全方。厚20厘米。土色呈灰褐色，土质疏松，包含植物根茎等。

第2层：黄褐色土层。自北向南倾斜着分布于全方。厚20～40、深40～60厘米。土质较硬，1998WJM12、1998WJM13开口于此层下。

第2层下为生土。

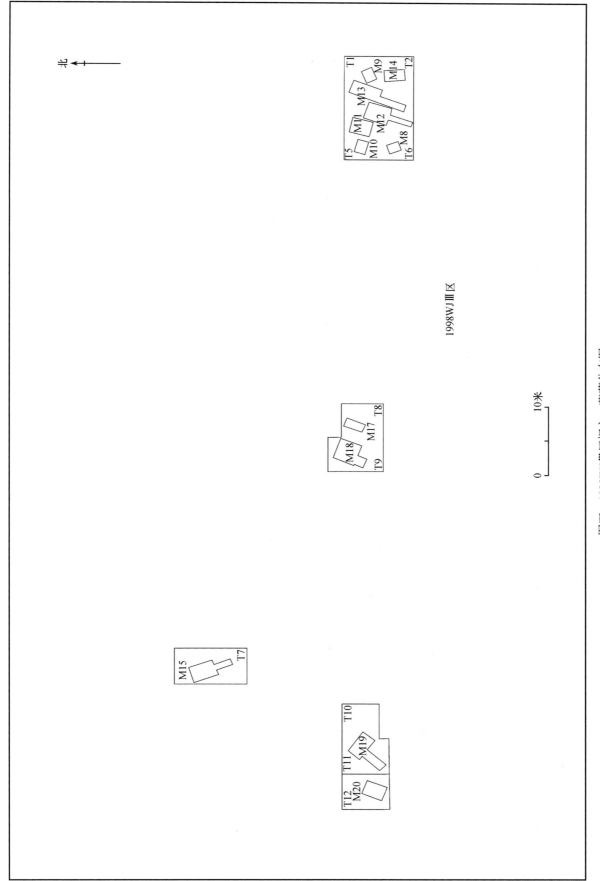

北 ←

1998WJⅢ区

T1　M3　M9　M14　T2
M11　M2
T5　M10　M8　T6

T8
M17
M18
T9

M15　T7

T10
T11　M19
T12　M20

10米

0

图五　1998WJⅢ区探方、墓葬分布图

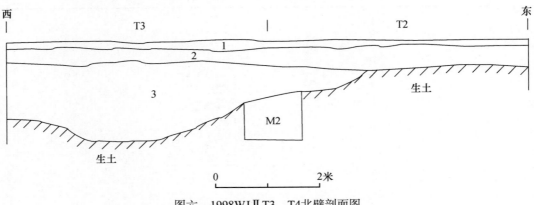

图六　1998WJⅡT3、T4北壁剖面图

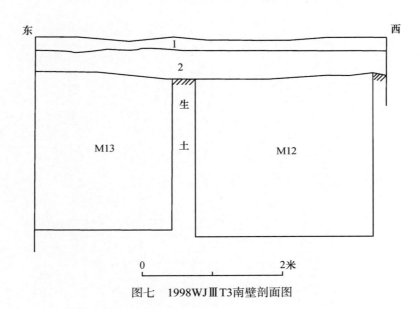

图七　1998WJⅢT3南壁剖面图

　　为全面反映该发掘区域的文化堆积情况，将发掘探方的层位关系分布介绍如下（"—"代表叠压关系，"→"代表打破关系）。

　　1998WJⅠT2：①—1998WJM5→生土

　　1998WJⅠT5、T6：①—1998WJM16→生土

　　1998WJⅡT3：①—②—③—1998WJM2→生土

　　1998WJⅡT4：①—②—1998WJM3→生土

　　1998WJⅡT5：①—1998WJM4→生土

　　1998WJⅡT8：①—1998WJM7→生土

　　1998WJⅡT9：①—1998WJM1→生土

　　1998WJⅡT10：①—1998WJM6→生土

　　1998WJⅢT1：①—1998WJM9→生土

　　1998WJⅢT2：①—1998WJM14→生土

　　1998WJⅢT3：①—②—1998WJM12、1998WJM13→生土

　　1998WJⅢT5：①—1998WJM10、1998WJM11→生土

　　1998WJⅢT6：①—1998WJM8→生土

1998WJⅢT7：①—②—1998WJM15→生土

1998WJⅢT8：①—②—1998WJM17→生土

1998WJⅢT9：①—②—1998WJM18→生土

1998WJⅢT11：①—②—1998WJM19→生土

1998WJⅢT12：①—1998WJM20→生土

第三节　墓葬概述

墓葬分为砖室墓、土坑竖穴墓、土坑洞室墓，共20座。

一、砖　室　墓

共9座，均为长方形竖穴砖室墓。

1998WJM1　长方形竖穴砖室墓，方向165°，位于1998WJⅡ区T9西部，开口于第1层下，打破生土。1998WJM1墓内填土为较硬的黏性五花土，墓口距地面深25厘米，墓室长392、宽164厘米，墓坑深200厘米。1998WJM1由单墓室组成，墓道不详，残存墓壁用单块横向的墓砖错缝平铺而成，墓室墓砖残存23层，从第24层开始起券，铺地砖呈"人"字形斜向平铺。被盗扰，人骨无存，葬具葬式不明，出土器物有瓷碗、瓦当、铜钱、骨匕形器等（图八）。

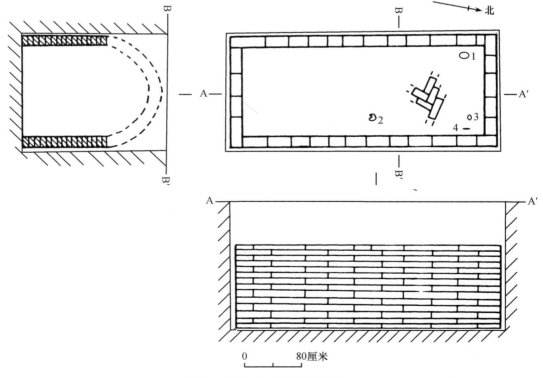

图八　1998WJM1平、剖面图

1.瓦当　2.瓷碗　3.铜钱　4.骨匕形器

瓷碗　1件。1998WJM1：2，胎色灰褐，釉色青绿，底部露胎。口微敛，尖唇，斜弧腹，平底，假圈足。口径8.4、高4.4厘米（图九，1）。

骨匕形器　1件。1998WJM1：4，匕形器。骨器。残。制作不精。扁条状，两端窄，一端似有尖。残长7.8厘米（图九，2）。

瓦当　1件。1998WJM1：1，残。泥质灰陶，表面沾有白灰。圆形，廓较高，饰卷云纹，瓦身饰绳纹。直径12厘米（图九，4）。

铜钱　1件。1998WJM1：3，剪轮五铢。方孔圆钱，"铢"字"金"旁磨去，"朱"上下笔均呈圆折。直径1.9、孔边长1.1厘米（图九，3）。

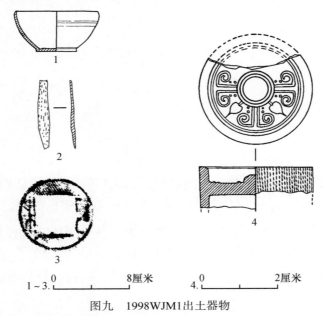

　　　　　　　　　　　　1 ~ 3. └─┴─┴─┴─┘ 8厘米　4. └─┴─┴─┘ 2厘米

图九　1998WJM1出土器物

1. 瓷碗（1998WJM1：2）　2. 骨匕形器（1998WJM1：4）　3. 铜钱（1998WJM1：3）　4. 瓦当（1998WJM1：1）

1998WJM2　长方形竖穴砖室墓，方向175°，位于1998WJⅡ区T3西北部，开口于第3层下，打破生土。1998WJM2墓内填土为黑褐色土，墓口距地面深30 ~ 50厘米，墓室长325、宽108厘米，墓坑深160 ~ 180厘米。1998WJM2由单墓室组成，墓葬北部残存部分券顶，墓道不详，残存墓壁用单块横向墓砖错缝平铺而成，墓室墓砖残存9 ~ 18层，从第19层开始起券，铺地砖为横竖交错平铺，有人骨朽痕、木棺朽痕和棺钉，葬式不明，1998WJM2被扰，出土器物有瓷壶、摇钱树叶等（图一〇）。

瓷壶　1件。1998WJM2：2，耳及流残缺。灰白色胎，青釉泛灰，未施到底，胎中含少量粗砂。盘口，圆唇，细颈，广肩，斜收腹，平底。肩部有弦纹，流与执耳对称，两者间对应位置上各有1鞍桥形系耳，流可能为鸡首形。口径5.6、腹径13.2、通高12.8厘米（图一一，1）。

铜摇钱树叶　1件。1998WJM2：3，方孔圆郭钱形，无文，边缘有枝叶残痕。钱径2.8厘米（图一一，2）。

铁棺钉　1件。1998WJM2：1，锈蚀。扁方锥体，四阿式方帽。长17.6厘米（图一一，3）。

1998WJM3　长方形竖穴砖室墓，方向175°，位于1998WJⅡ区T4西部，开口于第2层下，打破生土。1998WJM3墓内填土为黑褐色土，墓口距地面深30 ~ 80厘米，墓室长170、宽82厘米，墓坑深130 ~ 180厘米，1998WJM3由单墓室组成，墓葬南部残存部分券顶，北部有一盗

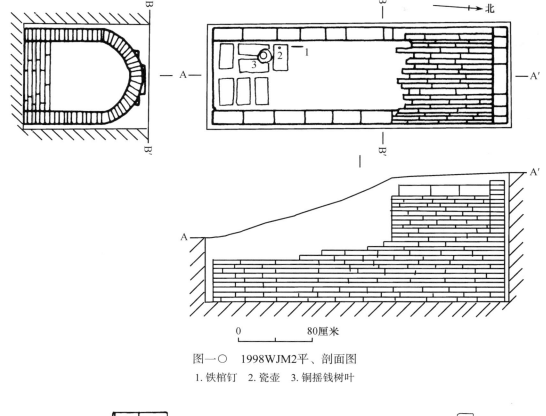

图一〇　1998WJM2平、剖面图

1.铁棺钉　2.瓷壶　3.铜摇钱树叶

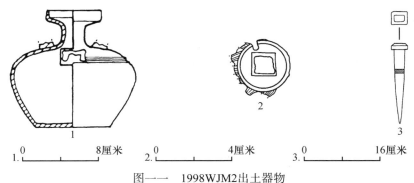

图一一　1998WJM2出土器物

1.瓷壶（1998WJM2：2）　2.铜摇钱树叶（1998WJM2：3）　3.铁棺钉（1998WJM2：1）

洞，墓道不详，残存墓壁用单块横向墓砖错缝平铺而成，墓室墓砖残存5～18层，从第19层开始起券，铺地砖为横竖交错平铺，有人骨朽痕、木棺朽痕和棺钉，葬式不明，1998WJM3被盗扰，无出土器物（图一二）。

铁棺钉　1件。1998WJM3：1，锈蚀。圆形帽，钉身剖面呈方形。长7.6厘米（图一三，1）。

印纹砖　1件。1998WJM3：2，正面模印规矩和轮辐纹等。长35.4、宽16.7、厚5.6厘米（图一三，2）。

1998WJM4　长方形竖穴砖室墓，方向190°，位于1998WJⅡ区T5西部，开口于第1层下，打破生土。1998WJM4墓内填土为五花土，墓口距地面深30～80厘米，墓口长400、宽120厘米，墓底长385、宽100厘米，墓底距地面深130～210厘米，墓坑深100～130厘米，1998WJM4由单墓室组成，墓葬南部残存部分券顶，墓道不详，残存墓壁用单块横向的墓砖错缝平铺而

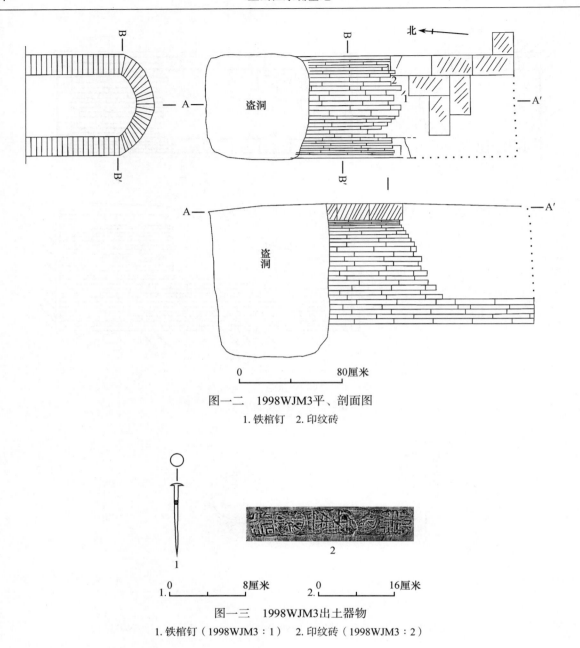

图一二　1998WJM3平、剖面图
1. 铁棺钉　2. 印纹砖

图一三　1998WJM3出土器物
1. 铁棺钉（1998WJM3：1）　2. 印纹砖（1998WJM3：2）

成，墓室墓砖残存18层，从第19层开始起券，铺地砖为横竖交错平铺，有人骨朽痕、木棺朽痕和棺钉，葬式不明，1998WJM4被盗扰，无出土器物（图一四）。

1998WJM6　长方形竖穴砖室墓，方向165°，位于1998WJⅡ区T10，开口于第1层下，打破生土。1998WJM6墓内填土为黏性五花土，墓口距地面深25厘米，墓室长360、宽110厘米，墓坑深51厘米。1998WJM6由单墓室组成，墓道不详，墓壁墓砖残存13层，用单块横向的墓砖错缝平铺而成，无铺地砖，有成人男性人骨朽痕，有棺钉，葬式不明，1998WJM6被盗扰，出土器物有陶纺轮、料珠（图一五）。

陶纺轮　1件。1998WJM6：1，从形制看似应属早期遗物，应由于盗扰混入墓室。泥质褐陶。截面呈梭形，两面平整，中心孔为一面钻成。一面残留蓝色彩绘。直径4、孔径3、厚0.8厘米（图一六，1）。

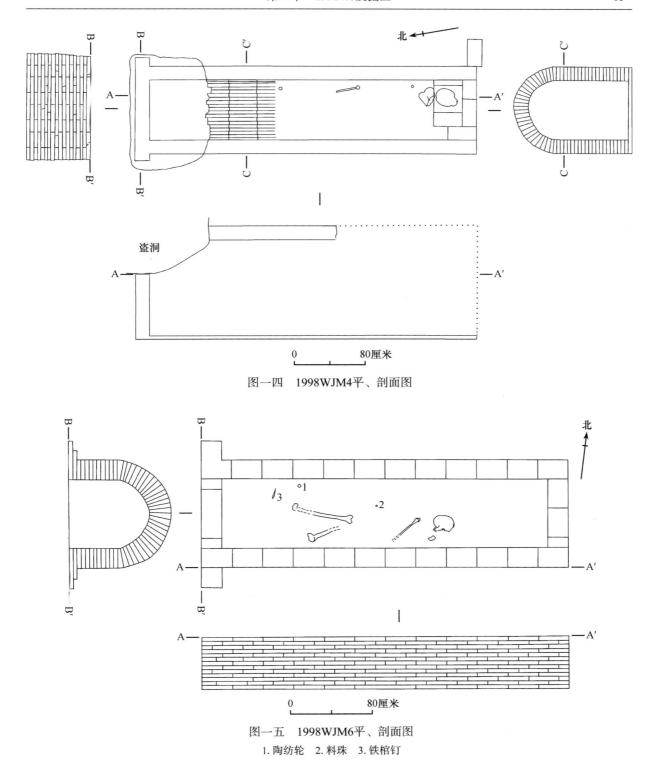

图一四　1998WJM4平、剖面图

图一五　1998WJM6平、剖面图
1. 陶纺轮　2. 料珠　3. 铁棺钉

　　料珠　1件。1998WJM6：2，蓝绿色。微透光，两连珠形，中有细孔穿透。长1.3、珠径0.6厘米（图一六，2）。

　　铁棺钉　1枚。1998WJM6：3，锈蚀。铁质。方锥体，椭圆形帽。长10.5厘米（图一六，3）。

　　1998WJM7　长方形竖穴砖室墓，方向140°，位于1998WJⅡ区T8南部，开口于第1层下，打破生土。1998WJM7墓内填土为五花土，墓口距地面深410厘米，墓口长390、宽160厘

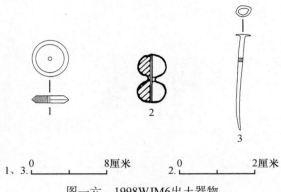

图一六　1998WJM6出土器物

1. 纺轮（1998WJM6：1）　2. 料珠（1998WJM6：2）

3. 铁棺钉（1998WJM6：3）

米，墓底长377、宽134厘米，墓坑深60厘米。1998WJM7由单墓室组成，墓道不详，残存墓壁用单块横向墓砖错缝平铺而成，墓室墓砖残存10层，铺地砖呈"人"字形斜向平铺，墓室内有牙齿朽痕和棺钉，葬式不明，1998WJM7被扰，出土器物有瓷碗、铜凿、铜钱等（图一七）。

瓷碗　1件。1998WJM7：1，胎色灰白，青釉厚薄不匀，未施到底。有小开片，侈口，尖圆唇，斜弧腹，平底，假圈足。口径7.8、高3.6厘米（图一八，1）。

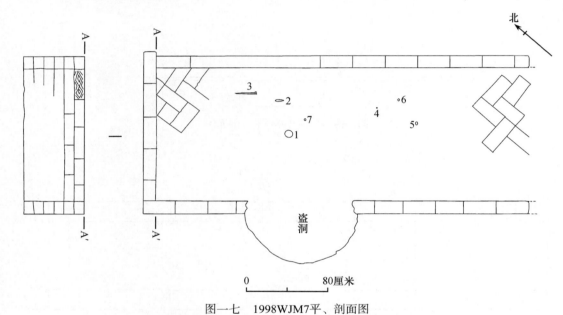

图一七　1998WJM7平、剖面图

1. 瓷碗　2. 铜凿　3. 铁棺钉　4. 动物牙齿　5. 人牙　6. 动物下颚骨　7. 铜钱

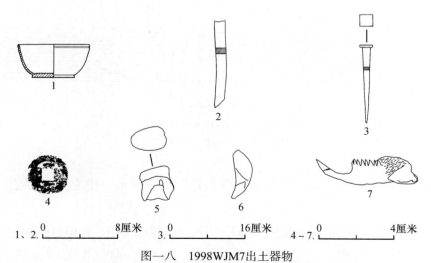

图一八　1998WJM7出土器物

1. 瓷碗（1998WJM7：1）　2. 铜凿（1998WJM7：2）　3. 铁棺钉（1998WJM7：3）　4. 铜钱（1998WJM7：7）

5. 人牙（1998WJM7：5）　6. 动物牙齿（1998WJM7：4）　7. 动物下颌骨（1998WJM7：6）

铜凿　1件。1998WJM7：2，锈蚀。尾端残，方体，斜刃。残长9.2厘米（图一八，2）。

铁棺钉　1件。1998WJM7：3，锈蚀。方形钉帽，钉身剖面呈长方形。长17.2、钉帽边长2.8厘米（图一八，3）。

铜钱　1件。1998WJM7：7，锈蚀。形体较小，铜质差，无文。直径2.1、孔边长0.6厘米（图一八，4）。

人牙　1件。1998WJM7：5，牙质，齿尖基本磨耗尽（图一八，5）。

动物牙齿　1件。1998WJM7：4，牙质。长2.6、宽1厘米（图一八，6）。

动物下颌骨　1件。1998WJM7：6，骨质。长3.6、宽1厘米（图一八，7）。

1998WJM8　长方形竖穴砖室墓，方向160°，位于1998WJⅢ区T6北部，开口于第1层下，打破生土。1998WJM8墓内填土为五花土，墓口距地面深20～30厘米，墓口残长160、残宽134厘米，墓底距地面深54～64厘米。1998WJM8由单墓室组成，券顶无存，墓道不详，残存墓壁用单块横向的墓砖错缝平铺而成，墓室墓砖残存1～8层，铺地砖呈"人"字形斜向平铺，人骨无存，葬具葬式不明，1998WJM8被扰，无出土器物（图一九）。

1998WJM9　长方形竖穴砖室墓，方向155°，位于1998WJⅢ区T1南部，开口于第1层下，打破生土。1998WJM9墓内填土为五花土，墓室残长180、宽175厘米，墓底距地面深50～80厘米。1998WJM9由单墓室组成，券顶无存，墓道不详，残存部分墓壁，用单块横向的墓砖错缝平铺而成，铺地砖为横竖交错平铺，有人骨朽痕，葬具葬式不明，1998WJM9被扰，出土器物有瓷钵，"太元六年前右军□行"铭砖等（图二〇）。

瓷钵　1件。1998WJM9：1，釉色淡青，内外均未施到底，器表有砂粒凸出。侈口，圆唇，腹弧直，平底，口沿下有凹弦纹。口径15.8、高5.6厘米（图二一，1）。

纪年砖　1件。1998WJM9：2，正面刻有行书"太元六年前右军□行"。长35.7、宽15、

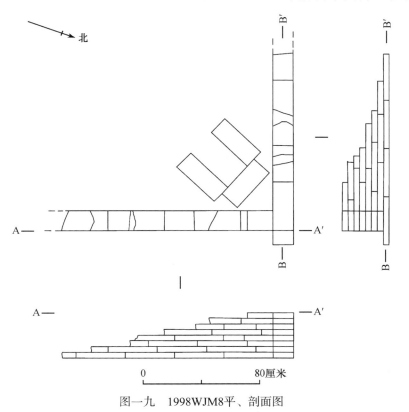

图一九　1998WJM8平、剖面图

厚5厘米（图二一，2）。

　　1998WJM10　长方形竖穴砖室墓，方向130°，位于1998WJⅢ区T5东北部，开口于第1层下，打破生土。1998WJM10墓内为黄褐色填土，墓室残长309、宽149厘米，墓底距地面深50～80厘米。1998WJM9由单墓室组成，券顶无存，墓道不详，残存部分墓壁，用单块横向的墓砖错缝平铺而成，铺地砖为横竖交错平铺，人骨无存，葬具葬式不明。1998WJM10被盗，出土器物有纪年砖等（图二二）。

　　纪年砖　1件。1998WJM10：1，残，正面残存"口口六岁元癸丑八月"模印字样。厚6.5厘米（图二三）。

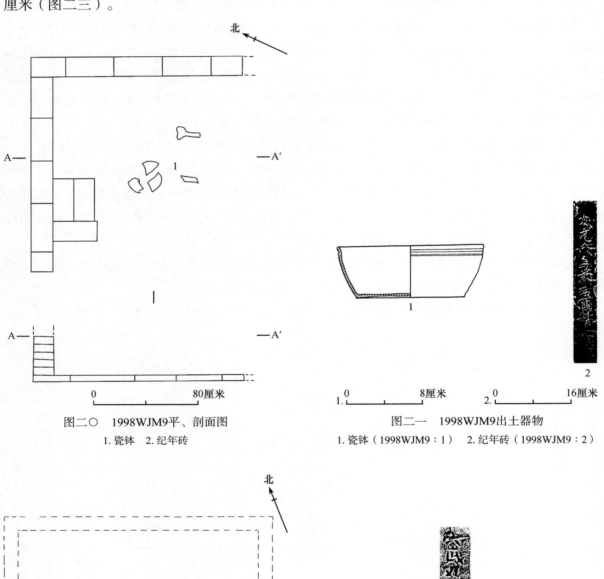

图二〇　1998WJM9平、剖面图
1. 瓷钵　2. 纪年砖

图二一　1998WJM9出土器物
1. 瓷钵（1998WJM9：1）　2. 纪年砖（1998WJM9：2）

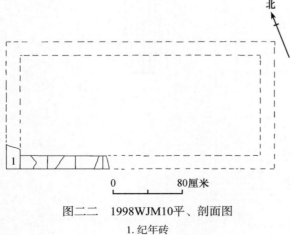

图二二　1998WJM10平、剖面图
1. 纪年砖

图二三　1998WJM10纪年砖
（1998WJM10：1）

二、土坑竖穴墓

共5座，按有无墓道分为无墓道的土坑竖穴墓（4座）和带墓道的土坑竖穴墓（1座）。

（一）土坑竖穴墓（无墓道）

1998WJM5　土坑竖穴墓，平面为长方形，方向107°，位于1998WJ Ⅰ区T2南部，开口于第1层下，打破生土。1998WJM5墓内填土为五花土，墓呈圆角长方形，比较规整，墓口上部已遭破坏。残存部分东西长160、南北宽70厘米、墓坑残20厘米。尸骨已基本不存，根据残存痕迹推断为仰身直肢，头向东。头北侧有浅弧形龛，进深约20厘米，龛内放置陶罐、钵各1件。墓内底部出有陶钵和"大泉五十"铜钱（图二四）。

陶罐　1件。1998WJM5：1，泥质灰陶。尖圆唇，微侈口，平折沿，曲颈，折肩，斜腹，平底。口径9.8、腹径15.2、高12.8厘米（图二五，1）。

陶钵　2件。1998WJM5：2，泥质夹砂褐陶。轮制。敞口，圆唇，厚沿，折腹，小平底。素面。口径16.8、腹径12、底径5、高5.6厘米（图二五，2）。1998WJM5：3，细砂灰褐陶。轮制。尖圆唇，曲折腹、下腹曲收成小平底。口径18.3、高6.6厘米（图二五，3）。

铜钱　1件。1998WJM5：4，4枚。"大泉五十"，"泉"字中竖断开。直径2.2厘米（图二五，4）。

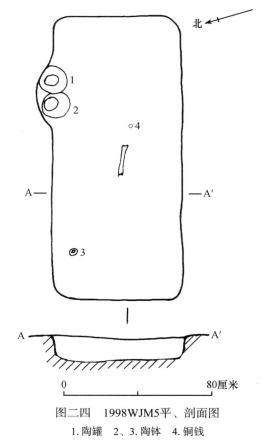

图二四　1998WJM5平、剖面图
1. 陶罐　2、3. 陶钵　4. 铜钱

1998WJM14　土坑竖穴墓，平面为长方形，方向175°，位于1998WJ Ⅲ区T2西部，开口于第1层下，打破生土。1998WJM14墓内填土为黏性五花土，墓口距地面深30厘米，墓室长280、宽160厘米，墓坑深140厘米。1998WJM14被扰，出土器物位于墓葬东侧，有陶罐、瓮、壶、釜、甑、钵，铜耳饰、铜钱等（图二六）。

陶罐　2件。1998WJM14：1，折肩罐。泥质灰陶。敛口，圆唇，折肩，筒腹，平底。器身饰两周刻划纹。口径7.5、腹径13.5、通高10.4厘米（图二七，1）。1998WJM14：4，扁腹罐。夹砂黑褐陶。敛口，小平底。口径5.2、腹径10.9、底径4、高6.4厘米（图二七，2）。

陶瓮　1件。1998WJM14：9，夹砂灰陶。侈口，方唇，饰纵向绳纹，平底。口径10.8、腹径18.2、高17.1厘米（图二七，3）。

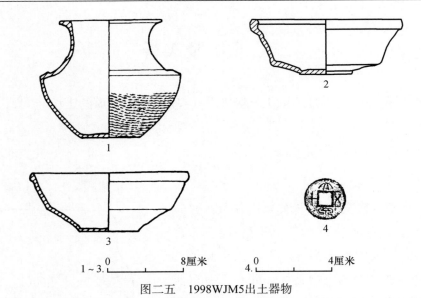

图二五　1998WJM5出土器物

1. 陶罐（1998WJM5∶1）　2、3. 陶钵（1998WJM5∶2、1998WJM5∶3）　4. 铜钱（1998WJM5∶4）

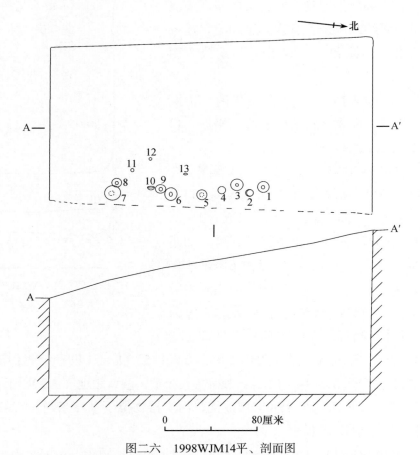

图二六　1998WJM14平、剖面图

1、4. 陶罐　2. 陶器座　3、8. 陶壶　5. 陶盂　6. 陶甗　7. 陶釜　9. 陶瓮　10. 陶钵　11. 铜钱　12. 铜耳饰　13. 动物牙齿

陶壶　2件。1998WJM14：3，夹细砂灰陶。口微侈，尖圆唇，肩，斜腹，小平底。口径4.4、腹径7.2、高5.4厘米（图二七，4）。1998WJM14：8，夹砂灰陶。口略侈，小平底。口3.8、腹径7.1、底径2.4、高5.8厘米（图二七，5）。

陶釜　1件。1998WJM14：7，夹砂灰陶。圆唇，微敛口，矮沿，宽肩，下腹斜收，小平底。口径4、腹径7.4、高4.4厘米（图二七，6）。

陶盂　1件。1998WJM14：5，带盖。细砂灰陶。圆唇，鼓腹，浅覆碟形盖，有直纽。口径3.3、腹径6.8、高5.2厘米（图二七，7）。

陶甑　1件。1998WJM14：6，细砂灰陶。圆唇，微敛口，腹壁弧折，小平底近圜。腹壁有数周凹折痕，9甑孔呈3排均布。口径9.2、高4.2厘米（图二七，8）。

陶钵　1件。1998WJM14：10，泥质灰陶。方唇，腹部有折棱，腹有刮削痕。口径7.8、高4.8厘米（图二七，9）。

陶器座　1件。1998WJM14：2，泥质灰陶。高柄杯形。盘口，斜腹，细直柄，矮圈足。口径6、高6.4厘米（图二七，10）。

铜耳饰　1件。1998WJM14：12，残。铜丝呈弧形，一端如钉帽状，残留鎏金痕迹。残长1.4厘米（图二七，11）。

铜线　1件。1998WJM14：11，1枚，五铢钱，"五铢"二字笔画颀长，"五"字交笔弯曲，上下两端与交尾相连处呈直角，"朱"字头方折，"金"字呈等腰三角形。直径2.5厘米

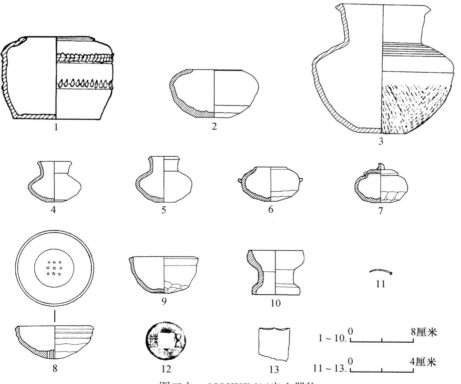

图二七　1998WJM14出土器物

1、2.陶罐（1998WJM14：1、1998WJM14：4）　3.陶瓮（1998WJM14：9）　4、5.陶壶（1998WJM14：3、1998WJM14：8）

6.陶釜（1998WJM14：7）　7.陶盂（1998WJM14：5）　8.陶甑（1998WJM14：6）　9.陶钵（1998WJM14：10）

10.陶器座（1998WJM14：2）　11.铜耳饰（1998WJM14：12）　12.铜钱（1998WJM14：11）

13.动物牙齿（1998WJM14：13）

（图二七，12）。

动物牙齿　1件。1998WJM14：13，形体较大。长约2.2、厚约1.9厘米（图二七，13）。

1998WJM17　土坑竖穴墓，平面为长方形，方向210°，位于1998WJⅢ区T8断崖处，开口于第2层下，打破生土。1998WJM17墓内填土为黏性五花土，墓口南部距地面深30、北部距地面深310厘米，墓底南部距地面深230、北部距地面深650厘米，墓口长266、宽122厘米，墓底长212、宽64厘米。墓壁直而光亮，有木棺朽痕，棺长210、宽62～66厘米，棺四周为较纯净的黄褐色填土，应为熟土二层台，有1具骨架保存较差，已朽成粉末状，头向南略偏西，应为仰身直肢葬。1998WJM17被扰，出土器物有陶瓮（图二八）。

陶瓮　1件。1998WJM17：1，细砂灰陶。侈口，尖唇，高领，宽肩略折，凹圜底，肩以下饰绳纹。口径10.6、腹径18.2、高16.4厘米（图二九）。

1998WJM20　土坑竖穴墓，平面为长方形，方向200°，位于Ⅱ区T12，开口于第1层下，打破生土。1998WJM20墓内填土为黏性五花土，墓口距地面深60～150厘米，墓底距地面深570～640厘米，墓室长310、宽185厘米，底端有二层台，二层台高60、宽约40厘米。葬具及尸骨均朽烂无存。随葬品均为陶器，放置在墓底西侧北端，器形有鼎、壶、罐、釜、甑、灶等（图三○）。

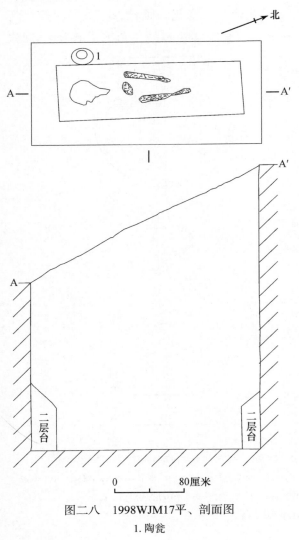

图二八　1998WJM17平、剖面图

1. 陶瓮

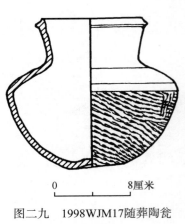

图二九　1998WJM17随葬陶瓮

（1998WJM17：1）

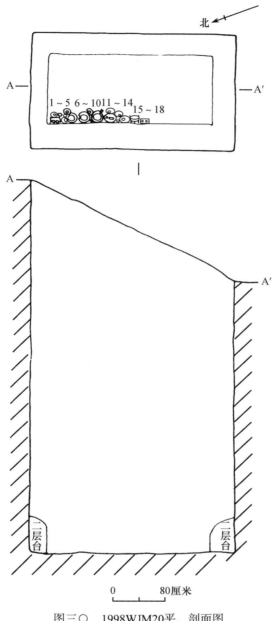

图三〇　1998WJM20平、剖面图

1、7、14.陶罐　2.陶仓　3、4.陶釜　5、13.陶盂　6、10、17.陶壶　8、11.陶钵　9.陶器座　12、18.陶甗　15.陶鼎　16.陶灶

　　陶鼎　1件。1998WJM20：15，细砂红褐陶。器体为轮制。三足及器耳为贴附。子口内敛，方唇，扁腹，平底，有弧顶盖，长方形附耳安在腹中部，三蹄形足外撇，盖上有纽已残。口径15.9、腹径18、高15.2厘米（图三一，1）。

　　陶罐　3件。1998WJM20：1，折肩罐。泥质夹砂褐陶。轮制。敛口，方唇，圆鼓肩，下腹内收小平底。肩及腰有刻划纹，器身上饰有朱砂。口径9、腹径15、底径9、高9.9厘米（图三一，2）。1998WJM20：7，折肩罐。泥质夹砂，褐陶，胎心红色。轮制。敛口，方唇，圆鼓肩，腹微内收，小平底。肩及腰有两道刻划纹。口径9.8、腹径15.8、底径9.2、高11.6厘米（图三一，3）。1998WJM20：14，折肩罐。泥质灰陶。轮制。敛口，沿稍平，尖圆唇，溜肩，圆鼓腹，平底。口径9、腹径15.6、底径9、高11.4厘米（图三一，4）。

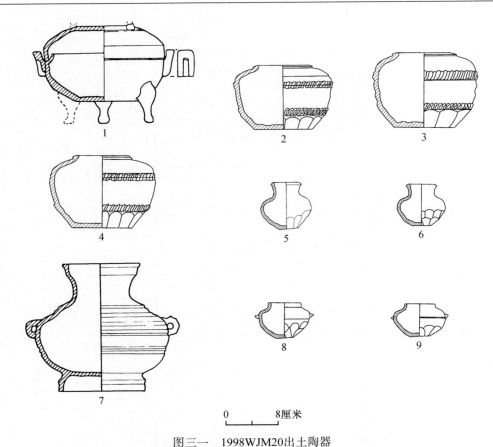

图三一　1998WJM20出土陶器

1. 鼎（1998WJM20：15）　2~4. 罐（1998WJM20：1、1998WJM20：7、1998WJM20：14）　5~7. 壶（1998WJM20：6、
1998WJM20：10、1998WJM20：17）　8、9. 釜（1998WJM20：3、1998WJM20：4）

　　陶壶　3件。1998WJM20：6，细砂红褐陶。侈口，方唇，领微张，圆肩，鼓腹，平底。下腹有刮削痕，器底有一组刻划符号。口径3.8、腹径7.8、高7.2厘米（图三一，5）。1998WJM20：10，泥质夹砂红褐陶。轮制。侈口，折沿，直颈，圆鼓肩，下腹内收，小平底。口径4.7、腹径7.3、底径3、高6.4厘米（图三一，6）。1998WJM20：17，圈足壶。细砂红褐陶。轮制。盘口，厚方唇，束颈，器体较矮。器身饰多周弦纹，肩腹结合部有对称环耳。口径11.5、腹径19.6、高20厘米（图三一，7）。

　　陶釜　2件。1998WJM20：3，泥质夹砂红褐陶。轮制。直口，方唇，圆鼓肩，有两小耳，下腹内收，小平底。素面。口径5.1、腹径8、底径2.5、高5.4厘米（图三一，8）。1998WJM20：4，泥质夹砂红褐陶。轮制。直口，尖圆唇，圆鼓肩，肩部有两小耳，下腹内收，小平底。素面。口径4.7、腹径7.9、底径2.8、高5.2厘米（图三一，9）。

　　陶盂　2件。1998WJM20：5，细砂红褐陶。圆唇，圆肩，鼓腹，平底。下腹有刮削痕。底内凹明显。肩饰两周菱形按压纹，颈肩结合部起凸棱。口径3.8、腹径7.4、高4.6厘米（图三二，1）。1998WJM20：13，夹砂褐陶。尖圆唇，端肩，斜曲腹，平底。下有刮削痕。口径6.4、腹径9.8、高6厘米（图三二，2）。

陶甑 2件。1998WJM20：12，泥质夹砂红褐陶。轮制。敞口，折沿，斜腹，底有孔，小平底。口径9.1、底径2.5、高4.4厘米（图三二，3）。1998WJM20：18，泥质夹砂红褐陶。轮制。口微敛，尖唇，折沿，弧斜腹，小平底，有箅孔。素面。口径9.4、底径2.4、高4.6厘米（图三二，4）。

陶钵 2件。1998WJM20：8，泥质红褐陶。尖圆唇，曲折腹，小平底。口径9.4、底径10、高4.7厘米（图三二，5）。1998WJM20：11，泥质夹砂褐陶。轮制。敞口，折沿，斜壁，小平底。口径9、底径3、高4厘米（图三二，6）。

陶器座 1件。1998WJM20：9，泥质夹砂红褐陶。轮制。中间一穿孔，底厚。素面。口径5、底径5.2、高4.4厘米（图三二，7）。

陶灶 1件。1998WJM20：16，泥质褐陶。长方形，灶眼居于中部两端，两眼之间一侧有1长方形镂孔，近镂孔一侧壁上有2个三角形火门。长22.4、宽11.8、高5.4厘米（图三二，8）。

陶仓 1件。1998WJM20：2，泥质夹砂红褐陶。轮制。敞口，方唇，有盖，盖上有一鸟形小纽，仓底有4个立柱，仓正面有门，门下有阶梯，门左右有侧耳，耳中间有孔。盖径21.1、口径17.4、腹深9.7、通高18.8厘米（图三二，9）。

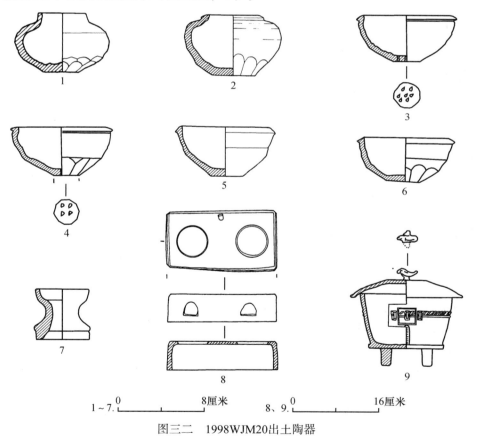

图三二 1998WJM20出土陶器

1、2.盂（1998WJM20：5、1998WJM20：13） 3、4.甑（1998WJM20：12、1998WJM20：18） 5、6.钵（1998WJM20：8、1998WJM20：11） 7.器座（1998WJM20：9） 8.灶（1998WJM20：16） 9.仓（1998WJM20：2）

（二）土坑竖穴墓（有墓道）

1998WJM18　土坑竖穴墓，平面近"凸"字形，带短斜坡墓道，方向200°，位于1998WJⅢ区T9断崖处，开口于第2层下，打破生土。1998WJM18墓内填土为黏性五花土。墓室和墓道呈近方形。墓道位于墓室南壁偏西侧，长140、宽160厘米。墓口距地面深320厘米，墓底距地面深685厘米，墓口长320、宽320厘米，墓底长248、宽216厘米。墓壁斜度较大，底端有二层台，墓内有木椁，椁室尚残存柱洞，木质棺椁已朽成灰，椁角柱厚约20厘米。墓内有三具腐蚀严重的人骨架，头向、面向及性别皆难以辨认。随葬品有铜带钩、铜印章、铁环首刀和陶罐、壶、釜、甑、灶等，放置在墓底中部和墓道底部（图三三；图版七，1）。

陶罐　10件。1998WJM18：9，折肩罐。细砂灰陶。敛口，圆唇，耸肩，筒腹，平底。器身饰两周刻划纹。口径9.8、腹径13.8、高11.8厘米（图三四，1）。1998WJM18：12，折肩罐。夹砂灰陶。敛口，溜肩，直腹，小平底。腹部上中下各饰一圈刻划纹。口径7.2、腹径14.6、底径8、高13.2厘米（图三四，2）。1998WJM18：21，折肩罐。夹砂灰陶。敛口，溜肩，直腹，平底。中下饰有三圈刻划纹。口径8.6、腹径19.2、底径12.3、高13厘米（图三四，3）。1998WJM18：7，扁腹罐。夹砂褐陶。敛口，方唇，鼓肩，平底。口径7.8、腹径14.4、底径7.4、高10.4厘米（图三四，4）。1998WJM18：15，扁腹罐。夹砂灰陶。敛口，尖圆唇，溜肩，平底。腹部饰两圈刻划纹。口径8.5、腹径18、底径13.5、高12.8厘米（图三四，5）。1998WJM18：25，扁腹罐。泥质黑褐陶。敛口，圆唇，圆折肩，平底。肩部饰一周弦纹。口径8.5、腹径18、高11.5厘米（图三四，6）。1998WJM18：26，扁腹罐。泥质灰陶。敛口，圆唇，平底。折肩部饰两圈刻划纹。口径7.8、腹径18、底径14、高12厘米（图三四，7）。1998WJM18：27，扁腹罐。泥质黑褐陶。敛口，溜肩，鼓腹。口径10.2、腹径18、底径10.6、高12.4厘米（图三四，8）。1998WJM18：28，扁腹罐。泥质黑褐陶。敛口，厚圆唇，宽肩，鼓腹，底不平。口径10.9、腹径16.2、高9.4厘米（图三四，9）。1998WJM18：29，扁腹罐。泥质黑褐陶。口、肩不完整，鼓腹，平底。底径8.4、残高9.2厘米（图三四，10）。

陶瓮　3件。1998WJM18：6，泥质黑褐陶。侈口，尖唇，弧颈，溜肩，鼓腹，平底内凹。肩腹部饰凹弦纹，下腹部饰绳纹。口径10.8、腹径24.4、底径8、高26.8厘米（图三四，11）。1998WJM18：30，泥质灰陶。小口，侈口，尖唇，斜直颈，高领，圆折肩，凹圜底。肩饰一周菱形按压纹。口径13.6、腹径28.2、高24.4厘米（图三四，12）。1998WJM18：31，泥质灰陶。圆唇，侈口，口沿加厚，斜弧颈，垂鼓腹，圜底。颈以下饰绳纹。口径12.8、腹径15.2、高14.5厘米（图三四，13）。

壶　5件。1998WJM18：8，夹砂灰陶。直口略侈，广肩，鼓腹，平底。肩部有指甲纹带。口径3、腹径8、高5.6厘米（图三五，1）。1998WJM18：18，夹砂灰陶。口略侈，方唇，小平底。口径4.4、腹径8.2、底径3、高7厘米（图三五，2）。1998WJM18：20，夹砂灰陶。直口略侈，广肩，鼓腹，平底。肩部有指甲纹带。口径6、腹径10.4、高9厘米（图三五，3）。1998WJM18：24，细砂灰陶。微侈口，方唇，直领，长颈，颈中部起凸棱，凹圜底。肩部饰刻划纹。口径3.6、腹径8.2、高6.6厘米（图三五，4）。1998WJM18：38，残片。泥质灰陶。侈

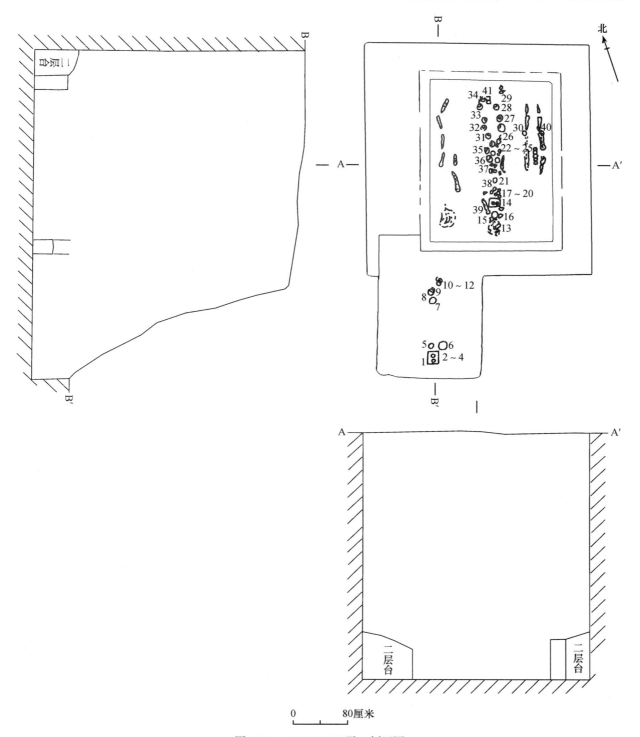

图三三 1998WJM18平、剖面图

1、14、33.陶灶 2、5、11、19.陶盂 3、10、23、35~37.陶钵 4、13、32.陶甑 6、30、31.陶瓮

7、9、12、15、21、25~29.陶罐 8、18、20、24、38.陶壶 16、22.陶釜 17.陶盅 34.陶器座 39.铁环首刀

40.铜带钩 41.铜印章

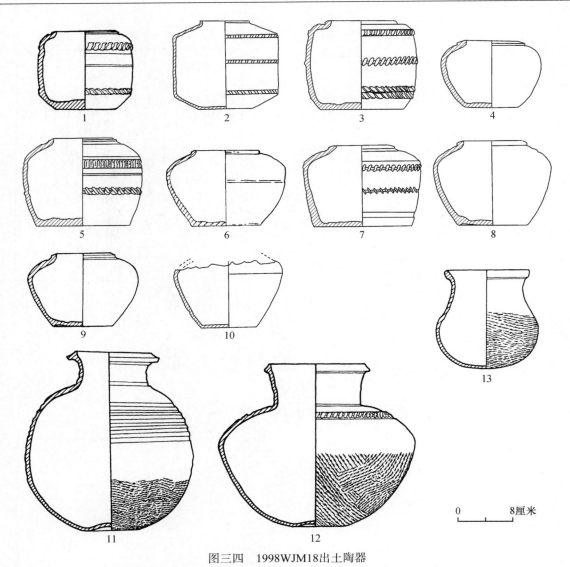

图三四　1998WJM18出土陶器

1～10. 罐（1998WJM18：9、1998WJM18：12、1998WJM18：21、1998WJM18：7、1998WJM18：15、1998WJM18：25、
1998WJM18：26、1998WJM18：27、1998WJM18：28、1998WJM18：29）　11～13. 瓮（1998WJM18：6、1998WJM18：30、
1998WJM18：31）

口，斜直颈，溜肩，腹残。口径12.8厘米（图三五，5）。

　　陶釜　2件。1998WJM18：16，泥质红褐陶。尖圆唇，微侈口，矮沿，溜肩，鼓腹略垂，底内凹，对称小鋬耳，下腹有刮削痕。口径4.5、腹径8.5、高4.5厘米（图三五，6）。1998WJM18：22，夹砂灰陶。直口，溜肩，鼓腹，平底。肩腹部饰一对环耳。口径7.2、腹径12.4、底径4、高7.2厘米（图三五，7）。

　　陶盂　4件。1998WJM18：2，带盖。泥质灰陶。圆唇，直口，有矮领，宽肩，底内凹，有一对小凸耳。肩腹饰弦纹，覆碗形盖，圆柱状纽。口径5.4、腹径9.6、高6.8厘米（图三五，8）。1998WJM18：5，泥质灰陶。敛口，鼓腹，平底。口径5.8、腹径8.6、高3.8厘米（图三五，9）。1998WJM18：11，泥质红褐陶。直口，广肩，肩部饰环形耳。口径6、腹径11.4、底径5、高5.2厘米（图三五，10）。1998WJM18：19，泥质灰陶。直口，平沿，斜肩。口径5、腹径8.2、底径3.4、高4.8厘米（图三五，11）。

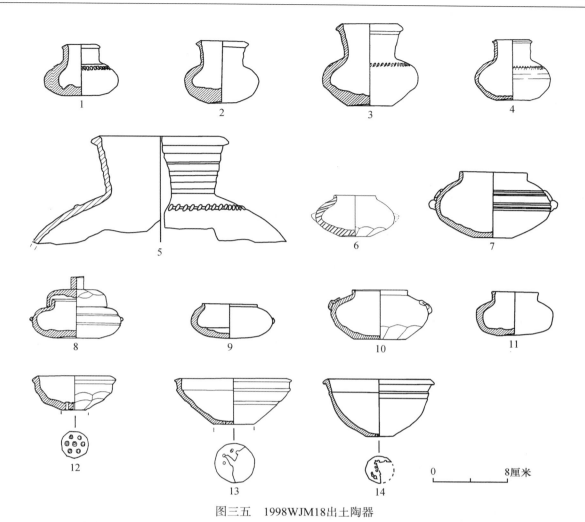

图三五 1998WJM18出土陶器

1～5.壶（1998WJM18：8、1998WJM18：18、1998WJM18：20、1998WJM18：24、1998WJM18：38）

6、7.釜（1998WJM18：16、1998WJM18：22） 8～11.盂（1998WJM18：2、1998WJM18：5、1998WJM18：11、

1998WJM18：19） 12～14.甑（1998WJM18：4、1998WJM18：13、1998WJM18：32）

陶甑 3件。1998WJM18：4，细砂灰陶。侈口，方唇，微卷沿，弧腹，7个甑孔呈环状分布，下腹有刮削痕。口径8.8、高3.8厘米（图三五，12）。1998WJM18：13，夹砂灰陶。呈盆形，出沿，折腹，斜方唇，直口，有短颈，斜收腹，平底。口径11.2、高5.1厘米（图三五，13）。1998WJM18：32，泥质红褐陶。侈口，方唇，弧腹，平底，底下有箅孔。口径11、底径3、高6.4厘米（图三五，14）。

陶钵 6件。1998WJM18：3，夹砂灰陶。宽沿，曲腹，平底。口径10.4、底径5.1、高4.4厘米（图三六，1）。1998WJM18：10，泥质灰陶。敛口，尖圆唇，圆腹，平底。口径8.2、腹径10.6、高4.7厘米（图三六，2）。1998WJM18：23，泥质灰陶。微侈口，圆唇，微出沿，有短颈，斜收腹，平底内凹。下腹有刮削痕。口径9.2、底径4.3、高4.2厘米（图三六，3）。1998WJM18：35，泥质红褐陶。敞口，弧腹，平底。口径9.5、底径4.4、高4.2厘米（图三六，4）。1998WJM18：36，泥质红褐陶。口残，弧腹，平底。腹径10.8、底径5、残高4.4厘米（图三六，5）。1998WJM18：37，泥质红褐陶。侈口，曲腹，平底内凹。上腹部饰凹弦纹，下腹有刮痕。口径9、底径4.8、高5.4厘米（图三六，6）。

陶盅　1件。1998WJM18：17，泥质红陶。方唇，平沿，斜腹，圜底。口径5.4、高3.2厘米（图三六，7）。

陶器座　1件。1998WJM18：34，泥质灰陶。轮制。亚腰形，敞口，尖圆唇，曲亚腰，底端折成圈足。口径5.8、底径5.2、高2.6厘米（图三六，8）。

陶灶　3件。1998WJM18：1，泥质褐陶。长方形，灶眼居于中部两端，两眼后各侧有1个三角形镂孔，侧壁上有2个圆角梯形火门。长26.6、宽16.8、高8.6厘米（图三六，9）。1998WJM18：14，有挡火墙，灶体较扁，灶口基本居中，角端有烟孔，孔径较大，侧壁中部有小拱形火门。长22、宽13.5、高6.8厘米（图三六，10）。1998WJM18：33，灶体较方正，无挡火墙，灶口基本居中，两灶眼之间偏上有呈三角环中的镂孔，与镂孔反侧壁上有大小拱形火门各一。长24.4、宽16.6、高6.1厘米（图三六，11）。

铁环首刀　1件。1998WJM18：39，铁质，锈蚀。卷云椭圆形环首，略显格，条形，正锋。残长31.6厘米（图三六，12）。

铜带钩　1件。1998WJM18：40，长条形，梭状，钩做禽鸟回首状，弓背，椭圆形扣。长7.5厘米（图三六，13）。

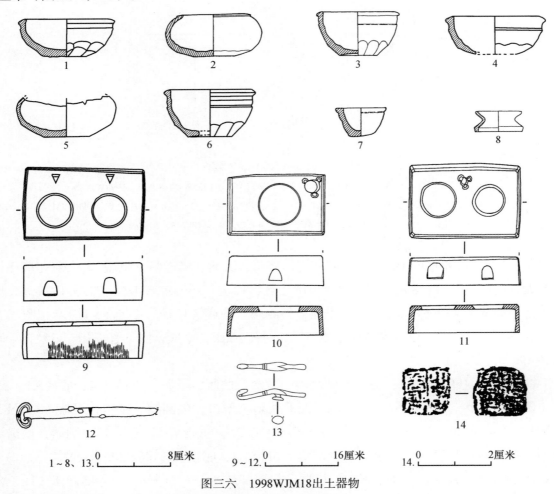

图三六　1998WJM18出土器物

1～6.陶钵（1998WJM18：3、1998WJM18：10、1998WJM18：23、1998WJM18：35、1998WJM18：36、1998WJM18：37）
7.陶盅（1998WJM18：17）　8.陶器座（1998WJM18：34）　9～11.陶灶（1998WJM18：1、1998WJM18：14、
1998WJM18：33）　12.铁环首刀（1998WJM18：39）　13.铜带钩（1998WJM18：40）　14.铜印章（1998WJM18：41）

铜印章　2枚。1998WJM18：41-1，铜质，方形，桥纽，阳文。印文作隶体，字迹模糊，隐约可辨为"周觉之印"。边长1.4、通高1.6厘米。1998WJM18：41-2，形制，规模同上，印文仅可辨出"周口口印"（图三六，14）。

三、土坑洞室墓

共6座，分为带斜坡墓道土坑洞室墓（5座）、土洞石室墓（1座）。

1998WJM11　带斜坡墓道土洞墓，方向195°，位于1998WJⅢ区T5东南部，开口于第1层下，打破生土。其构筑方式是先竖直挖成斜坡墓道，然后向内挖出弧顶洞穴作墓室。1998WJM11平面呈"凸"字形，墓道被破坏，墓口距地面深30～50厘米，墓室长330、宽240厘米，墓坑深200厘米。墓底铺石板，有两具人骨朽痕，有木棺痕迹和棺钉，葬式不明。1998WJM11被盗，墓内尚存的随葬品有陶罐、钵、甑、盂和铜钱等，墓底南部有一片漆皮痕迹，估计随葬有若干漆器（图三七）。

陶罐　3件。1998WJM11：6，折肩罐。泥质夹砂褐陶。轮制，制作粗糙。敛口，尖唇，折沿，肩及腰处有刻划纹，近底处有刮削痕迹。口径8.6、底径8.2、高9.6厘米（图三八，1）。1998WJM11：1，残片。泥质夹砂红褐陶。轮制。残存下腹及底，平底。素面。底径10.2、残高5厘米（图三八，2）。1998WJM11：11，残片。泥质夹砂灰陶。轮制。残存下腹及底，平底。素面。底径11、残高6厘米（图三八，3）。

陶盂　2件。1998WJM11：2，泥质夹砂灰陶。轮制。敛口，圆唇，折肩，小平底。近底处有刮削痕迹。口径5.4、腹径7.6、底径4、高4厘米（图三八，4）。1998WJM11：3，泥质夹砂灰陶。轮制。口残，圆鼓腹，底稍平。肩部有刻划纹。残口径5.2、腹径10.2、底径9、残高4.9厘米（图三八，5）。

陶甑　1件。1998WJM11：9，泥质夹砂灰陶。轮制。敞口，圆唇，斜腹，尖底有9个箅孔。高4.4厘米（图三八，6）。

陶钵　3件。1998WJM11：7，泥质夹砂灰陶，胎暗红。轮制。敛口，方唇，圆鼓腹，形体矮胖。高7.4厘米（图三八，7）。1998WJM11：8，泥质夹砂红褐陶。轮制。侈口，折沿，斜腹，小平底，近底部有刮削痕迹。口径11.6、高4.1厘米（图三八，8）。1998WJM11：10，细砂灰陶。方唇，宽沿平折，腹略深，平底。腹有刮削痕。口径14、高7厘米（图三八，9）。

铁棺钉　1枚。1998WJM11：5，铁质。锈蚀，长方扁条形，两端折成直角，作"门"形。长12.2、高3.4厘米（图三八，10）。

铜钱　1件。1998WJM11：4，1枚，五铢钱。背有郭，"金"字头低于"朱"字头，"五"字交股弧曲。直径2.4厘米（图三八，11）。

1998WJM12　带斜坡墓道土洞墓，方向200°，位于1998WJⅢ区T3西北部，开口于第2层下，打破生土。其构筑方式是先竖直挖成斜坡墓道，然后向内挖出弧顶洞穴作墓室。1998WJM12平面呈"凸"字形，斜坡墓道开在墓室前壁中间，墓道口长450、宽90、深250厘米。墓口距地面深40～80厘米，墓室顶部塌陷，底部长440、宽320厘米，墓底铺石板，在进入墓室处，发现一盗洞。人骨和葬具已朽腐无存，葬式不明。墓内尚存的随葬品有陶罐、瓮、

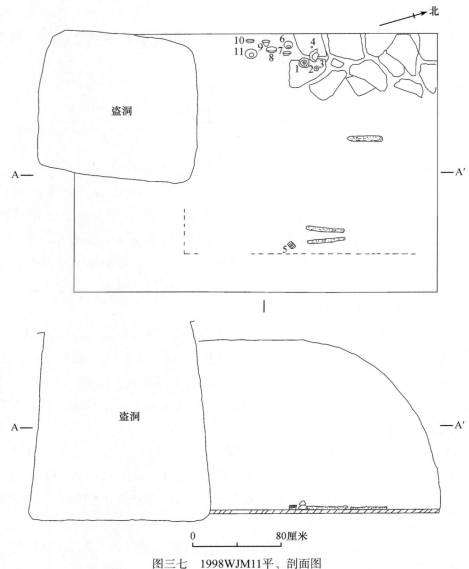

图三七　　1998WJM11平、剖面图

1、6、11.陶罐　2、3.陶盂　4.铜钱　5.铁棺钉　7、8、10.陶钵　9.陶甑

盂、钵、灶和釉陶壶，铜泡钉、铜指环、铜钱和料珠等（图三九）。

陶罐　5件。1998WJM12∶3，折肩罐。细砂灰陶。圆唇，微侈口，折肩，筒腹。肩饰菱形按压纹，腹部有刮削痕。口径10.6、腹径15.6、高12.1厘米（图四〇，1）。1998WJM12∶5，折肩罐。泥质夹砂灰陶。轮制。直口，圆唇，折肩，斜壁，腰部有刮削痕迹。肩部有交叉刻划纹。口径10.4、底径9.6、腹径15.2、高10.6厘米（图四〇，2）。1998WJM12∶6，折肩罐。泥质夹砂灰陶。轮制。侈口，方唇，折肩，肩部有交叉刻划纹，斜壁，平底。口径8.4、腹径14.4、高11.4厘米（图四〇，3）。1998WJM12∶9，折肩罐。泥质灰陶。敛口，圆唇，折肩，斜收腹，平底。下腹有刮削痕。口径8.5、腹径13.8、高10.6厘米（图四〇，4）。1998WJM12∶10，扁腹罐。泥质夹砂灰陶。轮制。敛口，尖圆唇，圆鼓腹腰部有三道弦纹，小平底。口径7.4、腹径10.2、底径7、高6.8厘米（图四〇，5）。

陶瓮　1件。1998WJM12∶1，细砂灰陶。敞口，尖唇，曲颈，宽折肩，底内凹明显。肩饰两周菱形按压纹，颈肩结合部起凸棱。口径17.2、腹径30.2、高29.6厘米（图四〇，6）。

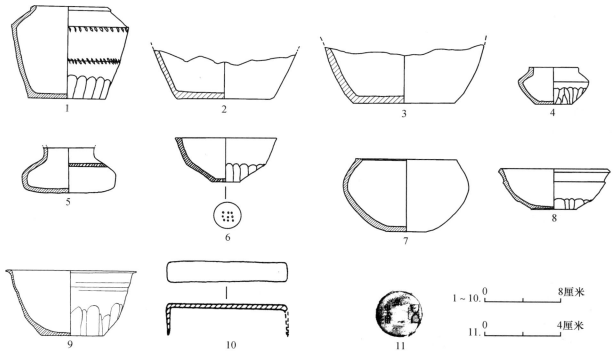

图三八 1998WJM11出土器物

1~3. 陶罐（1998WJM11：6、1998WJM11：1、1998WJM11：11） 4、5. 陶盂（1998WJM11：2、1998WJM11：3）

6. 陶甑（1998WJM11：9） 7~9. 陶钵（1998WJM11：7、1998WJM11：8、1998WJM11：10） 10. 铁棺钉（1998WJM11：5）

11. 铜钱（1998WJM11：4）

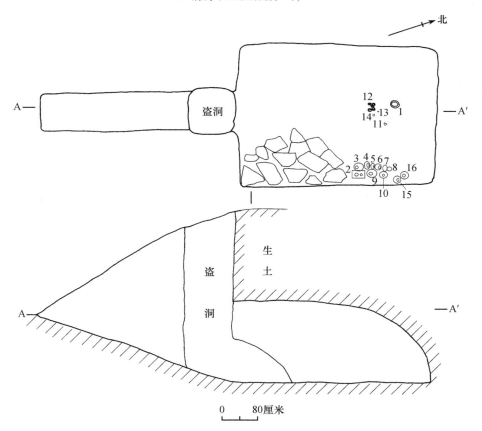

图三九 1998WJM12平、剖面图

1. 陶瓮 2. 陶灶 3、5、6、9、10. 陶罐 4. 陶盂 7、8. 陶钵 11. 铜泡钉 12. 铜钱 13. 铜指环 14. 料珠 15、16. 釉陶壶

　　陶盂　1件。1998WJM12：4，泥质夹砂灰陶。轮制。敛口，尖圆唇，圆鼓腹，小平底。口径5.6、底径5.2、腹径8.8、高5.4厘米（图四〇，7）。

　　陶钵　2件。1998WJM12：7，泥质夹砂灰褐陶。轮制。敞口，圆唇，腹部及底部已残。口径9厘米（图四〇，8）。1998WJM12：8，泥质夹砂灰褐。轮制。敞口，尖圆唇，厚沿斜壁，小平底。高3.8厘米（图四〇，9）。

　　陶灶　1件。1998WJM12：2，残。夹砂灰褐陶。两端有挡火墙，灶体较高，挡火墙略斜如

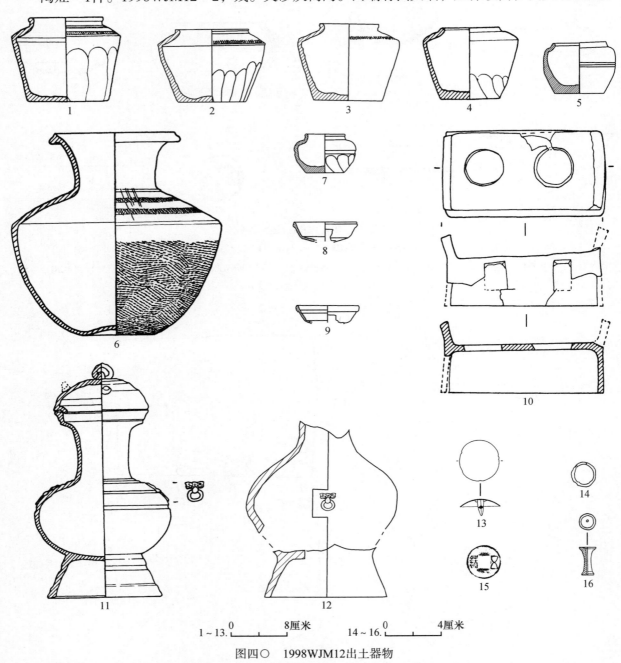

图四〇　1998WJM12出土器物

1~5.陶罐（1998WJM12：3、1998WJM12：5、1998WJM12：6、1998WJM12：9、1998WJM12：10）　6.陶瓮（1998WJM12：1）
7.陶盂（1998WJM12：4）　8、9.陶钵（1998WJM12：7、1998WJM12：8）　10.陶灶（1998WJM12：2）
11、12.釉陶壶（1998WJM12：15、1998WJM12：16）　13.铜泡钉（1998WJM12：11）　14.铜指环（1998WJM12：13）
15.铜钱（1998WJM12：12）　16.料珠（1998WJM12：14）

椅背，灶面倾斜，火门为长方形。长23、宽11.2、高10.8厘米（图四〇，10）。

釉陶壶　2件。1998WJM12：15，细砂红釉陶。直口，方唇，长颈，宽肩，扁鼓腹，喇叭口圈足，有盖，盖上附环纽及乳突。上腹部饰弦纹，并有对称的衔环铺首装饰。口径15.2、腹径22.7、高36.6厘米（图四〇，11）。1998WJM12：16，壶。泥质夹砂红釉陶。轮制。仅有高圈足和圆鼓腹残部，肩腹部有铺首。腹径21.8、底径18.8厘米（图四〇，12）。

铜泡钉　2枚。1998WJM12：11-1，圆形，弧顶弧度略缓，中接扁菱形尖钉。直径5.6厘米（图四〇，13）。1998WJM12：11-2，泡钉，圆形，弧顶，中接菱形尖钉。直径3.9厘米。

铜指环　1件。1998WJM12：13，应为指环，铜丝绕成环形，截面呈三角形。直径1.7厘米（图四〇，14）。

铜钱　1件4枚。1998WJM12：12，五铢钱。直径2.3厘米（图四〇，15）。

料珠　1件。1998WJM12：14，绿色。亚腰柱状，中有穿孔。高1.9厘米（图四〇，16）。

1998WJM13　带斜坡墓道土洞墓，方向200°，位于1998WJⅢ区T3中部，开口于第2层下，打破生土，与1998WJM12相邻。1998WJM13平面呈刀把形，其构筑方式是先竖直挖成斜坡墓道，然后向内挖出弧顶洞穴作墓室。斜坡式墓道开在墓室前壁西侧，与墓室西壁成一直线，墓道口长370、宽95、深250厘米。墓口距地面深40~80厘米，墓室底长410、宽185厘米。在进入墓室处，发现一盗洞。人骨和葬具已朽腐无存，葬式不明。残存的随葬品集中墓室的东南角，有陶瓮、盂、钵、耳杯等（图四一）。

陶瓮　1件。1998WJM13：1，细砂灰陶。侈口，方唇，束颈，溜肩，圆鼓腹，凹圜

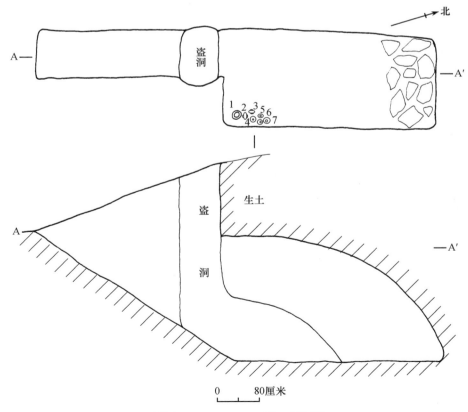

图四一　1998WJM13平、剖面图

1.陶瓮　2、3.陶耳杯　4、5.陶钵　6、7.陶盂

底，有双环耳。肩腹部绳纹经抹平，下腹绳纹清晰。口径17.2、腹径25.6、高27.2厘米（图四二，1）。

陶盂　2件。1998WJM13：6，泥质夹砂灰陶。轮制。敛口，尖圆唇，溜肩，斜壁，平底。口径6.4、底径7.3、腹径10.8、高7.2厘米（图四二，3）。1998WJM13：7，细砂褐陶。圆唇，鼓肩，斜收腹，平底微凹。下腹有刮削痕。口径6.7、腹径11.4、高7.5厘米（图四二，6）。

陶钵　2件。1998WJM13：4，细砂灰陶。轮制。圆唇，折腹，下腹折收，底部已残。口径16.6、残高5.9厘米（图四二，2）。1998WJM13：5，泥质灰陶。圆唇，弧腹，腹部弧凸，平底。口径8、腹径10.4、高5.1厘米（图四二，4）。

陶耳杯　2件。1998WJM13：2，细砂黑褐陶。手制。椭圆形，有两个长弧耳，内壁涂朱。圆唇，敞口，耳略斜竖，假圈足，平底。口长径11.7、短径8、高3.6厘米（图四二，5）。1998WJM13：3，泥质夹砂灰陶。手制。椭圆形，敞口，尖圆唇，椭圆形平底，侧有弧形长耳，杯里涂有朱砂。口长径9.3、短径8、高3.5厘米（图四二，7）。

1998WJM16　带斜坡墓道土洞墓，方向175°，位于1998WJⅠ区T5、T6，开口于第1层下，打破生土。其构筑方式是先竖直挖成斜坡墓道，然后向内挖出弧顶洞穴作墓室。1998WJM16平面呈"凸"字形，斜坡墓道开在墓室前壁中间，墓道口长238、宽100、深385厘米。墓口距地面深20厘米，墓室底长532、宽300厘米，墓坑深295厘米。有人骨朽痕。1998WJM16墓室西侧有一盗洞，出土器物有陶灶等（图四三）。

陶灶　1件。1998WJM16：1，四角抹斜，灶体较高，灶口略偏一侧，角端有一烟孔，侧壁中部镂出拱形火门，顶面一侧刻"永初元年三月作"，烟孔与灶口之间刻直线穿回形纹，火门对侧壁刻禽鸟纹。长15.9、宽10.3、高8厘米（图四四）。

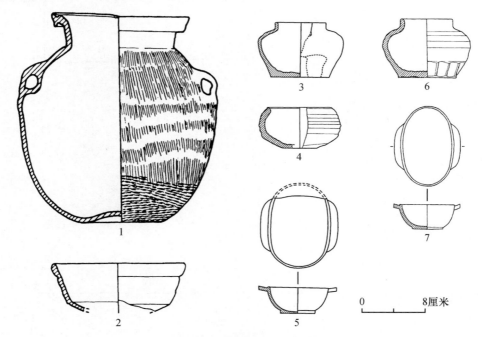

0 　　　　　8厘米

图四二　1998WJM13出土陶器

1. 瓮（1998WJM13：1）　　2、4. 钵（1998WJM13：4、1998WJM13：5）　　3、6. 盂（1998WJM13：6、1998WJM13：7）
5、7. 耳杯（1998WJM13：2、1998WJM13：3）

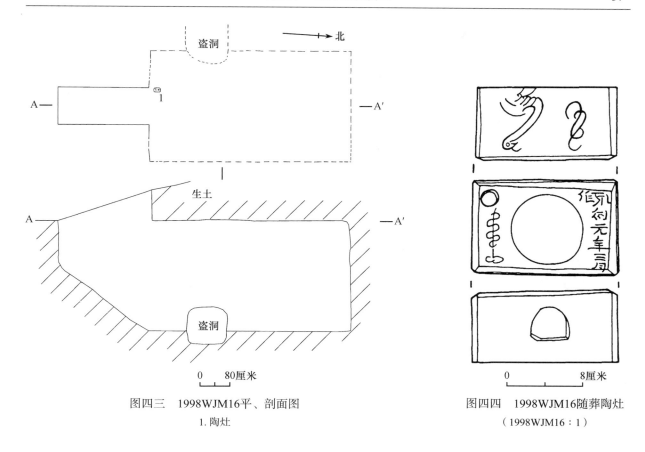

图四三　1998WJM16平、剖面图　　　　　　　图四四　1998WJM16随葬陶灶
1. 陶灶　　　　　　　　　　　　　　　　　（1998WJM16：1）

　　1998WJM19　带斜坡墓道土洞墓，方向215°，位于1998WJⅢ区T11，开口于第2层下，打破生土。其构筑方式是先竖直挖成斜坡墓道，然后向内挖出弧顶洞穴作墓室。1998WJM19平面呈"凸"字形，斜坡墓道开在墓室西侧，墓道长340、宽110、深135厘米。墓口距地面深120厘米，墓室长330厘米、宽230厘米，墓坑深220厘米。墓底有人骨朽痕、木棺朽痕，葬式不明，出土器物有陶罐、瓮、壶、釜、甑、盒，铁环首刀等（图四五）。

　　陶罐　6件。1998WJM19：11，扁腹罐。泥质灰陶。敛口，溜肩，鼓腹，平底。口径7.5、腹径14.4、底径10.2、高10.2厘米（图四六，1）。1998WJM19：12，扁腹罐。泥质红褐陶。敛口，圆唇，溜肩，下腹曲收，平底。口径10.2、腹径15.8、底径10、高11.6厘米（图四六，2）。1998WJM19：13，扁腹罐。泥质黑褐陶。圆唇，肩微低，底部出沿。肩部饰一周刻划纹。口径10.4、腹径14.8、底径10、高11.6厘米（图四六，3）。1998WJM19：14，扁腹罐。泥质灰陶。圆唇，耸肩，斜收腹。肩部饰一周刻划纹，腹部饰两周刻划纹。口径10.6、腹径14.6、高10.4厘米（图四六，4）。1998WJM19：15，扁腹罐。泥质黑褐陶。方唇，直口，斜收腹。肩饰菱形按压纹，下腹有刮削痕。口径8.9、腹径14.2、高10厘米（图四六，5）。1998WJM19：34，折肩罐。泥质灰陶。敛口，折肩，弧腹，缺底。口径8.8、腹径14.4、残高7.4厘米（图四六，6）。

　　陶瓮　2件。1998WJM19：19，泥质灰陶。侈口，尖唇，斜直颈，折肩，弧腹，平底内凹。肩部饰一周指甲纹，下腹部饰绳纹。口径14、腹径29、高25.6厘米（图四六，7）。1998WJM19：20，泥质灰陶。小口，微侈口，尖唇，直颈，高领，广折肩，底微凹。口径12.6、腹径29.6、高25.2厘米（图四六，8）。

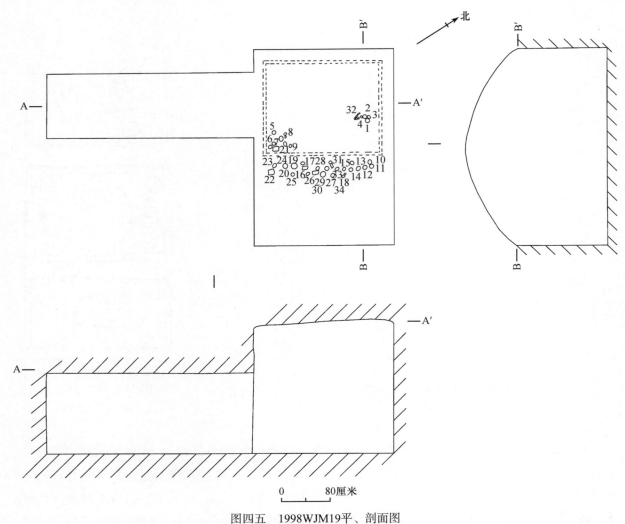

图四五　　1998WJM19平、剖面图

1、2、5、10、25、28.陶壶　3、6、24、33.陶钵　4、7、8、17、23.陶甑　9、16、18.陶釜　11～15、34.陶罐
19、20.陶瓮　21、22、29、30.陶灶　26.陶盂　27.陶盒　31.铁环首刀　32.铜钱

　　壶　6件。1998WJM19：1，泥质灰陶。口略侈，尖唇，鼓腹，平底。口径4.8、腹径9.6、底径7、高7厘米（图四七，1）。1998WJM19：2，泥质灰褐陶。侈口，直领，饰一圈刻划纹，平底。口径6.5、腹径10.4、高7.8厘米（图四七，2）。1998WJM19：5，细砂灰陶。侈口，尖唇，长颈微曲，底略凹。口径4.8、腹径8.8、高6.2厘米（图四七，3）。1998WJM19：10，泥质灰陶。口略侈，直领，扁鼓腹，平底。口径5.2、腹径9.8、高6.8厘米（图四七，4）。1998WJM19：25，泥质褐陶。微侈口，尖唇，长颈，直领，底残。口沿下施泥带，肩部饰刻划纹。口径3.4、腹径8.2、残高5.2厘米（图四七，5）。1998WJM19：28，泥质灰陶。残存腹部和圈足。鼓腹，矮圈足。底径19.8、残高17厘米（图四七，6）。

　　陶釜　3件。1998WJM19：9，夹砂灰陶。直口，折耳，平底。口径6.9、腹径10.5、底径5.7、高4.2厘米（图四七，7）。1998WJM19：16，泥质灰陶。方唇，直口微侈，溜肩，鼓腹，平底微凹。环状耳。肩部有一周凹弦纹，下腹有刮削痕。口径7.5、腹径10.3、高5.6厘米（图四七，8）。1998WJM19：18，泥质灰陶。敛口，鼓腹，平底。口径7、腹径9、底径4.8、高4厘米（图四七，9）。

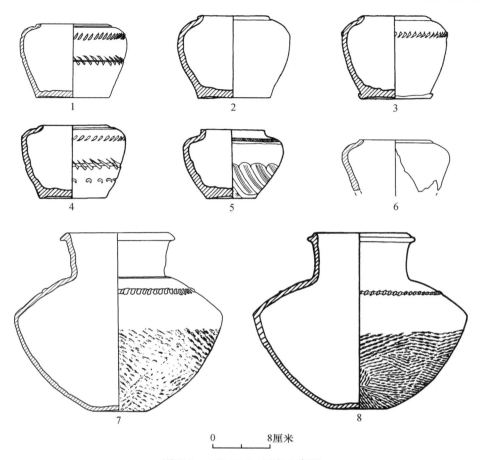

图四六　1998WJM19出土陶器

1～6.罐（1998WJM19：11、1998WJM19：12、1998WJM19：13、1998WJM19：14、1998WJM19：15、1998WJM19：34）

7、8.瓮（1998WJM19：19、1998WJM19：20）

陶盂　1件。1998WJM19：26，泥质褐陶。圆唇，宽肩，鼓腹，下腹微折，平底。肩饰两周刻划纹，下腹有刮削痕。口径3.5、腹径7.9、高3.9厘米（图四七，10）。

陶甑　5件。1998WJM19：4，泥质灰陶。方唇，微侈口，折沿，腹部略深。下腹有刮削痕，5个甑孔呈环中四角分布。口径11.7、高5.6厘米（图四七，11）。1998WJM19：7，泥质灰陶。口略侈，弧腹、平底，底部有3个箅孔。口径11.8、底径4.4、高6.2厘米（图四七，12）。1998WJM19：8，泥质灰陶。尖唇，三角缘，斜腹略折，平底。下腹有刮削痕，4个甑孔呈三角环中分布。口径9.3、高5.1厘米（图四七，13）。1998WJM19：17，泥质灰陶。尖唇，三角缘，斜腹略折，平底，下腹有刮削痕，19个甑孔呈不规则分布。口径10.6、底径4、高6.1厘米（图四七，14）。1998WJM19：23，泥质灰陶。敞口，斜直腹，平底，底上有箅孔，由于底残，箅孔数目不详。口径9.6、底径4.8、高4.4厘米（图四七，15）。

陶钵　4件。1998WJM19：3，泥质灰陶。尖唇，沿下微凸出如肩，浅腹，平底内凹。腹有刮削痕。口径11.2、高4.6厘米（图四七，16）。1998WJM19：6，泥质灰陶。敞口，弧腹，平底。下腹部有刮痕。口径10.2、底径5.8、高4.1厘米（图四七，17）。1998WJM19：24，泥质褐陶。口略侈，弧腹，平底。下腹部有刮痕。口径11.4、底径4、高5.4厘米（图四七，18）。1998WJM19：33，泥质灰陶。敞口，厚方唇，腹壁斜收，平底。口沿下饰两周刻划纹，腹有刮

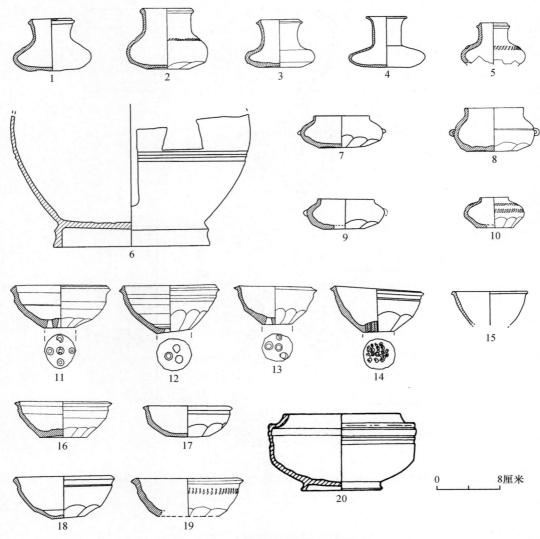

图四七　1998WJM19出土陶器

1～6.壶（1998WJM19：1、1998WJM19：2、1998WJM19：5、1998WJM19：10、1998WJM19：25、1998WJM19：28）
7～9.釜（1998WJM19：9、1998WJM19：16、1998WJM19：18）　10.盂（1998WJM19：26）　11～15.甑（1998WJM19：4、
1998WJM19：7、1998WJM19：8、1998WJM19：17、1998WJM19：23）　16～19.钵（1998WJM19：3、1998WJM19：6、
1998WJM19：24、1998WJM19：33）　20.盒（1998WJM19：27）

削痕。口径12.8、高5厘米（图四七，19）。

　　陶盒　1件。1998WJM19：27，泥质灰陶。方唇，敛口，折腹，圜底，矮圈足。上腹部饰多周弦纹。口径14.8、腹径18.8、圈足径10.2、高9.7厘米（图四七，20）。

　　陶灶　4件。1998WJM19：21，泥质褐陶。长方形。左右一小一大两个灶眼，灶眼左上侧各有一小圆孔，侧壁有两个圆角梯形火门。长28.2、宽15.2、高7.2厘米（图四八，1）。1998WJM19：22，长方形，灶体较扁，灶头无挡火墙，2个灶眼基本在中部，灶眼之间偏上有一小圆孔，侧壁上的2个火门直接开在底端。长26.4、宽15、高6.6厘米（图四八，2）。1998WJM19：29，泥质褐陶。长方形。残长15.5、宽13、高9厘米（图四八，3）。1998WJM19：30，单眼灶。残。泥质褐陶。灶体侧视呈梯形，烟孔孔径较小，高拱形火门位于底端。底长18.8、高5.6厘米（图四八，4）。

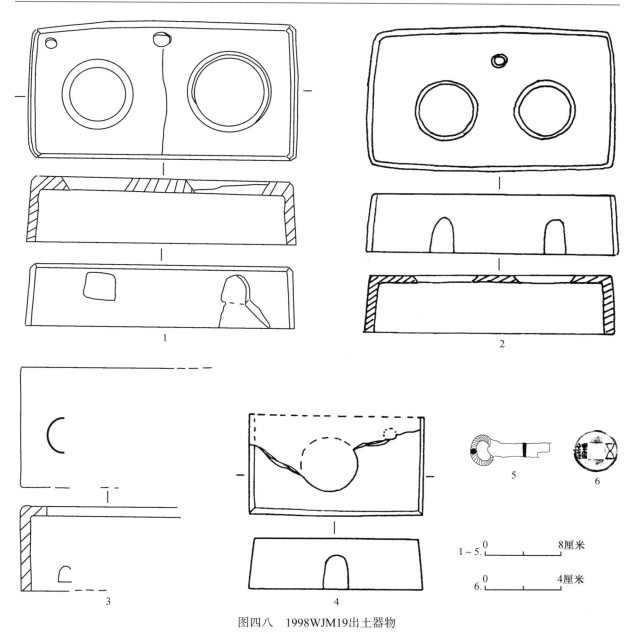

图四八　1998WJM19出土器物

1~4. 陶灶（1998WJM19：21、1998WJM19：22、1998WJM19：29、1998WJM19：30）　5. 铁环首刀（1998WJM19：31）

6. 铜钱（1998WJM19：32）

铁环首刀　1件。1998WJM19：31，铁质。锈蚀。椭圆形索状环首，无格，刃部残。残长8.5厘米（图四八，5）。

铜钱　1件。1998WJM19：32，五铢钱。8枚。"金"字头作等腰三角形，"朱"字方折，"五"字相交的两笔上、下端略外撇。直径0.8厘米（图四八，6）。

1998WJM15　土洞石室墓，方向160°，位于Ⅲ区T7，开口于第2层下，打破生土。其构筑方式是先竖直挖成斜坡墓道，然后向内挖出弧顶洞穴作墓室。1998WJM15平面呈"凸"字形，长方形竖直式墓道位于墓室前壁中部。墓道长240、宽100、深150厘米，墓口距地面深150厘米，墓底距地面深325厘米，墓室长350、宽215厘米。墓室以不规则的石块铺底，左右两壁用石块错缝砌筑，后壁未砌，拱形墓顶。墓室口两侧立有封门用的石枕。1998WJM15被盗扰，人

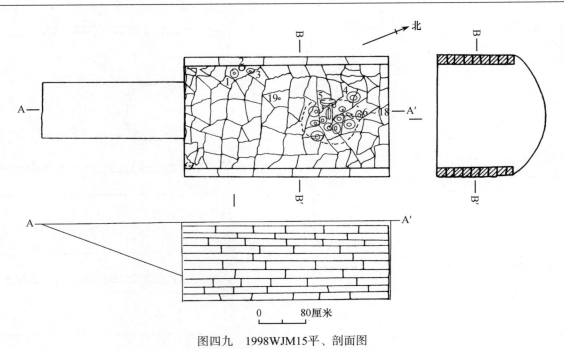

图四九　1998WJM15平、剖面图

1、18.陶瓮　2、3、6~8、12.陶罐　4.陶器盖　5.陶鼎　9、10、14.陶钵　11、17.陶壶　13.陶盂　15.陶釜　16.陶甑

19.铜钱

骨已无存，出土器物有陶鼎、罐、壶、釜、甑、器盖等，多出土于盗洞填土之中（图四九）。

陶鼎　1件。1998WJM15：5，泥质褐陶。器身轮制，器耳及足为贴附。子口微敛，圆唇，圜底，弧顶盖上有三个半环耳，长方形附耳安在口沿外侧，三蹄形足略直。口径15.4、腹径19.4、高17厘米（图五〇，1）。

陶罐　6件。1998WJM15：2，折肩罐。夹砂黑褐陶。直口略侈，平底，折肩处饰一条刻划纹。口径9.9、底径10、腹径15.5、高12.6厘米（图五〇，2）。1998WJM15：3，折肩罐。夹砂黑陶。直口略侈，斜腹，平底。口径10、腹径15.4、底径10.4、高12.8厘米（图五〇，3）。1998WJM15：6，折肩罐。夹砂黑褐陶。方唇，斜直口，斜折肩，斜腹。肩饰刻划纹，腹部有刮削痕。口径10.2、腹径16、高13.2厘米（图五〇，4）。1998WJM15：7，折肩罐。夹砂灰陶。直口略侈，折肩划纹，斜腹，平底。口径10.4、腹径15.7、底径10.2、高12.6厘米（图五〇，5）。1998WJM15：8，折肩罐。泥质灰陶。口略侈，圆唇，平底。口径6.4、腹径9.5、底径4.6、高4.4厘米（图五〇，6）。1998WJM15：12，扁腹罐。夹砂灰陶。直口，广肩，斜腹，平底。腹部有刮削痕。口径5.2、腹径9.8、底径5.1、高5厘米（图五〇，7）。

瓮　仅有1件（1998WJM15：1，陶瓮未修复，故未公布资料）。1998WJM15：18，泥质灰陶。侈口，尖唇，斜直颈，斜广肩，斜腹，平底内凹。下腹部饰绳纹。口径15.3、腹径33.2、底径11、高28.6厘米（图五〇，8）。

陶壶　2件。1998WJM15：11，口沿残。泥质灰陶。直颈，腹部略扁，凹圜底。腹径10、残高6.2厘米（图五〇，9）。1998WJM15：17，圈足壶。泥质灰陶。轮制。盘口微侈，方唇，束颈，溜肩，鼓腹，平底。器上腹部饰多周弦纹，中腹部有对称錾耳。口径16.4、腹径31.4、高33.8厘米（图五〇，10）。

陶釜　1件。1998WJM15：15，夹砂灰陶。厚方唇，微敛口，高领斜竖，宽肩，鼓腹，底近圜。扁耳微呈桥形，肩饰两周凹弦纹。口径11、腹径15.4、高10厘米（图五〇，11）。

陶盂　1件。1998WJM15：13，泥质灰陶。微敛口圆唇，斜曲颈，颈部凸出，圆肩，斜收腹，平底。下腹有刮削痕。口径6.5、腹径9.5、高6.5厘米（图五〇，12）。

陶甑　1件。1998WJM15：16，泥质灰陶。斜方唇，侈口，短斜颈，腹壁曲折，平底。底下残存9个箅孔。口径11.8、高5厘米（图五〇，13）。

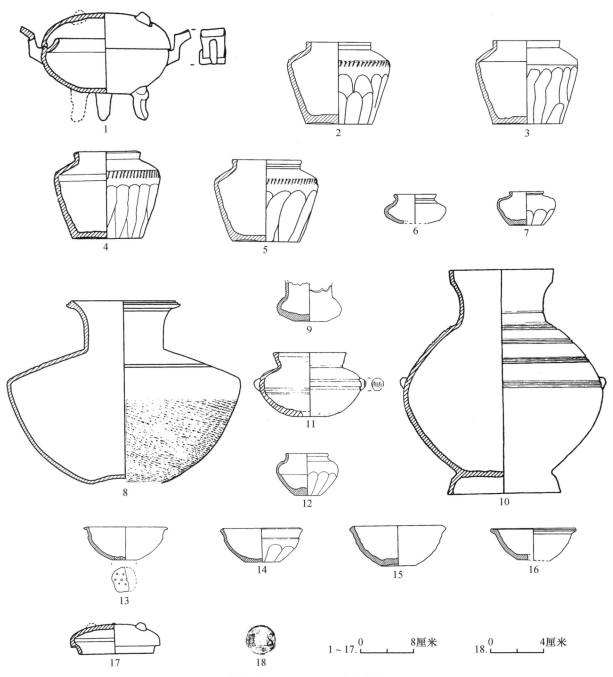

图五〇　1998WJM15出土器物

1. 陶鼎（1998WJM15：5）　2～7. 陶罐（1998WJM15：2、1998WJM15：3、1998WJM15：6、1998WJM15：7、1998WJM15：8、1998WJM15：12）　8. 陶瓮（1998WJM15：18）　9、10. 陶壶（1998WJM15：11、1998WJM15：17）

11. 陶釜（1998WJM15：15）　12. 陶盂（1998WJM15：13）　13. 陶甑（1998WJM15：16）　14～16. 陶钵（1998WJM15：9、1998WJM15：10、1998WJM15：14）　17. 陶器盖（1998WJM15：4）　18. 铜钱（1998WJM15：19）

陶钵　3件。1998WJM15：9，泥质灰陶。方唇微内勾，下腹壁弧曲，平底。腹有刮削痕。口径11.6、高5.1厘米（图五〇，14）。1998WJM15：10，泥质灰陶。侈口，方唇，弧腹，小平底内凹。口径14、底径5.2、高5.8厘米（图五〇，15）。1998WJM15：14，泥质褐陶。侈口，弧腹，平底。口径12.8、底径5、高5厘米（图五〇，16）。

陶器盖　1件。1998WJM15：4，应为壶盖。泥质褐陶。球面，子口，圆唇，有3个小扁纽。口径11.1、高5.2厘米（图五〇，17）。

铜钱　1件。1998WJM15：19，5枚，五铢钱。"五"字交笔弯曲，"朱"头圆折，"金"字呈等腰三角形且较"朱"头略低，四点较长。直径1厘米（图五〇，18）。

本次发掘另清理残墓5座，残墓是指均遭盗掘，破坏十分严重。

1998WJCM1　被盗墓葬，出土器物有陶罐。

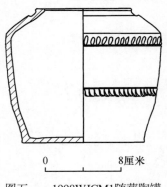

图五一　1998WJCM1随葬陶罐
（1998WJCM1：1）

陶罐　1件。1998WJCM1：1，泥质灰陶。轮制。敛口，圆唇，溜肩，深腹，平底。腰部及肩有两道刻划纹。口径10.4、高14.7厘米（图五一）。

1998WJCM2　被盗墓葬，出土器物有陶罐。

陶罐　3件。1998WJCM2：1，泥质灰陶。轮制。直口，平沿，折肩，小平底。口径10.1、高13厘米（图五二，1）。1998WJCM2：2，泥质灰陶。轮制。直口，平沿，折肩，斜壁，小平底。腰部有工具刮削痕迹。口径10.2、腹径13.3、底径7.6、高12.4厘米（图五二，2）。1998WJCM2：3，泥质灰陶。轮制。侈口，尖圆唇，溜肩，深腹，小平底。腰部有工具刮削痕迹。口径9.3、底径8.6、腹径14.4厘米（图五二，3）。

1998WJCM3　被盗墓葬，出土器物有铜鍪、陶罐、釉陶壶、盆。

铜鍪　1件。1998WJCM3：4，器壁较薄，铜质略差。敞口，方唇，束颈，溜肩。颈下有1小圆环耳，对称位置无耳。口径16、残高8.5厘米（图五三，1）。

陶罐　2件。1998WJCM3：1，泥质灰陶。轮制。直口，尖圆唇，折肩，斜壁，小平底。腰部有工具刮削痕迹。口径7.5、腹径12.5、底径7.5、高10.5厘米（图五三，2）。1998WJCM3：2，泥质灰陶。轮制。侈口，尖圆唇，折肩，下腹内收小平底。口径7.4、腹径10.8、底径6.3、高6.6厘米（图五三，3）。

釉陶壶　1件。1998WJCM3：5，细砂红陶，红釉。侈口，圆唇，盘口下起凸棱，曲

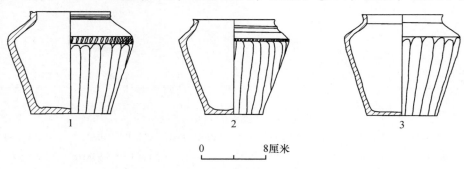

图五二　1998WJCM2随葬陶罐
1. 1998WJCM2：1　2. 1998WJCM2：2　3. 1998WJCM2：3

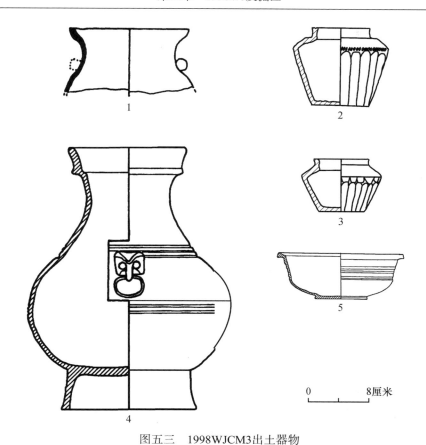

图五三　1998WJCM3出土器物

1. 铜鍪（1998WJCM3：4）　　2、3. 陶罐（1998WJCM3：1、1998WJCM3：2）　　4. 釉陶壶（1998WJCM3：5）

5. 釉陶盆（1998WJCM3：3）

颈，溜肩，鼓腹。肩及腹中部饰弦纹，肩下饰对称铺首。口径16、腹径27.2、高36厘米（图五三，4）。

釉陶盆　1件。1998WJCM3：3，细砂红陶，红釉。敞口，方唇，折沿，饼状圈足。腹壁饰数道弦纹。口径16.9、高6.2厘米（图五三，5）。

1998WJCM4，被盗墓葬，出土器物有陶钵、甑、耳杯、釉陶博山炉等。

陶甑　1件。1998WJCM4：5，残。泥质褐陶。轮制。侈口，沿折，下腹内收，小平底，底有孔。高4.4厘米（图五四，1）。

陶钵　1件。1998WJCM4：3，残。泥质灰陶。轮制。敞口，圆唇。残高4厘米（图五四，2）。

陶耳杯　2件。1998WJCM4：4，细砂褐陶。直口，圆唇，耳与器口基本呈水平，内底凹进，假圈足。口端长径11.2、短径7.6、高3.4厘米（图五四，3）。1998WJCM4：6，残。泥质灰陶。从残片可看出是椭圆形口，两耳，平底，杯内涂有朱砂。高3.6厘米（图五四，4）。

釉陶罐　1件。1998WJCM4：2，细砂灰陶，灰绿釉。直口，方唇，有矮领，宽肩，鼓腹，底微凹。口径9、腹径14.8、高11.2厘米（图五四，5）。

陶博山炉　1件。1998WJCM4：1，细砂褐陶，红釉。炉、盖分体，盂形，高圈足。器身有多周弦纹。高23.2厘米（图五四，6）。

1998WJCM5，被盗墓葬，出土器物有陶罐、灶，釉陶钵、釉陶器盖。

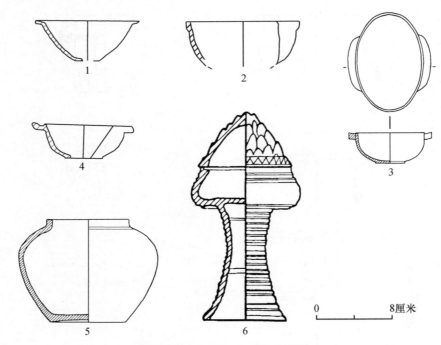

图五四　1998WJCM4出土器物

1. 陶瓿（1998WJCM4：5）　2. 陶钵（1998WJCM4：3）　3、4. 陶耳杯（1998WJCM4：4、1998WJCM4：6）
5. 釉陶罐（1998WJCM4：2）　6. 釉陶博山炉（1998WJCM4：1）

　　陶罐　1件。1998WJCM5：4，泥质褐陶，胎心暗红。轮制。残。敛口，尖圆唇，折肩斜壁，平底。腰部有工具刮削痕迹。高8.4厘米（图五五，1）。

　　釉陶钵　1件。1998WJCM5：2，泥质釉陶，红色。轮制。敛口，圆唇，弧腹，下腹内收，小平底。口径12.5厘米（图五五，2）。

　　釉陶器盖　1件。1998WJCM5：1，残。泥质红褐釉陶。轮制。圆形，上有乳形纽。盖径14厘米（图五五，3）。

　　陶灶　1件。1998WJCM5：3，泥质褐陶。手制。灶面长方形，单火眼，右上角有一烟筒，侧面有灶口。长17.8、高5厘米（图五五，4）。

　　本次发掘工作中另采集有一些器物，现将采集器物情况公布如下。

　　铜鍪　3件。1998WJC：1，残。锈蚀。侈口，有一环耳，另一耳已残。口径17、残高19厘米（图五六，1）。1998WJC：2，器壁略厚，下部残缺。方唇，敞口，束颈，斜肩，筒腹。肩部有对称圆环耳，腹部有两周弦纹。口径21.2、腹径22厘米（图五六，2）。1998WJC：3，器壁较薄，有补焊痕迹。方唇，侈口，束颈，溜肩，圆鼓腹，圜底，肩下对称装圆环形耳。肩下饰多周弦纹，器耳上有条索纹。口径17.6、腹径19.7、耳径3、高18厘米（图五六，3）。

　　铜器件　1件。1998WJC：23，残，锈蚀。弧形。残长7.5厘米（图五六，4）。

　　铁器件　1件。1998WJC：21，锈蚀，残。平面呈长方形，两端各有一圆孔，底有四圆足。长8.8、高1.6厘米（图五六，5）。

　　陶罐　6件。1998WJC：4，折肩罐。泥质夹砂灰陶。轮制。敛口，溜肩，斜壁，平底。腰上有两道刻划纹。口径8、腹径13、高10厘米（图五七，1）。1998WJC：8，折肩罐。泥质夹砂灰陶。轮制，敛口，尖圆唇，折肩，斜腰，平底。口径8.4、腹径11、底径5.4、高7.5厘米

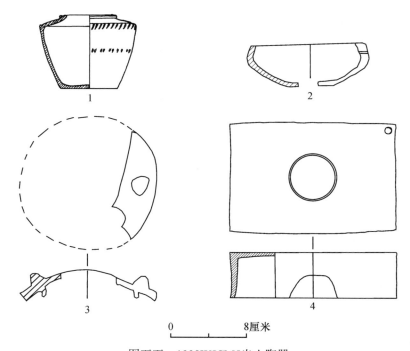

图五五　1998WJCM5出土陶器

1.罐（1998WJCM5：4）　2.钵（1998WJCM5：2）　3.器盖（1998WJCM5：1）　4.灶（1998WJCM5：3）

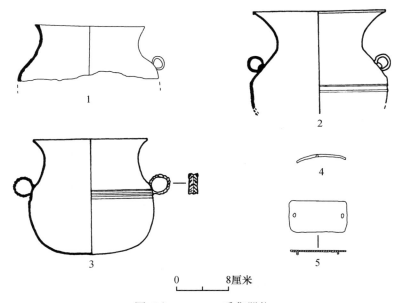

图五六　1998WJ采集器物

1~3.铜鍪（1998WJC：1、1998WJC：2、1998WJC：3）　4.铜器件（1998WJC：23）　5.铁器件（1998WJC：21）

（图五七，2）。1998WJC：9，折肩罐。泥质夹砂灰陶。轮制。直口，尖圆唇，圆鼓肩，下腹内收，平底。口径6.4、腹径9、底径4.2、高6厘米（图五七，3）。1998WJC：11，折肩罐。泥质夹砂灰陶。轮制。直口，平沿，溜肩，斜壁腰部有剥削工具痕迹，平底。口径8.2、腹径14.4、底径8、高11.2厘米（图五七，4）。1998WJC：27，折肩罐。细砂灰陶。直口，方唇，宽折肩，斜筒腹。肩饰刻划纹，上腹饰多周弦纹，下腹有刮削痕。口径10.4、腹径15.8、高16厘米（图五七，5）。1998WJC：29，折肩罐。泥质夹砂灰褐陶。轮制。敛口，折肩，下腹内收，小平底。口径6.3、底径4.5、高5.4厘米（图五七，6）。

陶瓮　1件。1998WJC：6，细砂灰陶。微侈口，尖唇，束曲颈，溜肩，鼓腹，平底。下腹饰绳纹。口径10.8、腹径21.2、高17.6厘米（图五七，7）。

陶壶　2件。1998WJC：10，泥质夹砂灰陶。轮制。侈口，尖圆唇，高领，圆鼓肩，下腹内收，小平底。素面。口径4、腹径6.5、底径2、高7.8厘米（图五七，8）。1998WJC：14，泥质夹砂红陶。轮制。侈口，尖圆唇，折沿，折肩，下腹内收，平底。口径7.5、腹径9、底径4.2、高4.2厘米（图五七，9）。

陶釜　2件。1998WJC：26，器形较小，为模型明器。泥质夹砂灰陶。轮制。侈口，尖圆唇，溜肩，下腹内收，余一耳。圜底。口径4.4、腹径9.2、高4.8厘米（图五七，10）。1998WJC：30，器形较小，为模型明器。泥质夹砂灰陶。轮制。侈口，尖圆唇，溜肩，下腹内收，余一耳。圜底。口径4.8、腹径10、高4.8厘米（图五七，11）。

陶钵　5件。1998WJC：5，泥质夹砂灰陶。轮制。敞口，尖圆唇，弧腹，圜底。口径10.2、底径5.4、高4.8厘米（图五七，12）。1998WJC：12，泥质夹砂褐陶。轮制。侈口，尖圆唇，斜腹，小平底。口径6、底径2、高4厘米（图五七，13）。1998WJC：13，泥质夹砂红

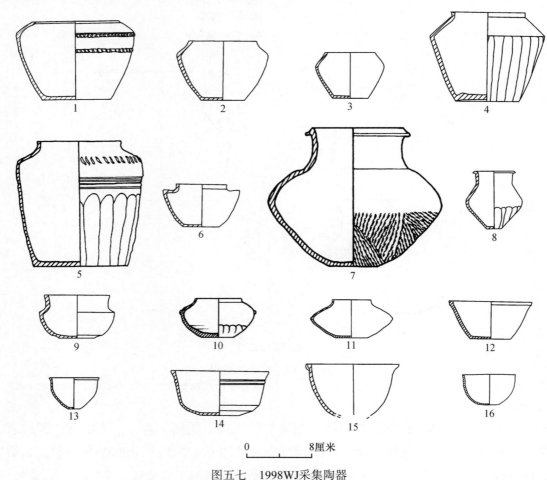

图五七　1998WJ采集陶器

1～6.罐（1998WJC：4、1998WJC：8、1998WJC：9、1998WJC：11、1998WJC：27、1998WJC：29）　7.瓮（1998WJC：6）
8、9.壶（1998WJC：10、1998WJC：14）　10、11.釜（1998WJC：26、1998WJC：30）　12～16.钵（1998WJC：5、1998WJC：12、1998WJC：13、1998WJC：28、1998WJC：31）

陶。轮制。直口，平沿，壁稍斜，平底。近口沿有两道弦纹。口径11.4、底径4.8、高5.4厘米（图五七，14）。1998WJC：28，泥质夹砂灰陶。轮制。口微敛，圆唇，下腹内收，小平底。残高6.6厘米（图五七，15）。1998WJC：31，泥质红陶。圆唇，微侈口，腹壁较直，小平底。口径6.1、高3.7厘米（图五七，16）。

陶器盖　1件。1998WJC：16，细砂褐陶，红釉。覆碗形。方唇，弧顶，蘑菇状盖纽。口径10.5、高6.4厘米（图五八，1）。

陶器座　1件。1998WJC：15，泥质夹砂灰陶。轮制。束腰，中间一穿孔，平底。面径5、孔径1.3、高5厘米（图五八，2）。

陶灶　2件。1998WJC：7，泥质夹砂灰褐陶。手制。灶面长方形，单火眼，有一烟筒，灶侧有一灶口。长20、宽12、高7.5厘米（图五八，3）。1998WJC：17，残。泥质夹砂，胎心红色。手制。可看出灶面近长方形。双火眼，有一烟筒，灶口仅剩一个。残长20、宽13.5、高7.5厘米（图五八，4）。

釉陶壶　1件。1998WJC：24，红胎，银青釉。侈口，方唇，曲颈，斜肩，折鼓腹，覆碗式圈足。肩及腹中部饰弦纹。口径14.6、腹径20.8、高28.6厘米（图五八，5）。

釉陶盆　1件。1998WJC：25，泥质夹砂。轮制。敞口，尖圆唇，弧腹，实圈足。口径13.2、底径9、高7.2厘米（图五八，6）。

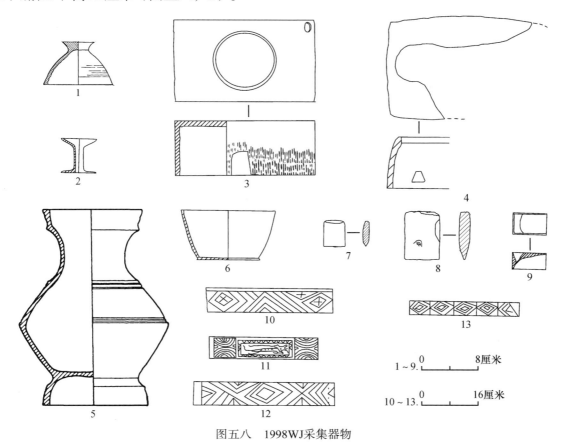

图五八　1998WJ采集器物

1.陶器盖（1998WJC：16）　2.陶器座（1998WJC：15）　3、4.陶灶（1998WJC：7、1998WJC：17）　5.釉陶壶（1998WJC：24）　6.釉陶盆（1998WJC：25）　7、8.石斧（1998WJC：19、1998WJC：20）　9.石砚（1998WJC：18）　10~13.墓砖（1998WJC：33、1998WJC：34、1998WJC：35、1998WJC：36）

石斧 2件。1998WJC：19，石质。灰绿。磨制。双面刃，磨制较光滑。长3.8、宽3、厚0.8厘米（图五八，7）。1998WJC：20，石制。褐色。磨制。近似长方形，斧身有疤痕，双面刃，有砍凿痕。残长7、宽5、厚1.6厘米（图五八，8）。

石砚 1件。1998WJC：18，石制。棕褐色。磨制。砚面长方形，有一斜坡凹槽，背面有一斜坡式长方形凹槽。长4.8、宽3.2、高2.4厘米（图五八，9）。

墓砖 4件。1998WJC：33，菱形砖。泥质夹砂灰陶。手制。砖面花纹菱形。长36、宽15、厚5.5~6.7厘米（图五八，10）。1998WJC：34，龙形花纹转。泥质夹砂褐陶。手制。砖上有龙形花纹。长32.8、宽14.8、厚6.3厘米（图五八，11）。1998WJC：35，榫卯砖。泥质夹砂灰陶。手制。砖面菱形花纹，有榫卯结构。长40.5、宽14.4、厚7厘米（图五八，12）。1998WJC：36，菱形花纹。泥质夹砂褐陶。手制，砖面菱形花纹，有五段。长31.6、宽15.2、厚4厘米（图五八，13）。

第三章　2000WJ发掘区

第一节　工 作 情 况

　　受重庆市文化局委托，在巫山县文管所的配合下中国文物研究所（现为中国文化遗产研究院）和宜昌博物馆共同承担2000年度巫山江东嘴墓地的考古勘探75000平方米，考古发掘2000平方米的工作任务。

　　2000年度的工作是在1998年度工作的基础上展开的，11～12月对墓群进行了全面勘探。勘探主要分两个区域展开，由于其中沿长江一侧的东端坡地约3万平方米的地段已在1998年度进行了全面勘探，并对重点墓进行了清理，故本年度首先对沿江坡地的西侧部分约1万平方米区域进行全面勘探。在该地的勘探中发现遗迹现象17处，经重点加密钻探确认墓葬11座，但大部分都遭到盗掘。另一区域是沿大宁河一侧的坡地，由于该地以往未经勘探，所以勘探的密度要大于沿江区域，勘探面积约35000平方米，主要地域分属江东村三、四队所有，勘探发现遗迹现象51处，由于墓群同遗址重合，故经进一步加密孔卡边后确认墓葬32座，其中大部分都有被盗掘迹象。为能按期完成工作并确保墓葬发掘的安全，巫山江东嘴墓地的2000年度的考古工作采取了边勘探边发掘的方法，即在取得一定的勘探成果后，立即布方发掘，发掘工作自2000年12月起，由于其间适逢春节假期，故一直至2001年3月底方告结束。

　　本次发掘区域位于江东嘴墓地的北部，主要处在神女庙、大和尚包的北部和小和尚包的东北部（图版一，2）。发掘区域分为2000WJⅠ、Ⅱ、Ⅲ三个区域。其中2000WJⅠ区仅清理了几座残墓，墓葬主要分布在2000WJⅡ、Ⅲ区。2000WJⅠ区布设5米×5米的探方8个，布设探方方向为正南北向，探方编号为2000WJⅠT101～T108；2000WJⅡ区布设5米×5米的探方41个，布设探方方向为正南北向，探方编号为2000WJⅠT201～2000WJⅠT241，探方分布较分散（图五九；图版三，2）；2000WJⅢ区布设5米×5米的探方40个，因地形地势影响，布设探方方向为北偏东20°，探方编号为2000WJⅢT3101～2000WJⅢT3106、2000WJⅢT3201～2000WJⅢT3214、2000WJⅢT3301～2000WJⅢT3311、2000WJⅢT3407～2000WJⅢT3409、2000WJⅢT3507～2000WJⅢT3509、2000WJⅢT3607～2000WJⅢT3609（图六〇）。此次发掘墓葬总计31座，由于属于连续发掘项目，故本年度所发掘墓葬的编号按照1998年度的顺序统一接续编排，编号为2000WJM21～2000WJM51，因原编号重复，2000WJM50、2000WJM51为更改后的墓葬编号，且为残墓（图版五）。

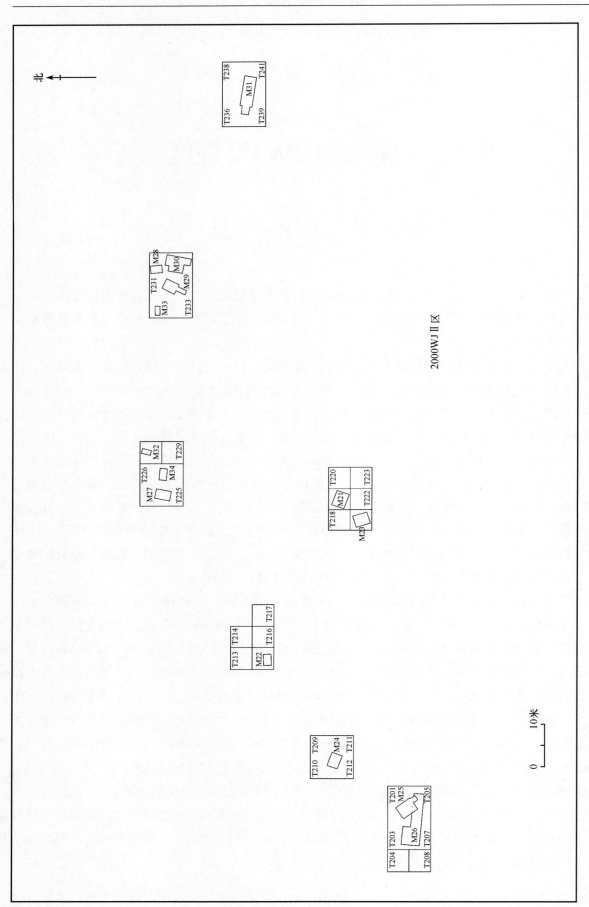

图五九　2000WJⅡ区探方、墓葬分布图

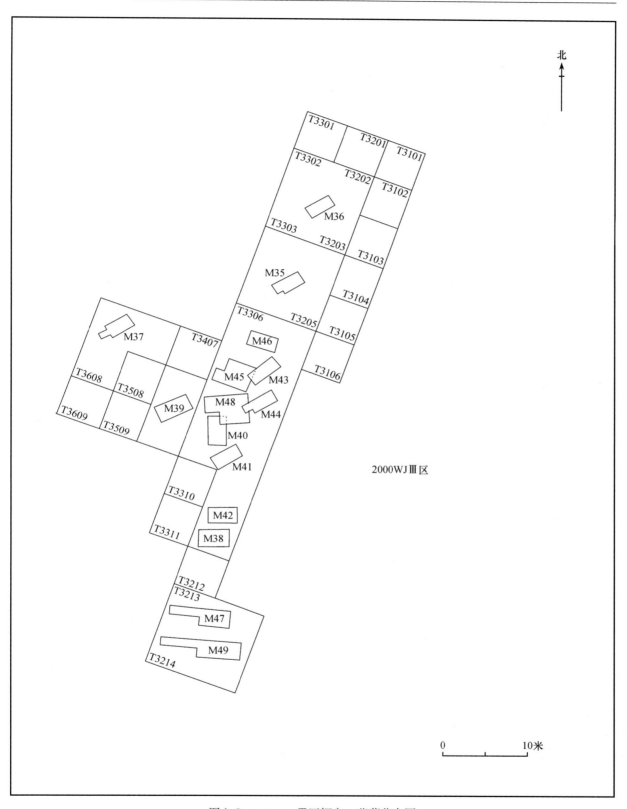

图六〇　2000WJⅢ区探方、墓葬分布图

第二节　文化堆积与层位

江东嘴墓地经多年的改土造田，破坏严重，发掘区域的文化层堆积也不相同。

2000WJⅡ区地势北低南高。文化堆积较简单。

以2000WJⅡT224南壁地层堆积情况为例（图六一）。

第1层：耕土层。自南向北倾斜着分布于全方。厚20～25厘米。土色呈褐色，土质松软，包含青花瓷片和陶片等。2000WJM27开口于此层下。

第1层下为生土。

2000WJⅢ区地势北高南低。文化堆积较简单。

以2000WJⅢT3207西壁地层堆积情况为例（图六二）。

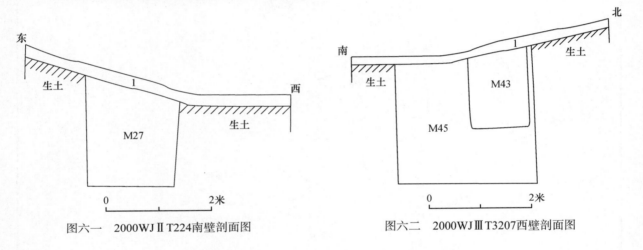

图六一　2000WJⅡT224南壁剖面图　　　　　图六二　2000WJⅢT3207西壁剖面图

第1层：耕土层。自南向北倾斜着分布于全方。厚15～20厘米。土色呈褐色，土质松软，包含青花瓷片和陶片等。2000WJM43、2000WJM45开口于此层下。

第1层下为生土。

为全面反映该发掘区域的文化堆积情况，将发掘探方的层位关系分布介绍如下（"—"代表叠压关系，"→"代表打破关系）。

　　ⅡT201、ⅡT203、T205、T207：①—M25→M26→生土

　　ⅡT209～T212：①—M24→生土

　　ⅡT215：①—M22→生土

　　ⅡT221：①—M23→生土

　　ⅡT219：①—M21→生土

　　ⅡT224、T225：①—M27→生土

　　ⅡT226：①—M34→生土

　　ⅡT228：①—M32→生土

　　ⅡT230：①—M33→生土

　　ⅡT232：①—M28→生土

ⅡT234：①—M29→生土

ⅡT235：①—M30→生土

ⅡT236～T241：①—M31→生土

ⅢT3303：①—M36→生土

ⅢT3205、T3206：①—M35→生土

ⅢT3306：①—M46→生土

ⅢT3207、T3307：①—M43→M45→生土

ⅢT3208、ⅢT3308、ⅢT3309：①—M44→M48→M40→生土

ⅢT3209、T3210：①—M41→生土

ⅢT3408、T3409：①—M39→生土

ⅢT3607：①—M37→生土

ⅢT3210、T3211：①—M42→生土

ⅢT3211：①—M38→生土

ⅢT3213：①—M47→生土

ⅢT3214：①—M49→生土

第三节　墓葬概述

墓葬分为砖室墓、土坑竖穴墓、土坑洞室墓，共31座。

一、砖　室　墓

共8座，有长方形（5座）和刀形（3座）竖穴砖室墓。

（一）长方形竖穴砖室墓

2000WJM31　长方形竖穴砖室墓，方向278°，位于2000WJⅡ区T236～T241，开口于第1层下，打破第2层至生土。2000WJM31平面呈"凸"字形，由单墓室、甬道组成，墓道不详，残存部分墓室券顶，墓壁残存大部分，墓内填土为黑褐色土。2000WJM31墓口距地面深330厘米，墓室长740、宽250厘米，墓坑深150厘米，甬道长200、宽170厘米，残存墓壁用单块横向的墓砖错缝平铺而成，墓室墓砖残存17～28层，从第15层开始起券，2000WJM31铺地砖由单层素面青砖呈"人"字形斜向平铺而成，甬道前端残存部分封门砖，呈"人"字形交错竖直斜铺。墓室内有成人人骨朽痕、木棺朽痕及棺钉，葬式不明，2000WJM31被盗扰，但出土器物有陶罐残片、站立俑、鸡等（图六三）。

陶站立俑　1件。2000WJM31：1，泥质灰陶。模制。男像，带冠，着裙，一臂半伸，腹中

空。高21.4厘米（图六四，1）。

陶鸡　1件。2000WJM31：2，泥质灰陶。模制。母鸡形，腹中空，底为圈足状座。高15厘米（图六四，2）。

2000WJM36　长方形竖穴砖室墓，方向32°，方向位于2000WJ Ⅲ区T3303东部，开口于第1层下，打破第2层至生土。2000WJM36平面呈"凸"字形，由单墓室、甬道组成，墓道不详，残存部分墓室券顶，墓壁残存大部分，墓内填土为黄褐色土。2000WJM36墓口距地面深400厘米，墓室内长330、宽130、深133厘米，甬道内长110、宽120厘米，残存墓壁用单块横向的墓砖错缝平铺而成，墓室墓砖残存10～23层，墓底有成人女性人骨痕迹和木棺痕迹。2000WJM35被盗，但出土器物有青瓷盘口壶、钵，陶罐、釜、钵、盘等（图六五）。

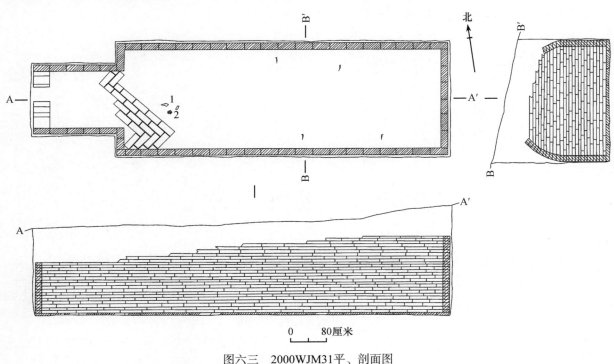

0　　　80厘米

图六三　2000WJM31平、剖面图
1. 陶站立俑　2. 陶鸡

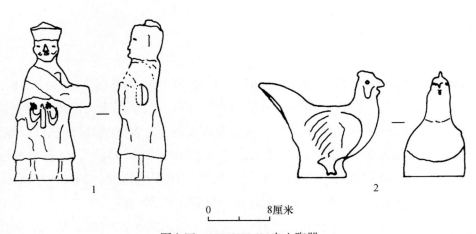

0　　　8厘米

图六四　2000WJM31出土陶器
1. 站立俑（2000WJM31：1）　2. 鸡（2000WJM31：2）

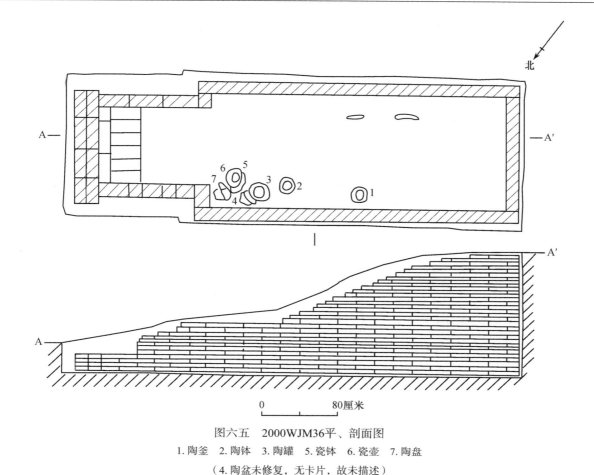

图六五　2000WJM36平、剖面图
1. 陶釜　2. 陶钵　3. 陶罐　5. 瓷钵　6. 瓷壶　7. 陶盘
（4. 陶盆未修复，无卡片，故未描述）

陶罐　1件。2000WJM36：3，泥质灰陶。直口微敛，矮领，溜肩，筒腹，平底。器身有多周轮旋形成的凹凸痕迹。口径13.2、腹径17.5、高14.6厘米（图六六，1）。

陶釜　1件。2000WJM36：1，泥质灰陶。盘状侈口，圆唇，折沿，溜肩，圆鼓腹，大平底微凹。腹部饰二周凹弦格条带纹。口径16.6、腹径17、高12.2厘米（图六六，2）。

陶钵　1件。2000WJM36：2，泥质灰陶。敞口，厚方唇，折沿，深弧腹微鼓，宽平底略凹。器身有多周轮旋形成的凹凸的纹饰。口径17.4、底径12.4、高10.5厘米（图六六，3）。

陶盘　1件。2000WJM36：7，泥质灰陶。敞口，方唇，折沿，折肩，弧腹，大平底内凹。口径22、底径17.4、高5.8厘米（图六六，4）。

瓷壶　1件。2000WJM36：6，灰白色胎，青釉泛黄，未施到底，胎中含少量粗砂，有烧制过程中形成的气泡或空隙。盘状侈口，圆唇，折盘，短束颈，广肩，鼓腹，下腹略曲，平底。肩部有菱格条带暗纹，上有对称的四鞍桥形系组。口径14.6、腹径28.2、通高22.8厘米（图六六，5）。

瓷钵　1件。2000WJM36：5，胎色褐白，青灰釉，釉厚薄不匀未施到底，有小开片。侈口略直，圆唇，曲腹，平底略凹。口沿下有一周凹弦纹。口径16、底径10.2、高5.6厘米（图六六，6）。

2000WJM37　长方形竖穴砖室墓，方向240°，方向位于2000WJⅢ区T3607内，开口于第1层下，打破生土。2000WJM37平面呈"凸"字形，由单墓室、甬道组成，墓道不详，残存部分墓室券顶，墓壁残存大部分，墓内填土为黑褐色土。2000WJM37墓口距地面深110厘米，墓室长444、宽215、深260厘米，甬道内长120、宽140厘米，残存墓壁用单块横向的墓砖错缝平铺而成，墓室墓砖残存11～28层，2000WJM37铺地砖由单层素面青砖呈"人"字形斜向平铺而成，人骨无存，有木棺痕迹，出土器物有青瓷四系罐、钵及"元康六年"铭砖（图六七）。

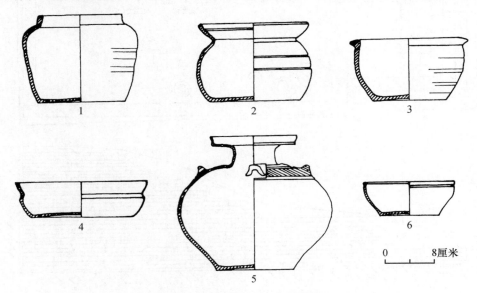

图六六　2000WJM36出土器物

1. 陶罐（2000WJM36∶3）　2. 陶釜（2000WJM36∶1）　3. 陶钵（2000WJM36∶2）　4. 陶盘（2000WJM36∶7）

5. 瓷壶（2000WJM36∶6）　6. 瓷钵（2000WJM36∶5）

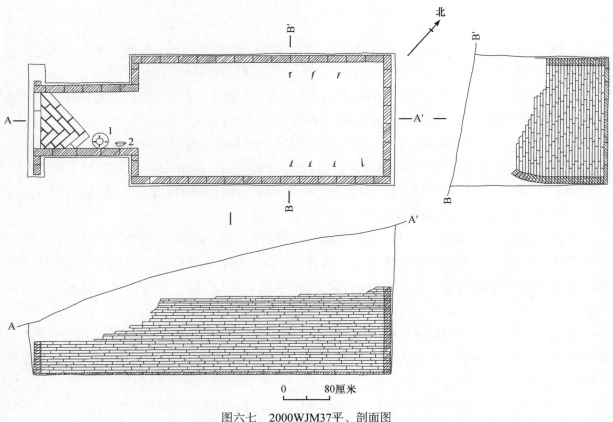

图六七　2000WJM37平、剖面图

1. 瓷罐　2. 瓷钵

瓷罐　1件。2000WJM37：1，四系罐。灰色胎，酱青釉，釉不到底。敛口，方唇，溜肩，鼓腹，平底。口沿下有菱格暗纹条带，肩上有对称的鞍桥形四系纽。口径12.8、腹径25.3、高23.4厘米（图六八，1）。

瓷钵　1件。2000WJM37：2，胎色褐黄，釉色青绿，底部露胎。侈口，方唇，弧腹，下腹曲收，平底。口沿下饰一周凹弦纹，其下是压印形成的菱格形暗纹。口径19.1、底径10.2、高6.5厘米（图六八，2）。

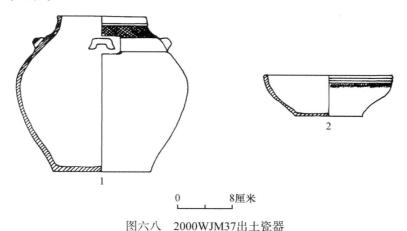

0　　　　　8厘米

图六八　2000WJM37出土瓷器
1.罐（2000WJM37：1）　2.钵（2000WJM37：2）

2000WJM39　长方形竖穴砖室墓，方向250°，位于2000WJⅢ区T3408南部、T3409北部，开口于第1层下，打破生土。2000WJM39平面呈长方形，为单墓室，墓内填土为黑褐色土。2000WJM39墓口距地面深70厘米，墓室长480、宽200、深200厘米，残存墓壁用单块横向的墓砖错缝平铺而成，墓室墓砖残存4~25层，2000WJM39铺地砖由单层墓砖呈“人”字形斜向平铺而成，有两具成人人骨朽痕，应均为仰身直肢葬，有木棺朽痕，葬式不明，2000WJM39被盗扰，但出土器物有陶罐，铜带钩等（图六九）。

陶罐　1件。2000WJM39：1，泥质褐陶。轮制。直口，厚方唇，矮领，圆肩，鼓腹，平底。下腹饰二周凹弦纹。口径16.6、腹径32.2、高25厘米（图七〇，1）。

铜带钩　1件。2000WJM39：2，锈蚀，青铜锻造。长条形，尾端剖面呈扁平长方形，前端剖面做圆柱状，中部有系扣，前端呈钩状。长10.8厘米（图七〇，2）。

2000WJM43　长方形竖穴砖室墓，长方形短墓道，方向230°，位于2000WJⅢ区T3207西北部、T3307东部，开口于第1层下，打破2000WJM45。2000WJM43平面呈长方形，为单墓室，墓内填土为黄褐色土。2000WJM43墓口距地面深20厘米，墓室长390、宽140、深120厘米，残存墓壁用单块横向的墓砖错缝平铺而成，墓室墓砖残存3~16层，铺地砖由单层墓砖齐缝并列平铺而成。人骨无存，葬式不明，有木棺痕迹，2000WJM43盗扰严重，无出土器物（图七一）。

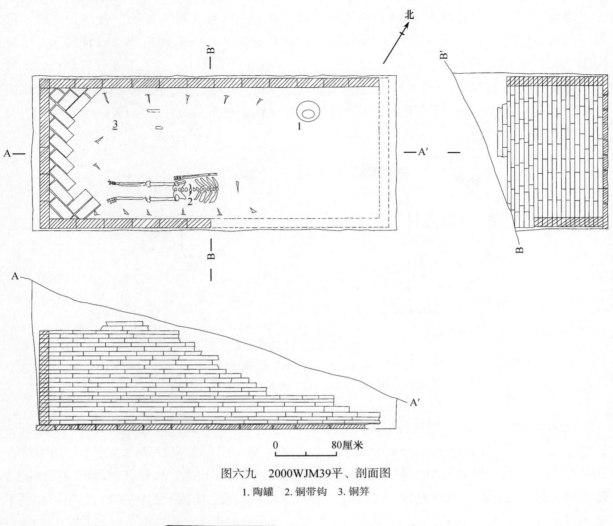

图六九　2000WJM39平、剖面图

1. 陶罐　2. 铜带钩　3. 铜笄

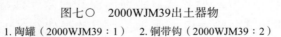

图七〇　2000WJM39出土器物

1. 陶罐（2000WJM39：1）　2. 铜带钩（2000WJM39：2）

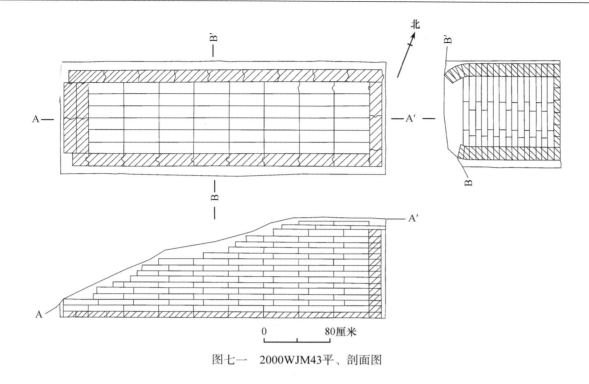

图七一　2000WJM43平、剖面图

（二）刀形竖穴砖室墓

2000WJM35　刀形竖穴砖室墓，方向243°，位于2000WJⅢ区T3205、T3206，开口于第1层下，打破生土。2000WJM35平面呈刀形，由单墓室和甬道组成，墓道不详。墓内填土为黄褐色土。2000WJM35墓口距地面深35~55厘米，墓室内长360、宽140、深310厘米，甬道内长100、宽90厘米。残存墓壁用单块横向的墓砖错缝平铺而成，墓室墓砖残存9~26层，铺地砖由单层墓砖齐缝并列平铺而成。人骨无存，葬式不明，有木棺痕迹，2000WJM35盗扰严重，仅有"五铢"铜钱（图七二）。

2000WJM41　刀形竖穴砖室墓，方向240°，位于2000WJⅢ区T3210北部和T3209东南部，开口于第1层下，打破生土。2000WJM41平面呈刀形，由单墓室和甬道组成，墓道不详。墓内填土为灰褐色土。2000WJM41墓口距地面深40厘米，墓室内长330、宽150、深150厘米，甬道内长130、宽100厘米。残存墓壁用单块横向的菱格纹长方形灰砖墓砖错缝平铺而成，墓室墓砖残存9~26层，券顶用菱格纹楔形砖，铺地砖由单层素面墓砖齐缝并列平铺而成，有"宜侯王"铭砖。由于遭受盗掘和破坏，人骨无存，葬具葬式不明，无出土器物（图七三）。

2000WJM44　刀形竖穴砖室墓，方向250°，位于2000WJⅢ区T3208、T3308，开口于第1层下，打破2000WJM48。2000WJM44平面呈刀形，由单墓室和甬道组成，墓道不详。墓内填土为黄褐色土。2000WJM44墓口距地面深20~30厘米，墓室内长410、宽170厘米，甬道内长140、宽100厘米。残存墓壁用单块横向的墓砖错缝平铺而成，墓室墓砖残存14层，铺地砖由单层墓砖齐缝并列平铺而成，甬道低于墓室约30厘米。墓底有成人男性人骨朽痕，年龄估计40岁左右，有木棺朽痕，葬式不明，2000WJM44盗扰严重，无出土器物（图七四）。

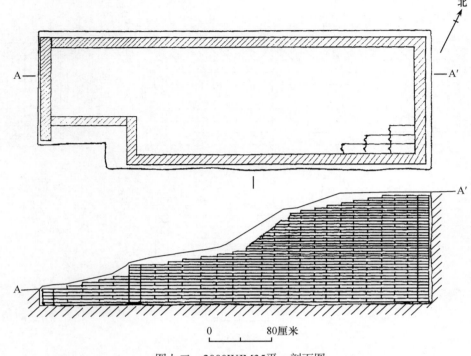

图七二 2000WJM35平、剖面图

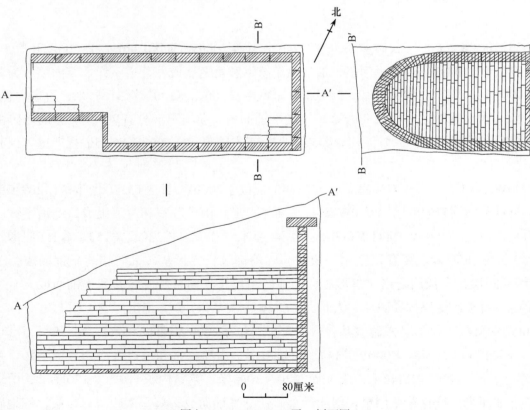

图七三 2000WJM41平、剖面图

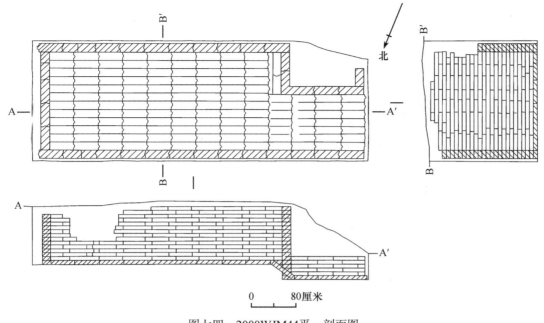

图七四　2000WJM44平、剖面图

二、土坑竖穴墓

共21座，按有无墓道分为无墓道的土坑竖穴墓（15座）和有墓道的土坑竖穴墓（6座）。

（一）土坑竖穴墓（无墓道）

2000WJM21　土坑竖穴墓，平面为长方形，方向110°，位于2000WJⅡ区T219，开口于第1层下，打破生土。2000WJM21墓内填土为五花土，墓口距地面深30~50厘米，墓底距地面深150~275，墓室长335、宽280厘米。墓壁略斜，墓底铺石板，人骨不存，有木棺朽痕，葬式不明，2000WJM21盗扰严重，无出土器物（图七五）。

2000WJM22　土坑竖穴墓，平面为长方形，方向268°，位于2000WJⅡ区T215，开口于第1层下，打破生土。2000WJM22墓内填土为五花土，墓口距地面深20厘米，墓室长250、宽158厘米，墓坑深160厘米，墓底铺石板，人骨不存，有木棺朽痕，葬式不明，2000WJM22盗扰严重，无出土器物（图七六）。

2000WJM23　土坑竖穴墓，平面为长方形，方向343°，位于2000WJⅡ区T221，开口于第1层下，打破生土。2000WJM23墓内填土为五花土，墓口距地面深20~30厘米，墓底距地面深160~285厘米，墓室长320、宽260、深255厘米，有成人人骨朽痕，应为仰身直肢葬，有木椁和垫木朽痕，垫木宽15~20厘米，垫木沟宽40、深10厘米，2000WJM23被盗扰，南部有一盗洞，但在人骨架右下侧出土有陶壶、盂、钵、器座等（图七七）。

陶壶　3件。2000WJM23：2，泥质灰陶。轮制，刮修。素面。敛口，圆唇，折肩，扁腹平底。口径8.2、底径8.8、高13.8厘米（图七八，1）。2000WJM23：3，泥质灰陶。轮制，

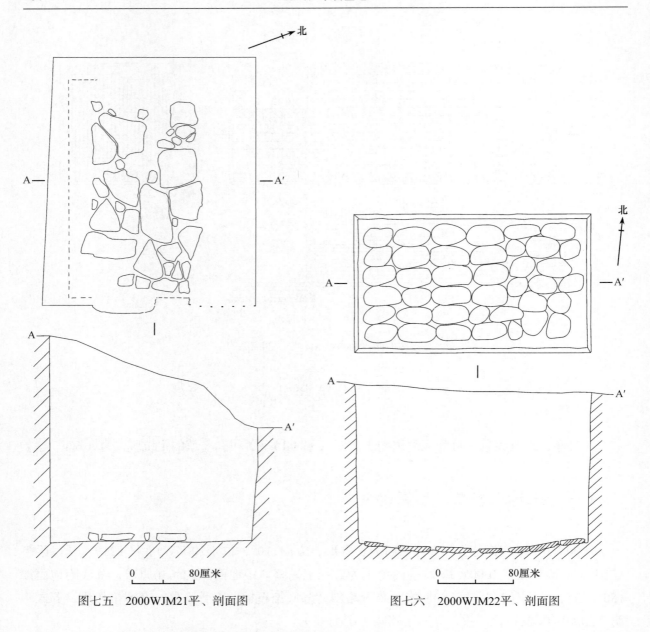

图七五　2000WJM21平、剖面图　　　　　　　　图七六　2000WJM22平、剖面图

刮修。侈口，厚方唇，长颈微曲，扁腹。沿面有多周弦纹。口径9.3、腹径13.1、高9.3厘米
（图七八，2）。2000WJM23：4，泥质灰陶。轮制，刮修。侈口近直，圆唇，长颈微曲，扁
腹，下腹曲收。口径8.2、腹径14.8、高12.5厘米（图七八，3）。

　　陶盂　1件。2000WJM23：5，泥质灰陶。轮制。敛口，圆唇，矮领，鼓腹，宽肩，下腹曲
收，小平底。肩部有双耳，下腹饰有刮削痕。口径5.6、腹径10.3、高5.2厘米（图七八，4）。

　　陶钵　1件。2000WJM23：1，泥质灰陶。轮制。直口，斜方唇，腹折出腰沿，小平底。口
径9.2、底径3.8、高5.6厘米（图七八，5）。

　　陶器座　1件。2000WJM23：6，整体做豆状，亚腰，上下通透。侈口，方唇，浅
盘，折腹，束腰状柄，喇叭口圈足。柄中部有凹弦纹。口径7.2、底径7.6、通高8.6厘米
（图七八，6）。

　　2000WJM24　土坑竖穴墓，平面为长方形，方向290°，位于2000WJⅡ区T209、T210、

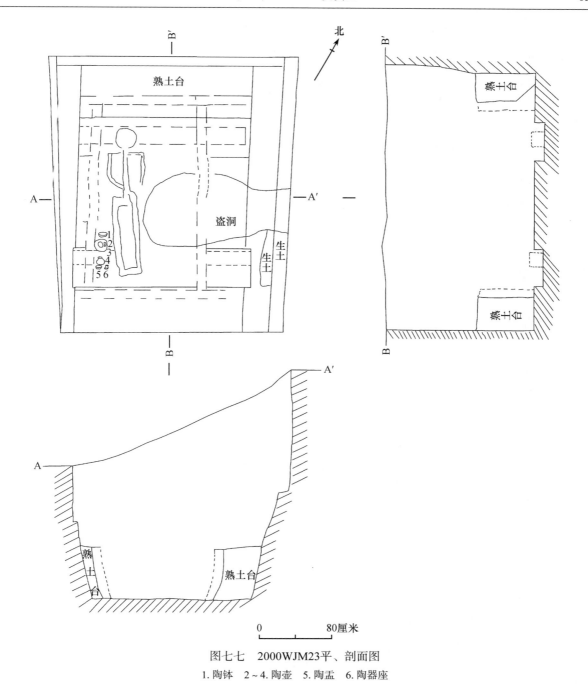

图七七　2000WJM23平、剖面图

1. 陶钵　2~4. 陶壶　5. 陶盂　6. 陶器座

T211、T212，开口于第1层下，打破生土。2000WJM24墓内填土为灰黑色土，墓口距地面深20~45厘米，墓底距地面深335~395厘米，墓室墓口长300、宽230、墓底长275、宽162~164厘米，墓壁略斜，有成人人骨杇痕，应为仰身直肢葬，有木椁、棺杇痕，2000WJM24被盗扰，但在椁室内，人骨左侧出土铁鼎、铜镞、铜矛等，另有部分器物编号重复或无法修复（图七九）。

铁鼎　1件。2000WJM24：1，铁质，铸造，锈蚀。缺盖。子口内敛，厚方唇，长方形附耳立在口沿下方，扁鼓腹，圜底，三扁蹄足直立。腹中部有一周凸弦纹。口径15.6、腹径18.3、高16.8厘米（图八〇，1）。

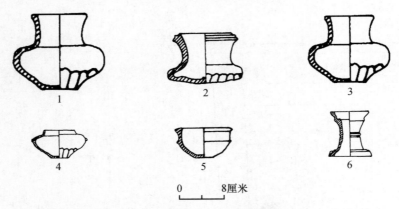

图七八　2000WJM23出土陶器

1～3. 壶（2000WJM23：2、2000WJM23：3、2000WJM23：4）　4. 盂（2000WJM23：5）　5. 钵（2000WJM23：1）

6. 器座（2000WJM23：6）

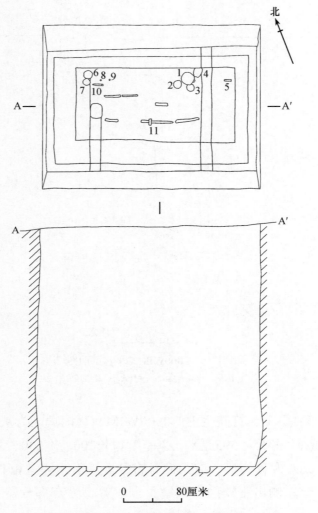

图七九　2000WJM24平、剖面图

1. 铁鼎　2～4. 陶罐　5. 铜镦　6、7. 陶钵　8、9. 铜环　10. 铜矛　11. 石器

铜镦 1件。2000WJM24：5，长管形，圆筒状，中间有凸节。长10、直径3.3厘米（图八〇，2）。

铜矛 1件。2000WJM24：10，长条形，柳叶状，尖锋，凸脊，有血槽，圆銎，銎端有小圆形系。长15.6厘米（图八〇，3）。

石器 1件。2000WJM24：11。磨制较精，长条形，弧刃，弧顶，剖面呈梭状。长8.8厘米（图八〇，4）。

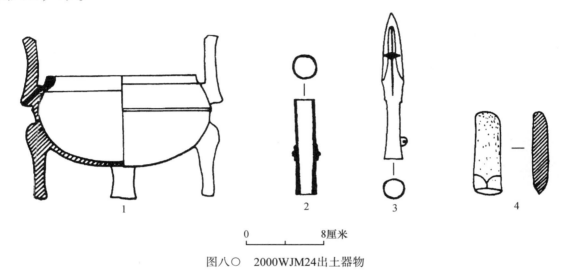

0   8厘米

图八〇 2000WJM24出土器物

1.铁鼎（2000WJM24：1） 2.铜镦（2000WJM24：5） 3.铜矛（2000WJM24：10） 4.石器（2000WJM24：11）

2000WJM27 土坑竖穴墓，平面为长方形，方向10°，位于2000WJⅡ区T224南部、T225北部，开口于第1层下，打破生土。2000WJM27墓内填土为灰褐色土，墓口距地面深20～25厘米，墓底距地面深185～250厘米，墓室墓口长315、宽200～210厘米，墓底长275、宽160～170厘米，墓壁斜直，墓底有成人人骨朽痕，应为仰身直肢葬，有木棺朽痕，葬式不明，2000WJM27盗扰严重，墓室前后各一盗洞，无出土器物（图八一）。

2000WJM28 土坑竖穴墓，平面为长方形，方向355°，位于2000WJⅡ区T232北部，开口于第1层下，打破生土。2000WJM28墓内填土为五花土，墓口距地面深55～85厘米，墓底距地面深205～345厘米，墓室墓口长250、宽170厘米，墓底长250、宽160厘米，墓壁较直，人骨无存，葬具葬式不明，2000WJM28盗扰严重，无出土器物（图八二）。

2000WJM32 土坑竖穴墓，平面为长方形，方向15°，位于2000WJⅡ区T228北部，开口于第1层下，打破生土。2000WJM32墓内填土为五花土，墓口距地面深75～170厘米，墓室长200、宽100厘米，墓壁较直，人骨无存，葬具葬式不明，2000WJM32盗扰严重，无出土器物（图八三）。

2000WJM33 土坑竖穴墓，平面为长方形，方向90°，位于2000WJⅡ区T230西部，开口于第1层下，打破生土。2000WJM33墓内填土为五花土，墓口距地面深75～170厘米，墓室长200、宽100、深130厘米，人骨无存，葬具葬式不明，2000WJM33盗扰严重，无出土器物（图八四）。

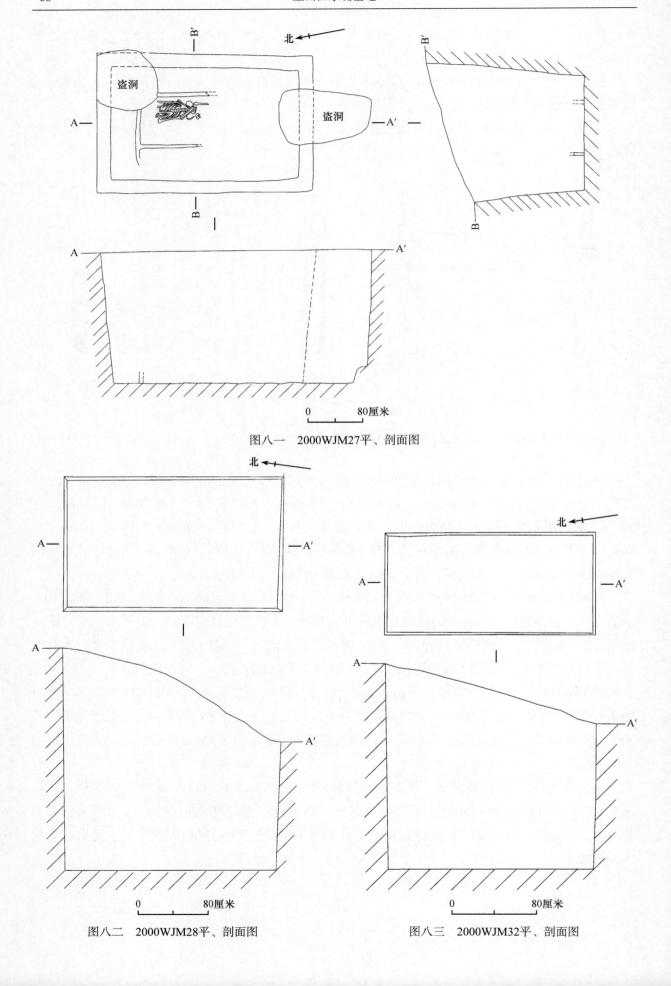

图八一　2000WJM27平、剖面图

图八二　2000WJM28平、剖面图

图八三　2000WJM32平、剖面图

2000WJM34　土坑竖穴墓，平面为长方形，方向96°，位于2000WJⅡ区T226、T227，开口于第1层下，打破生土。2000WJM34墓内填土红褐色土，墓口距地面深45~80厘米，墓底距地面深160~230厘米，墓室长260、宽150厘米，墓壁较直，人骨无存，有木棺朽痕，葬式不明，2000WJM34盗扰严重，中部有一盗洞，仅有泥质灰陶罐残片（图八五）。

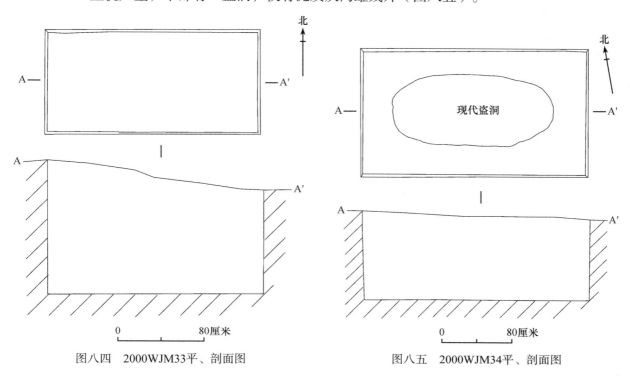

图八四　2000WJM33平、剖面图　　　　　　　图八五　2000WJM34平、剖面图

2000WJM38　土坑竖穴墓，平面为长方形，方向270°，位于2000WJⅢ区T3211中部，开口于第1层下，打破生土。2000WJM38墓内填土为五花土，墓口距地面深45厘米，墓室长320、宽210厘米，墓壁较直，墓底铺石，人骨无存，葬具葬式不明，2000WJM38盗扰严重，仅有陶瓷残片、铜鍪、铁削刀等（图八六）。

瓮　1件。2000WJM38:2，形体较小。泥质灰陶。轮制。直口，厚方唇，高领，圆肩，鼓腹，凹圜底。肩部有双环耳。肩以下饰弦断绳纹。口径10.5、腹径17.5、高14.7厘米（图八七，1）。

铜鍪　1件。2000WJM38:1，底残破，器壁较薄。盘口，方唇，束颈，折肩，扁鼓腹，圜底。肩下对称装圆环形耳。肩下饰二周凸弦纹。口径19、腹径24.3、复原后高17.2厘米（图八七，2）。

铁削刀　1件。2000WJM38:3，锈蚀，锻造。长角状，刃端斜直，背端平齐，两面刃，剖面作三角形，有格，细柄。长42.6厘米（图八七，3）。

2000WJM40　土坑竖穴墓，平面为长方形，方向0°，位于2000WJⅢ区T3309北部和T3308西南部，开口于第1层下，打破生土，被2000WJM48打破。2000WJM34墓内填土为五花土，墓口距地面深30厘米，墓底距地面深200~270厘米，墓室墓口长320~340、宽210~230厘米，墓底长250、宽145~165厘米，墓壁斜直，有二层台，人骨无存，有木棺痕迹，出土器物集中在墓室北部，有陶罐、壶、盂、甑、器座、灶等，另有部分器物编号重复或无法修复（图八八）。

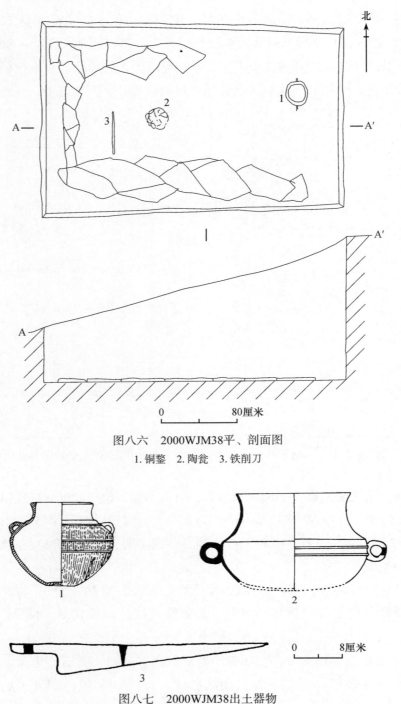

图八六　2000WJM38平、剖面图
1.铜鍪　2.陶瓮　3.铁削刀

图八七　2000WJM38出土器物
1.陶瓮（2000WJM38：2）　2.铜鍪（2000WJM38：1）　3.铁削刀（2000WJM38：3）

陶罐　1件。2000WJM40：10，泥质灰陶。轮制。敛口，圆唇，折肩不明显，腹略鼓，平底。下腹部有刮痕。口径6.8、腹径11.3、高10.8厘米（图八九，1）。

陶壶　1件。2000WJM40：8，泥质灰陶。轮制。口微侈，方唇，曲颈，溜肩，鼓腹，平底。口径3.38、腹径6.8、高7.1厘米（图八九，2）。

陶盂　3件。2000WJM40：1，泥质灰陶。侈口，方唇，鼓腹，平底微凹，有盖。肩部有一周饰刻划纹的附加堆纹，下腹有刮削痕。口径5.1、腹径10.6、高7.4厘米（图八九，3）。

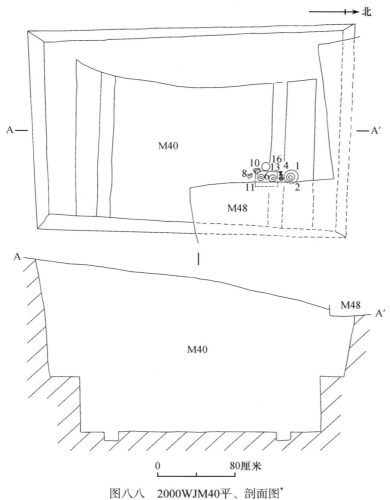

图八八　2000WJM40平、剖面图*

1、2、6.陶盂　4.陶器座　8.陶壶　10.陶罐　11.陶甗　13、16.陶灶

2000WJM40：2，泥质灰陶。轮制。敛口，厚方唇，矮领，扁鼓腹。口径9.1、腹径14.3、高7.9厘米（图八九，4）。2000WJM40：6，泥质灰陶。轮制，刮修。直口微侈，圆唇，矮领，宽肩，扁鼓腹，曲收腹，小平底，中腹部有对称耳。口径5.6、底径3.1、高5.3厘米（图八九，5）。

　　陶甗　1件。2000WJM40：11，泥质灰陶。轮制。微敛口，圆唇，卷沿，平底，6个甑孔呈环形分布。颈腹之间饰弦纹，下腹刮修。口径10、底径2.8、高5.2厘米（图八九，6）。

　　陶器座　1件。2000WJM40：4，泥质灰陶。轮制。整体做豆状，亚腰，上下通透。侈口，方唇，折腹，粗柄，喇叭口圈足。口径6.5、底径7.6、通高6.6厘米（图八九，7）。

　　陶灶　2件。2000WJM40：13，泥质灰陶。手制。弧边长方形，灶眼略偏，角端有一圆形烟孔，侧壁中部镂出拱形火门。长18、宽14.4、高8.4厘米（图八九，8）。2000WJM40：16，泥质灰陶。手制。长方形，双眼，双拱形火门，无烟道。长23.6、宽14.4、高7.2厘米（图八九，9）。

　　* 此类缺号情况系未修复器物，无卡片，为保证与原始档案一致，故按原图原数据撰写报告。本报告以下此类情况同。

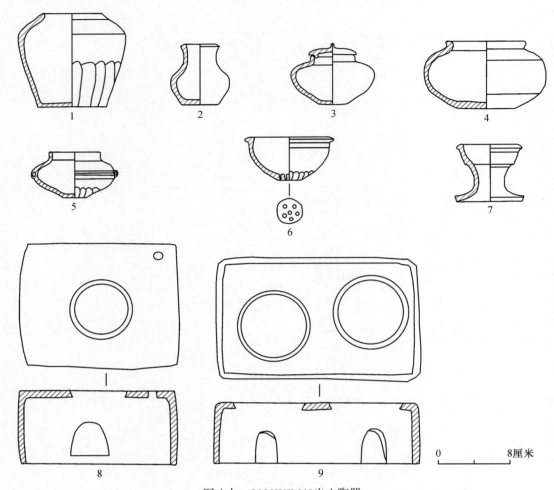

图八九　2000WJM40出土陶器

1. 罐（2000WJM40：10）　2. 壶（2000WJM40：8）　3～5. 盂（2000WJM40：1、2000WJM40：2、2000WJM40：6）
6. 甑（2000WJM40：11）　7. 陶器座（2000WJM40：4）　8、9. 灶（2000WJM40：13、2000WJM40：16）

2000WJM42　土坑竖穴墓，平面为长方形，方向270°，位于2000WJⅢ区T3211中部，开口于第1层下，打破生土。2000WJM42墓内填土为五花土，墓室呈长方形，比较规整。墓口距地面深230厘米，墓室长300、宽180厘米，墓坑深223厘米。墓壁陡直，墓底铺石板。葬具为木棺，尸骨朽烂，仅可知为单人葬。随葬品中，五铢钱放在墓主头端，陶器则置于墓室中部，器形主要有陶鼎、罐、瓮、壶、甑、盒、灶等，另有部分器物编号重复或无法修复（图九〇）。

陶鼎　1件。2000WJM42：2，泥质灰陶。器体为轮制，三足及器耳为贴附。子口内敛，方唇，有弧顶盖，长方形附耳安在口沿下方向外平伸，三蹄形足外撇，盖上有乳突状纽。口径15.4、腹径14.1、通高14.8厘米（图九一，1）。

陶罐　2件。2000WJM42：7，折肩罐。泥质褐陶。轮制。敛口，圆唇，弧折肩，斜收腹，肩饰刻划纹。口径7.8、腹径13.6、高12.3厘米（图九一，2）。2000WJM42：10，扁腹罐。泥质灰陶。轮制。敛口，方唇，矮沿，宽肩，鼓腹，下腹刮修。口径8.8、腹径15.2、高9.6厘米（图九一，3）。

陶瓮　1件。2000WJM42：1，泥质灰陶。轮制。侈口，尖唇，折沿，斜领，折肩，鼓腹，凹圜底。肩饰刻划纹，下腹饰绳纹。口径14.5、底径12.8、高28.3厘米（图九一，4）。

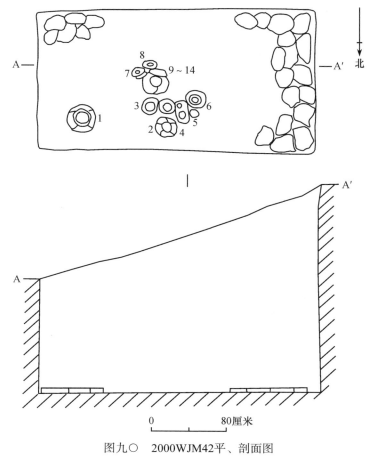

图九〇　2000WJM42平、剖面图
1. 陶瓮　2. 陶鼎　4. 陶碗　5. 陶壶　7、10. 陶罐　9. 陶灶　13. 陶甑　14. 陶盒

陶壶　1件。2000WJM42：5，圈足壶。泥质灰陶。轮制。侈口，厚方唇，曲颈，溜肩，垂腹。肩腹饰弦纹，肩腹结合部有对称环纽状耳，耳两侧塑泥仿简化铺首。口径14.5、腹径29.2、通高28.3厘米（图九一，5）。

陶甑　1件。2000WJM42：13，泥质褐陶。轮制。微敛口，尖唇，折沿，斜弧腹，器身多周轮旋痕迹，甑孔较密。口径14、底径4.4、高7.4厘米（图九一，6）。

陶碗　1件。2000WJM42：4，圈足碗。泥质灰陶。轮制。直口，方唇，弧腹略深。上腹饰凹弦纹。口径16.5、底径9.2、通高7.6厘米（图九一，7）。

陶盒　1件。2000WJM42：14，圈足盒。泥质灰陶。轮制。子口，圆唇，内折沿，弧腹，矮圈足，盖已失。上腹饰凹弦纹。口径14.6、底径9.7、通高7.3厘米（图九一，8）。

陶灶　1件。2000WJM42：9，泥质灰陶。手制。长方形，单眼，拱形火门，尾端一侧有三角形烟孔。长19.8、宽13.6、高7.6厘米（图九一，9）。

2000WJM46　土坑竖穴墓，平面为长方形，方向284°，位于2000WJⅢ区T3306东南部，开口于第1层下，打破生土。2000WJM46墓内填土为五花土，墓口距地面深30厘米，墓底距地面深90~290厘米，墓室长325、宽170、深290厘米，墓底铺石板，人骨无存，有木棺痕迹。2000WJM46盗扰严重，无出土器物（图九二）。

2000WJM50　土坑竖穴墓，残墓，方向为北，位于2000WJⅠ区西端，开口于第1层下，打

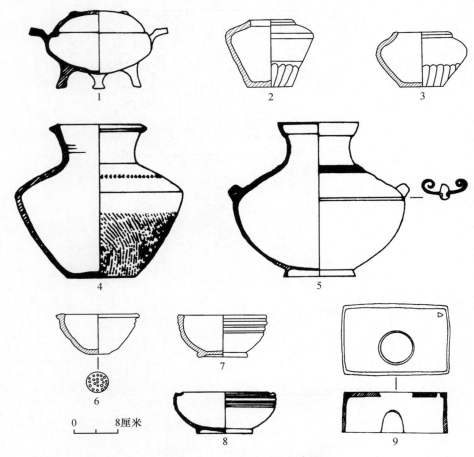

图九一　2000WJM42出土陶器

1. 鼎（2000WJM42：2）　　2、3. 罐（2000WJM42：7、2000WJM42：10）　　4. 瓮（2000WJM42：1）　　5. 壶（2000WJM42：5）

6. 甑（2000WJM42：13）　　7. 碗（2000WJM42：4）　　8. 盒（2000WJM42：14）　　9. 灶（2000WJM42：9）

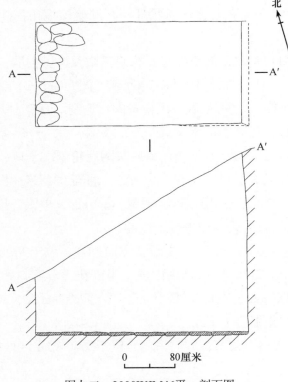

图九二　2000WJM46平、剖面图

破生土。2000WJM50盗扰严重，墓口顶部破坏严重，墓内填土为五花土，墓坑残深190厘米，人骨无存，葬具葬式不明，出土器物仅有陶瓮和釉陶盆残片。

陶瓮　1件。2000WJM50：1，泥质灰陶。敞口，尖唇，折沿，弧颈，宽折肩，凹圜底。肩饰三周菱形刻划纹，下腹饰绳纹。口径17、腹径29、高27.8厘米（图九三，1）。

釉陶盆　1件。2000WJM50：2，泥质红陶，红釉，内壁满釉，外壁则仅在口沿施釉。侈口，圆唇，卷沿，束颈，下腹曲收，平底。上腹饰凹弦纹。口径25、底径14.8、高11.9厘米（图九三，2）。

2000WJM51　土坑竖穴墓，残墓，方向为东北，位于2000WJⅠ区西端，开口于第1层下，打破生土。2000WJM51盗扰严重，墓口顶部破坏严重，墓内填土为五花土，墓坑残深130厘米，有成人人骨朽痕，葬具葬式不明，出土器物有陶罐、壶、盂等。

陶罐　1件。2000WJM51：1，折肩罐。泥质灰陶。轮制。敛口，圆唇，折肩，筒腹，平底。腹部有刮痕。口径8.2、腹径14.2、高13.8厘米（图九四，1）。

陶壶　1件。2000WJM51：3，泥质灰陶。轮制，刮修。侈口，方唇，扁腹，下腹微曲，平底微凹。口径10、腹径15、通高10.7厘米（图九四，2）。

陶盂　1件。2000WJM51：2，泥质灰陶。轮制。敛口，圆唇，宽肩，下腹刮修。口径8.2、腹径13.2、高7.5厘米（图九四，3）。

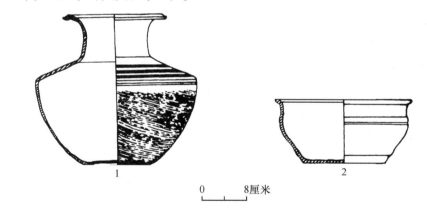

0　　　　　8厘米

图九三　2000WJM50出土器物

1.陶瓮（2000WJM50：1）　2.釉陶盆（2000WJM50：2）

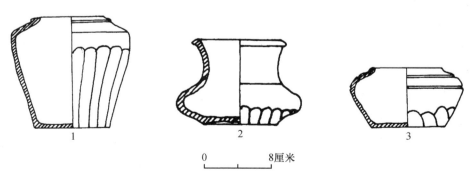

0　　　　　8厘米

图九四　2000WJM51出土陶器

1.罐（2000WJM51：1）　2.壶（2000WJM51：3）　3.盂（2000WJM51：2）

（二）土坑竖穴墓（有墓道）

2000WJM25　土坑竖穴墓，带斜坡墓道，方向146°，位于2000WJⅡ区T201、T202，开口于第1层下，打破第2层至生土，并打破2000WJM26。2000WJM25墓内填土为黑色土，由墓室和墓道组成，墓道为斜坡墓道，残长80～116、宽122厘米，位于墓室东侧，墓室墓口距地面深140～210厘米，墓深135～225厘米，墓室长380、宽300厘米，墓底铺石板，有两具成人人骨朽痕，均为仰身直肢葬，应为合葬，有木棺朽痕。随葬品主要在墓葬北端（头端），出土器物有陶罐、瓮、壶、甑、钵、仓、灯，铜剑，铜钱等，另有部分器物编号重复或无法修复（图九五；图版七，2）。

陶罐　17件。2000WJM25：1，折肩罐。泥质灰陶。轮制，刮修。敛口，尖唇，沿部凹陷，折肩，斜收腹，平底。肩下饰刻划纹。口径9.1、底径9.2、高13.6厘米（图九六，1）。2000WJM25：5，折肩罐。泥质灰陶。轮制。直口微敛，尖唇，沿面有凹弦纹，弧折肩，筒腹。肩下饰刻划纹。口径7.7、腹径12.2、高11.5厘米（图九六，2）。2000WJM25：15，折肩罐。泥质灰陶。轮制。方唇，矮沿，平折肩，斜筒腹。肩腹饰弦纹。口径8、腹径13.4、高11.5厘米（图九六，3）。2000WJM25：21，折肩罐。泥质灰陶。轮制。方唇，矮沿，斜折肩，斜腹较甚。折肩处饰一周刻划纹。口径10、腹径14.5、高16.2厘米（图九六，4）。2000WJM25：22，折肩罐。泥质灰陶。轮制。敛口，圆唇，弧折肩，下腹曲折。肩饰刻划纹。口径8.8、腹径15、高12.2厘米（图九六，5）。2000WJM25：39，折肩罐。泥质灰陶。轮制，刮修。直口，方唇，矮领，宽肩筒腹，平底。肩饰刻划纹，腹有弦纹。口径12.5、底径15、高23.3厘米（图九六，6）。2000WJM25：42，折肩罐。泥质灰陶。轮制。敛口，方唇，折肩，斜收腹，平底。肩下饰刻划纹，下腹有刮痕。口径9.1、底径9.8、高13.1厘米（图九六，7）。2000WJM25：43，折肩罐。泥质灰陶。轮制。直口微敛，方唇，宽肩斜腹，平底。肩饰刻划纹，下腹有刮痕。口径9、底径9.4、高13.3厘米（图九六，8）。2000WJM25：46，折肩罐。泥质灰陶。轮制。敛口，圆唇，沿端翘起，宽折肩，斜腹，平底。肩腹有两周刻划纹。口径8.2、底径10.8、高13.4厘米（图九六，9）。2000WJM25：47，折肩罐。泥质灰陶。轮制，刮修。直口微敛，矮沿宽折肩，斜腹，平底。肩饰刻划纹。口径9.3、底径10、高12.7厘米（图九六，10）。2000WJM25：75，折肩罐。泥质灰陶。轮制，刮修。直口，方唇，宽折肩，斜腹，平底。肩饰刻划纹。口径9.2、底径10.2、高11.5厘米（图九六，11）。2000WJM25：18，扁腹罐。泥质灰陶。轮制。直口，方唇，矮领，鼓腹，平底。肩饰菱格暗纹。口径11.2、腹径19.7、通高14厘米（图九六，12）。2000WJM25：19，扁腹罐。泥质灰陶。轮制。侈口，厚圆唇，短颈，鼓腹，平底。肩腹饰弦纹。口径10.5、腹径18、通高13.6厘米（图九六，13）。2000WJM25：30，扁腹罐。泥质灰陶。轮制。直口，厚方唇，矮领，鼓腹，平底。肩饰菱格条带纹。口径11、腹径16.8、通高12.2厘米（图九六，14）。2000WJM25：35，扁腹罐。泥质灰陶。轮制，刮修。敛口，圆唇，折肩，斜收腹，平底。肩饰刻划纹，下腹有刮痕。口径8.8、底径9.4、高10.7厘米（图九六，15）。2000WJM25：45，扁腹罐。泥质灰陶。轮制。直口，厚圆唇，短颈，颈肩之间有凹槽，鼓腹，平底。肩部有凹弦纹。口径9.3、腹径17.2、高14.2厘米

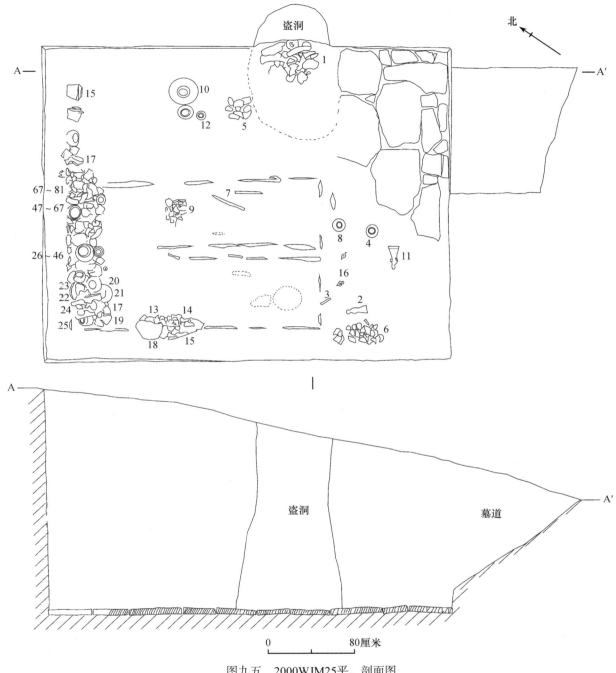

图九五　2000WJM25平、剖面图

1、5、15、18、19、21、22、30、35、39、42、43、45～47、57、75.陶罐　2、11.站立俑　3.陶磬形器　4、34、61.陶釜
6.陶井　7.铜剑　8、10、52、56.陶瓮　12、14、25、37、70.陶壶　13.陶器座　16.陶云形饰　17、33.陶灶　23、31、81.陶碗
24、26、27、48、51、55.陶盒　28.铜钱　29、54.陶灯　32、68.陶甗　36、38、62、74.陶钵　40、65、67、69.陶器盖　72.陶仓

（图九六，16）。2000WJM25：57，扁腹罐。泥质灰陶。轮制。侈口，圆唇，折沿，短颈，鼓腹，平底。肩饰菱格条带及弦纹。口径11.5、腹径17.2、通高12.4厘米（图九六，17）。

　　陶瓮　4件。2000WJM25：8，泥质灰陶。轮制。侈口，圆唇，折沿，颈略矮，颈肩之间折角明显，宽肩较平，凹圜底。肩饰弦纹。口径15.6、腹径31.2、通高26.4厘米（图九七，1）。2000WJM25：10，泥质灰陶。轮制。侈口，方唇，折沿，颈略矮，颈肩之间折角明显，

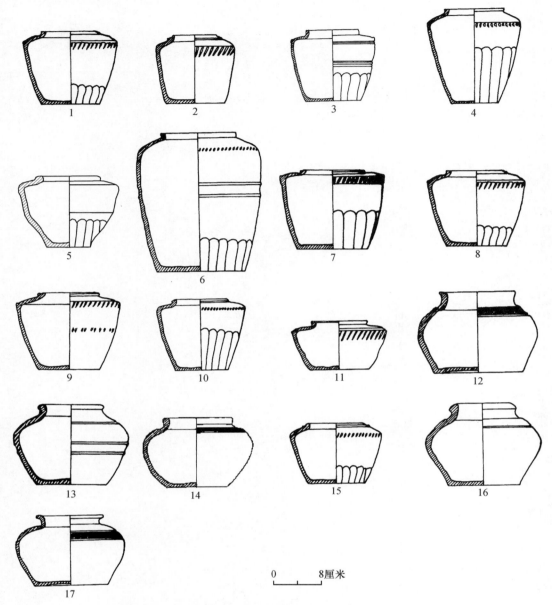

图九六　2000WJM25出土陶罐

1. 2000WJM25：1　2. 2000WJM25：5　3. 2000WJM25：15　4. 2000WJM25：21　5. 2000WJM25：22　6. 2000WJM25：39
7. 2000WJM25：42　8. 2000WJM25：43　9. 2000WJM25：46　10. 2000WJM25：47　11. 2000WJM25：75　12. 2000WJM25：18
13. 2000WJM25：19　14. 2000WJM25：30　15. 2000WJM25：35　16. 2000WJM25：45　17. 2000WJM25：57

宽折肩，平底。肩饰弦纹，下腹饰绳纹。口径15.6、腹径31.2、通高26.4厘米（图九七，2）。
2000WJM25：52，泥质灰陶。轮制。侈口，圆唇，折沿，束颈，折肩，平底。口径12.6、腹径
24.9、通高24厘米（图九七，3）。2000WJM25：56，形体略小。泥质灰陶。轮制。侈口，厚
方唇，束颈，圆肩，圜底。口径10.4、腹径18.3、通高18.2厘米（图九七，4）。

　　陶壶　5件。2000WJM25：12，泥质灰陶。轮制，刮修。侈口，方唇，斜领上有弧凸，
扁腹。肩部饰刻划纹。口径7、腹径10.4、高7.4厘米（图九七，5）。2000WJM25：25，泥质
灰陶。轮制。侈口，尖方唇，领微弧，宽折肩，下腹斜收，小平底。肩饰弦纹。口径10、腹
径14、通高10.2厘米（图九七，6）。2000WJM25：37，泥质灰陶。手制。直口，厚圆唇，有

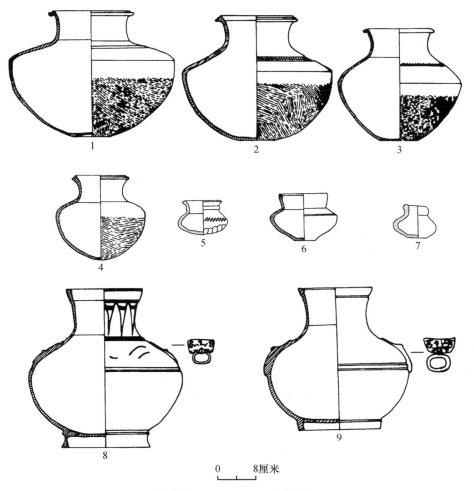

0　　8厘米

图九七　2000WJM25出土陶器

1～4.陶瓮（2000WJM25：8、2000WJM25：10、2000WJM25：52、2000WJM25：56）　5～9.陶壶（2000WJM25：12、
2000WJM25：25、2000WJM25：37、2000WJM25：14、2000WJM25：70）

领，扁鼓腹，平底。口径3.6、底径4.2、高6.4厘米（图九七，7）。2000WJM25：14，圈足壶。泥质灰陶。轮制。侈口，厚方唇，束颈略弧，广肩，球腹。最大腹径接近中部，腹部饰弦纹，口沿和颈肩部有朱绘图案，腹部有对称铺首衔环耳。口径16.2、腹径32.3、高34.4厘米（图九七，8）。2000WJM25：70，圈足壶。泥质灰陶。轮制。有陶衣，彩绘。侈口，厚方唇，长颈，圆肩，鼓腹，圈足，双铺首。口径15.4、底径17.4、高30厘米（图九七，9）。

陶釜　3件。2000WJM25：4，泥质灰陶。轮制。微侈口，圆唇，矮领，宽肩，圜底。口径7.8、高5.5厘米（图九八，1）。2000WJM25：34，泥质灰陶。轮制。侈口，圆唇，微卷沿，溜肩，底内凹，双环耳。口径6.5、腹径11.5、高6.3厘米（图九八，2）。2000WJM25：61，泥质褐陶。轮制。敛口，方唇，溜肩，扁球腹。口径7、腹径11.4、高5.5厘米（图九八，3）。

陶甑　2件。2000WJM25：32，泥质灰陶。敞口，圆唇，折沿，腹壁有数周凹折痕，甑孔呈不规则分布。口径16.2、底径5.4、高9.7厘米（图九八，4）。2000WJM25：68，泥质灰陶。轮制。侈口，厚圆唇，卷沿，有颈。颈腹结合部有凸弦纹，甑孔呈不规则分布。口径13.3、底径5.1、高9.1厘米（图九八，5）。

陶钵　4件。2000WJM25：36，泥质灰陶。轮制。敞口，厚唇，曲折腹，腹壁内凹小平底微凹。口径13.9、底径4.4、通高5.6厘米（图九八，6）。2000WJM25：38，泥质灰陶。轮制。敞口，厚方唇，折沿，深弧腹，小平底微凹。腹饰弦纹。口径13.8、底径3.6、高9.9厘米（图九八，7）。2000WJM25：62，泥质灰陶。轮制。敞口，厚唇，曲折腹，小平底。腹部呈数周凸棱。口径15.2、底径4.4、高5.3厘米（图九八，8）。2000WJM25：74，泥质灰陶。轮制。敞口，圆唇，深弧腹，小平底。上腹饰一周凹弦纹。口径14.5、底径5、高9.6厘米（图九八，9）。

陶碗　3件。2000WJM25：23，圈足碗，可能与2000WJM25：31为一套组成盒，泥质褐陶。敞口，尖方唇，下腹曲弧，圈足。腹饰凹弦纹和朱绘。口径19.4、底径8.9、通高8.9厘米（图九八，10）。2000WJM25：31，圈足碗，可能与2000WJM25：23为一套组成盒，泥质褐陶。敞口，方唇，下腹曲缓，矮圈足。腹饰凹弦纹和菱格暗纹。口径19.5、底径9.2、高11厘米（图九八，11）。2000WJM25：81，圈足碗。泥质灰陶。敞口，厚方唇，平沿，弧腹，矮圈足。口径19.2、底径10、高8厘米（图九八，12）。

陶盒　6件。2000WJM25：26，子母口，方唇，折肩，筒腹，平底。腹饰凹弦纹。口径14.6、腹径18.2、通高19.4厘米（图九八，13）。2000WJM25：27，泥质灰陶。轮制。子母口，方唇，筒腹平底。肩部和下腹部有凹弦纹。口径11.1、底径11.4、高13.8厘米（图九八，14）。2000WJM25：51，泥质灰陶。轮制。子母口，方唇，筒腹微鼓下垂，平底。腹部有三道弦纹。口径10.8、底径12.2、高14.1厘米（图九八，15）。2000WJM25：24，圈足盒。泥质灰陶。轮制。子口内敛，方唇，折肩，斜收腹，矮圈足。腹饰凹弦纹。口径15.5、底径9.4、高8.6厘米（图九八，16）。2000WJM25：48，圈足盒。泥质灰陶。直口，厚方唇，内折沿，折腹，矮圈足。腹饰凹弦纹。口径16、底径9.2、通高9.3厘米（图九八，17）。2000WJM25：55，圈足盒。泥质灰陶。敛口，尖方唇，内折沿，折腹，圈足底略削。口径16、底径10.1、通高6.9厘米（图九八，18）。

陶器盖　4件。2000WJM25：40，泥质褐陶。手制。伞形，榫口，弧顶。口径15.4、高4厘米（图九九，1）。2000WJM25：65，口径稍小，可能为壶盖。泥质灰陶。轮制。弧顶，敛口，圆唇，盖体较扁，顶上有三个条弧状纽。口径17.5、高5.4厘米（图九九，2）。2000WJM25：67，口径略大，可能为鼎或敦类器物的盖。泥质灰陶。轮制。伞形弧顶，敛口，圆唇，折腹，顶端有呈三角形分布的三个圆孔。口径16.5、高6.1厘米（图九九，3）。2000WJM25：69，泥质灰陶。轮制。伞形弧顶，侈口，内有子口，以便于扣合。口径14、高4.4厘米（图九九，4）。

陶器座　1件。2000WJM25：13，整体做豆状，亚腰，上下通透。侈口近直，厚方唇，折沿，折腹，柄较直，矮喇叭口圈足。口径6.4、底径6.8、通高7.2厘米（图九九，5）。

陶灯　2件。2000WJM25：29，细柄豆形。泥质灰陶。轮制拼接，下部残缺。侈口，方唇，折腹，平底，细实心柄下接喇叭口圈足，灯盘中有凸起的锥状纽。口径11.8、残高9.4厘米（图九九，6）。2000WJM25：54，泥质灰陶。下部残缺。折腹，细柄较短，折盘大圈足。底径12.6、残高8.2厘米（图九九，7）。

陶灶　2件。2000WJM25：17，泥质灰陶。手制。长方形，灶体稍扁，灶眼偏于一侧，两

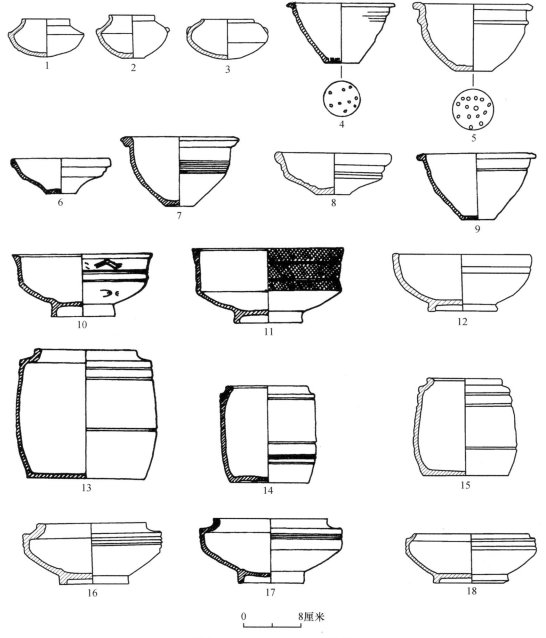

0　　　　　8厘米

图九八　2000WJM25出土陶器

1~3. 釜（2000WJM25：4、2000WJM25：34、2000WJM25：61）　4、5. 甑（2000WJM25：32、2000WJM25：68）
6~9. 钵（2000WJM25：36、2000WJM25：38、2000WJM25：62、2000WJM25：74）　10~12. 碗（2000WJM25：23、
2000WJM25：31、2000WJM25：81）　13~18. 盒（2000WJM25：26、2000WJM25：27、2000WJM25：51、
2000WJM25：24、2000WJM25：48、2000WJM25：55）

灶眼之间一侧有呈三角形的烟孔，与镂孔对面壁上有两个拱形火门。长28.2、宽17.2、高9.4厘米（图九九，8）。2000WJM25：33，泥质灰陶。手制。为两端呈直边的椭圆形。两灶眼分居两端，距离较远，侧面则各有一个圆形烟孔，拱形火门直接开在底端。长24、宽12、高9.9厘米（图九九，9）。

陶井　1件。2000WJM25：6，仅残余井栏和井圈部分。泥质褐陶，表黑胎红褐。手制拼接，胎较疏松。井圈略呈椭圆形，上覆以呈四边出凹缺的方形井盖，井架等残缺，井盖中部有

"中"字形镂空的井口，盖四角有在正方形框中填菱格的刻划纹。长边28.8、短边28、通高4厘米（图九九，10）。

　　陶仓　1件。2000WJM25：72，泥质灰陶。轮制。敞口，筒腹，平底，四足。口径21.6、高17.2厘米（图九九，11）。

　　陶磬形器　1件。2000WJM25：3，泥质灰陶。手制。扁平，长条形，中间磬折鼓起，底边平直，中部有圆孔。长15.3、高4.2、厚1厘米（图九九，12）。

　　陶云形饰　1件。2000WJM25：16，泥质灰陶。手制。用泥条盘卷呈双环，一端接尖锥状榫。高6.8厘米（图九九，13）。

　　陶站立俑　2件。2000WJM25：2，泥质灰陶。模制。男像，带冠，着裙，双手抱腹，中空。高20.7厘米（图九九，14）。2000WJM25：11，泥质灰陶。模制。男像，带冠，着裙，双手抱腹，裙后摆较长，器身涂白彩。高22.4厘米（图九九，15）。

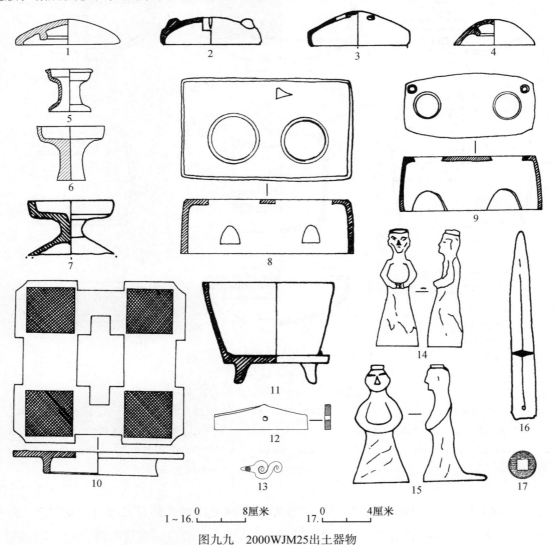

图九九　2000WJM25出土器物

1～4.陶器盖（2000WJM25：40、2000WJM25：65、2000WJM25：67、2000WJM25：69）　5.陶器座（2000WJM25：13）

6、7.陶灯（2000WJM25：29、2000WJM25：54）　8、9.陶灶（2000WJM25：17、2000WJM25：33）　10.陶井（2000WJM25：6）

11.陶仓（2000WJM25：72）　12.陶磬形器（2000WJM25：3）　13.陶云形饰（2000WJM25：16）　14、15.陶站立俑

（2000WJM25：2、2000WJM25：11）　16.铜剑（2000WJM25：7）　17.铜钱（2000WJM25：28）

　　铜剑　1件。2000WJM25：7，柳叶形，尖锋，有脊，扁茎，无格无柄，截面呈菱形。长32厘米（图九九，16）。

　　铜钱　1件。2000WJM25：28，五铢钱。直径1厘米（图九九，17）。

　　2000WJM26　土坑竖穴墓，带斜坡墓道，方向95°，位于2000WJⅡ区T203、T207，开口于第1层下，被M25打破，打破第2层至生土。2000WJM26墓内填土为黄褐色土，由墓室和墓道组成，墓道为斜坡墓道，墓道长760、宽230厘米，墓室墓口距地面深50厘米，墓室呈正方形，墓室长414、宽414厘米，墓坑深570厘米。人骨无存，葬式不明，有木棺朽痕。2000WJM26被盗扰，出土器物有陶罐、瓮、壶、釜、甑、盆、器盖，铁铲等，另有部分器物编号重复或无法修复（图一○○；图版八，1）。

　　陶罐　1件。2000WJM26：14，折肩罐。泥质灰陶。轮制。敛口，圆叠唇，折肩，筒腹，近圜底。肩腹及腹底结合部位饰压印纹的贴泥带。口径9、腹径15.3、通高12.4厘米（图一○一，1）。

　　陶瓮　1件。2000WJM26：23，泥质灰陶。轮制。侈口，尖唇，折沿，斜直颈，颈肩之间呈弧折，宽肩略斜，凹圜底。肩饰弦纹。口径15、腹径34、通高30.2厘米（图一○一，2）。

　　陶壶　1件。2000WJM26：20，泥质灰陶。轮制。侈口，厚方唇，斜领，折肩，扁腹，平

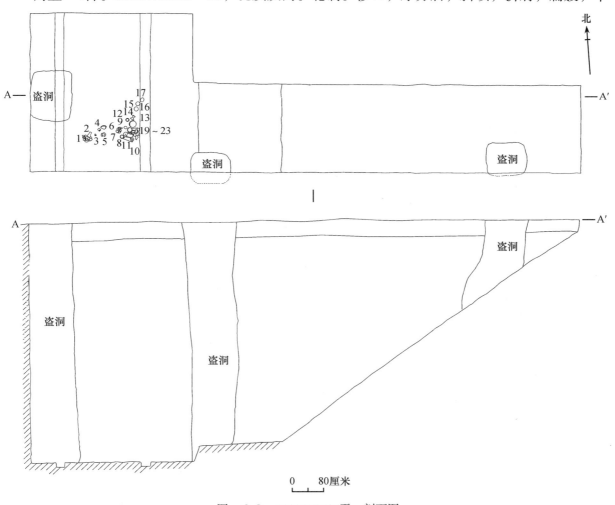

图一○○　2000WJM26平、剖面图

1、13. 陶钵　2. 铁铲　6、12、16. 陶甑　8、9. 陶器盖　14. 陶罐　15. 陶盅　18. 陶釜　19、21. 陶盂　20. 陶壶　23. 陶瓮

底。口径5.2、腹径7、通高7.2厘米（图一〇一，3）。

陶釜　1件。2000WJM26：18，泥质褐陶。轮制。侈口，尖唇，矮领，溜肩，弧腹，肩有双鸡冠耳。口径6.7、腹径10.2、高6.6厘米（图一〇一，4）。

陶盂　2件。2000WJM26：19，泥质灰陶。轮制。直口，方唇，矮领，圆肩，鼓腹，平底。口径7.4、底径3.6、高8.2厘米（图一〇一，5）。2000WJM26：21，泥质黑陶。轮制。直口，圆唇，矮领，溜肩，弧腹，宽平底。口径7.4、腹径9.8、高5厘米（图一〇一，6）。

陶甗　3件。2000WJM26：6，泥质灰陶。轮制。直口微敛，方唇，出沿，略有颈。颈有凹弦纹，甑孔呈不规则分布。口径9.6、底径3、高5.4厘米（图一〇一，7）。2000WJM26：12，泥质灰陶。轮制。微侈口，方唇，平沿，略出颈，小平底。甑孔呈环形分布，颈饰弦纹。口径10.1、底径3.1、高6.6厘米（图一〇一，8）。2000WJM26：16，泥质灰陶。轮制。直口微侈，尖唇，卷沿，略出颈，小平底。颈腹有弦纹，甑孔呈不规则分布。口径10、底径1.9、高5.2厘米（图一〇一，9）。

陶钵　2件。2000WJM26：1，泥质灰陶。轮制。直口，方唇，微折肩，圜底。肩饰刻划纹。口径13.4、高6.6厘米（图一〇一，10）。2000WJM26：13，泥质灰陶。轮制。侈口，方唇，

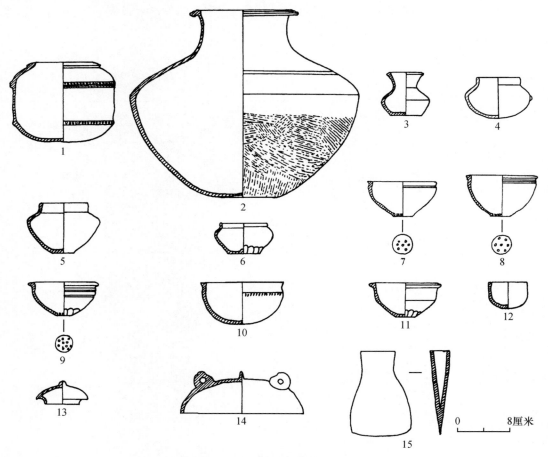

图一〇一　2000WJM26出土器物

1. 陶罐（2000WJM26：14）　2. 陶瓮（2000WJM26：23）　3. 陶壶（2000WJM26：20）　4. 陶釜（2000WJM26：18）

5、6. 陶盂（2000WJM26：19、2000WJM26：21）　7～9. 陶甗（2000WJM26：6、2000WJM26：12、2000WJM26：16）

10、11. 陶钵（2000WJM26：1、2000WJM26：13）　12. 陶盅（2000WJM26：15）　13、14. 陶器盖（2000WJM26：8、2000WJM26：9）　15. 铁铲（2000WJM26：2）

折沿，腹壁斜收，小平底。下腹有刮削痕。口径10、底径3.2、高5.4厘米（图一○一，11）。

陶盅　1件。2000WJM26∶15，泥质黑陶。直口，圆唇，筒腹，圜底。口径6.1、高4.1厘米（图一○一，12）。

陶器盖　2件。2000WJM26∶8，泥质灰陶。轮制。伞形弧顶，子母口，出檐，顶端有乳状纽。口径5、高3.5厘米（图一○一，13）。2000WJM26∶9，泥质灰陶。轮制。弧顶，敛口，方唇，顶上有三个环状纽。口径19.2、高7厘米（图一○一，14）。

铁铲　1件。2000WJM26∶2，锻造，锈蚀。铲形，弧刃近平，两面刃，銎部略收，长方形銎孔。高12、宽8.4厘米（图一○一，15）。

2000WJM29　土坑竖穴墓，带斜坡墓道，方向205°，位于2000WJⅡ区T234，开口于第1层下，打破生土。2000WJM29墓内填土为褐色土，由墓室和墓道组成，墓道为斜坡墓道，墓道长260、宽100厘米，墓室墓口距地面深100~240厘米，墓底距地面深440~620厘米，墓室长310、宽240厘米，墓底铺石板，人骨无存，葬具葬式不明。随葬品主要放置在墓室西南角，另在棺内（或棺下）放置有五铢钱，棺东侧有1件陶罐。出土器物有陶罐、瓮、壶、钵、器盖等，另有部分器物编号重复或无法修复（图一○二）。

陶罐　5件。2000WJM29∶7，折肩罐。泥质灰陶。轮制，刮修。直口，厚方唇，

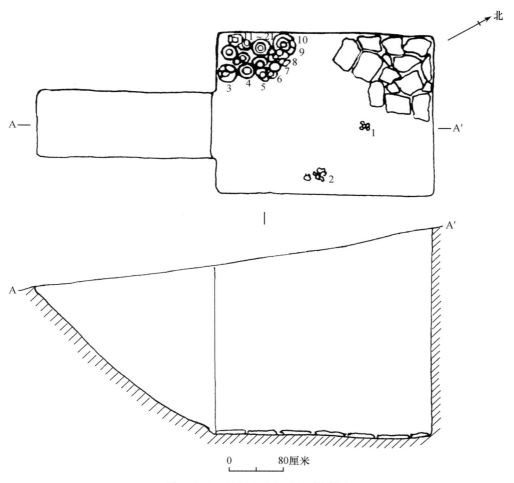

图一○二　2000WJM29平、剖面图

1.铜钱　2、3.陶壶　4、10、11.陶瓮　6、12.陶钵　7、9、14、16、17.陶罐　15.陶盂　21.陶器盖

折肩，筒腹，平底。肩饰刻划纹。口径11.6、底径10.1、高12.2厘米（图一〇三，1）。2000WJM29：9，折肩罐。泥质褐陶。轮制。方唇，斜直口，矮沿，斜折肩，下腹曲收，平底。肩饰刻划纹。口径8.3、腹径15、高12厘米（图一〇三，2）。2000WJM29：14，折肩罐。泥质灰陶。轮制，刮修。直口微侈，方唇，矮沿折肩。平底肩饰刻划纹，腹部有刮痕。口径10.2、底径11.7、高12.47厘米（图一〇三，3）。2000WJM29：16，折肩罐。泥质灰陶。轮制，刮修。直口微侈，方唇，矮沿折肩弧凸，筒腹，平底。肩饰刻划纹。口径9.8、底径12.3、高14.7厘米（图一〇三，4）。2000WJM29：17，折肩罐。泥质灰陶。轮制，刮修。直口微侈，方唇，矮沿折肩弧凸，筒腹，平底。肩腹饰弦纹。口径12.3、底径11.6、高18厘米

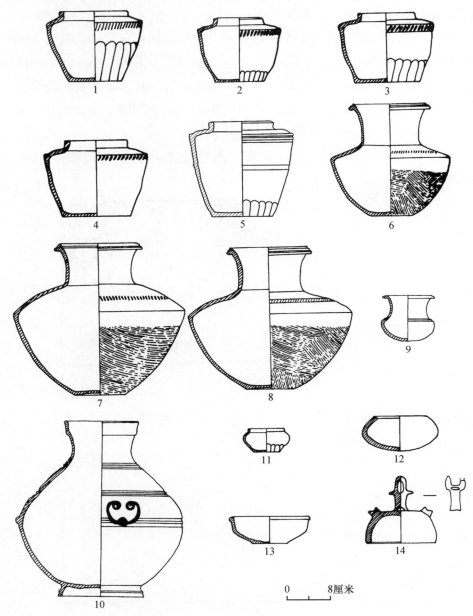

图一〇三　2000WJM29出土陶器

1~5.罐（2000WJM29：7、2000WJM29：9、2000WJM29：14、2000WJM29：16、2000WJM29：17）　6~8.瓮（2000WJM29：4、
2000WJM29：10、2000WJM29：11）　9、10.壶（2000WJM29：2、2000WJM29：3）　11.盂（2000WJM29：15）
12、13.钵（2000WJM29：6、2000WJM29：12）　14.器盖（2000WJM29：21）

（图一〇三，5）。

陶瓮　3件。2000WJM29：4，泥质灰陶。轮制。侈口，尖唇，折沿，粗弧颈，宽折肩，平底。肩饰一周菱形刻划纹。口径14、腹径22、高21.8厘米（图一〇三，6）。2000WJM29：10，泥质灰陶。轮制。侈口，厚方唇，三角缘，长颈，宽肩，凹圜底。肩饰刻划纹，下腹饰绳纹。口径15、底径10、高29.5（图一〇三，7）。2000WJM29：11，泥质灰陶。轮制。侈口，尖唇，三角缘，弧颈，宽折肩，凹圜底。肩饰一周菱形刻划纹。口径14.4、腹径29.6、高27.4厘米（图一〇三，8）。

陶壶　2件。2000WJM29：2，泥质灰陶。轮制。侈口，圆唇，平折沿，束粗颈，折肩，球腹，圜底。肩部有弦纹。口径8.6、腹径8.5、通高8.8厘米（图一〇三，9）。2000WJM29：3，圈足壶。泥质灰陶。轮制。侈口近直，方唇，曲颈，溜肩，垂腹。最大腹径偏下。肩腹部饰弦纹，腹部有对称简化形铺首耳。口径12.8、腹径32.5、通高33.2厘米（图一〇三，10）。

陶盂　1件。2000WJM29：15，泥质灰陶。轮制，刮修。直口，圆唇，弧腹较扁鼓，平底。下腹有刮痕。口径6.4、底径5、高4.4厘米（图一〇三，11）。

陶钵　2件。2000WJM29：6，泥质灰陶。敛口，方唇，弧腹扁鼓，圜底。口径9、高6.2厘米（图一〇三，12）。2000WJM29：12，泥质灰褐陶。敞口，厚圆唇，微出沿，上腹较直，曲腹不明显，平底。口径14、底径7.1、通高4.8厘米（图一〇三，13）。

陶器盖　1件。2000WJM29：21，泥质灰陶。轮制拼接。子口残，平顶，微敛口，厚圆唇，顶端中部有鸟形纽。口径12.8、通高12.4厘米（图一〇三，14）。

2000WJM30　土坑竖穴墓，带斜坡墓道，方向10°，位于2000WJII区T235，开口于第1层下，打破生土。2000WJM30墓内填土为五花土，由墓室和墓道组成，墓室南部有盗洞。墓室和墓道均呈方形，墓室后壁偏东一侧又向北凸出，形成一长方形类似后室的区域，使整个墓的平面近"凸"字形。墓口长718、宽470、墓深370厘米。墓道位于墓室南壁偏东侧，呈竖穴式，长180、宽204厘米。墓壁陡直，从残存迹象分析可能有木构椁室，椁室底部铺菱格纹地砖。椁室内有3具腐蚀严重的人骨架，头向北，仰身直肢，性别及年龄皆难以辨别。虽然遭到盗掘，但仍残存较多随葬品，其中位置未扰动者主要分布在椁室东侧，此外在居中人骨的头端也比较集中。出土器物有陶鼎、罐、盂、釜、甑、灶、仓、盆、碟，博山炉等，另有部分器物编号重复或无法修复（图一〇四；图版八，2）。

陶鼎　1件。2000WJM30：58，泥质灰陶。器身轮制。器耳及足为贴附，盖缺失。子口微侈，圆唇，弧腹，圜底，长方形附耳安在口沿外侧，弧折斜伸，三足呈鸟首状，腹部有弦纹。口径17.4、腹径19.4、高11厘米（图一〇五，1）。

陶罐　7件。2000WJM30：1，折肩罐。泥质灰陶。轮制。直口，方唇，短颈，筒腹略鼓。肩腹部饰弦纹与刻划纹组合。口径9.2、腹径15.8、高21厘米（图一〇五，2）。2000WJM30：42，折肩罐。泥质灰陶。轮制。敛口，方唇，矮沿微竖，折肩，斜筒腹，下腹曲折。口径9.9、腹径16.2、高14厘米（图一〇五，3）。2000WJM30：45，折肩罐。泥质灰陶。轮制，刮修。敛口，尖唇，下腹曲折。肩腹饰刻划纹。口径8.5、腹径16、通高10厘米（图一〇五，4）。2000WJM30：59，折肩罐。泥质灰陶。轮制。方唇，短颈，弧折肩，斜收腹。腹部饰绳纹又经抹平。口径11.6、腹径16.5、高24.9厘米（图一〇五，5）。2000WJM30：6，扁

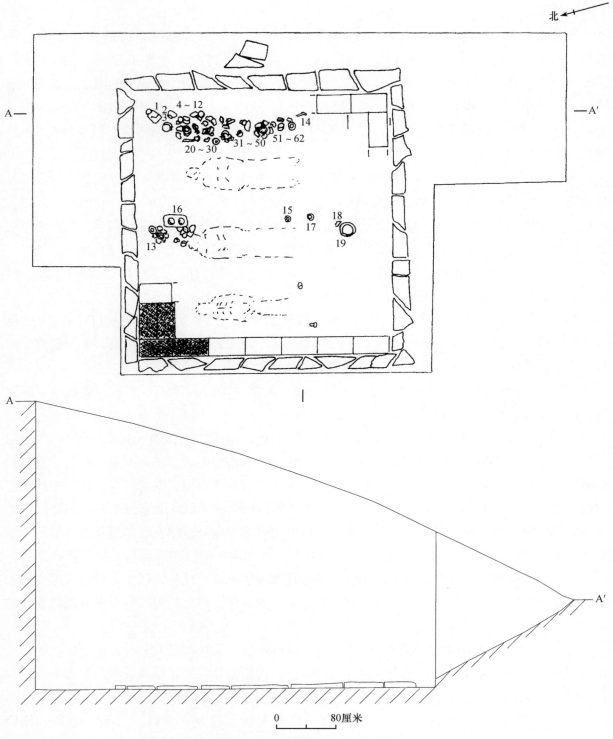

图一〇四　2000WJM30平、剖面图

1、6、26、36、42、45、59.陶罐　2.陶碟　3、57.陶釜　4、12、38、41、51.陶钵　5、7、8、27、44、48、52、56、70～72.陶盂
9、15、18、43.陶甗　11、25、28、31、60、62.陶壶　14.铜刷柄　16、29、49、53～55.陶灶　22、23.陶瓮　30.陶博山炉
33、40.陶器盖　34、35、37、47.陶仓　58.陶鼎

腹罐。泥质灰陶。轮制，刮修。肩饰按压纹，直口，圆唇，短颈微束，圆折肩，平底。口径8、底径10.2、高12.4厘米（图一〇五，6）。2000WJM30：26，扁腹罐。泥质灰陶。轮制。敛口，圆唇，折肩，鼓腹，平底。肩饰压印纹。口径9.2、底径10、高13.2厘米（图一〇五，7）。2000WJM30：36，扁腹罐。泥质灰陶。轮制。敛口，尖唇加厚，下腹斜收。肩腹饰刻划条带纹。口径9.2、腹径18.3、通高12.4厘米（图一〇五，8）。

　　陶瓮　2件。2000WJM30：22，泥质灰陶。轮制。侈口，方唇束颈，折肩，圆腹，小平底内凹。肩饰压印方格纹和弦纹，下腹饰绳纹。口径13.4、底径7.4、高22.1厘米（图一〇五，9）。2000WJM30：23，泥质灰陶。轮制。侈口，尖唇，三角缘，颈略弧，圆肩，平底。肩饰刻划纹。口径12.8、腹径28.3、高24.8厘米（图一〇五，10）。

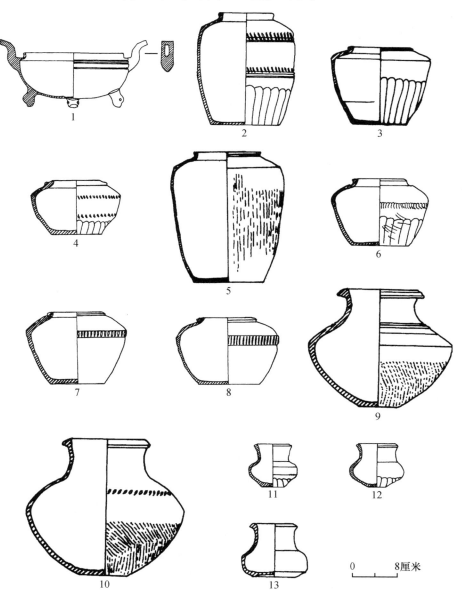

图一〇五　2000WJM30出土陶器

1.鼎（2000WJM30：58）　2~8.罐（2000WJM30：1、2000WJM30：42、2000WJM30：45、2000WJM30：59、2000WJM30：6、2000WJM30：26、2000WJM30：36）　9、10.瓮（2000WJM30：22、2000WJM30：23）　11~13.壶（2000WJM30：11、2000WJM30：25、2000WJM30：28）

陶壶　6件。2000WJM30：11，泥质灰陶。轮制。刮修，侈口，方唇，斜直领，折肩，鼓腹，下腹曲收。口径5.5、腹径7.6、高7.8厘米（图一〇五，11）。2000WJM30：25，泥质灰陶。轮制，刮修。侈口，方唇，束颈，溜肩，鼓腹，平底。口径6、底径3.2、高7.8厘米（图一〇五，12）。2000WJM30：28，泥质灰陶。轮制。侈口，厚圆唇，长弧颈，垂折腹，凹圜底。口径7、腹径9.8、通高10厘米（图一〇五，13）。2000WJM30：31，圈足壶。泥质灰陶。轮制。圈足残。敞口，厚方唇，束颈，溜肩，鼓腹。肩饰多周凹弦纹。口径16、腹径25.3、残高19.4厘米（图一〇六，1）。2000WJM30：60，圈足壶。泥质灰陶。轮制。侈口，方唇，束颈较细，宽肩，扁腹。肩腹饰弦纹，腹中部有对称小环耳。口径12.6、腹径33.8、通高35.1厘米（图一〇六，2）。2000WJM30：62，圈足壶。泥质灰陶。轮制。侈口，厚方唇，束颈，圆肩，鼓腹，圈足，铺首衔环双耳。口径16.4、底径19.6、高35.4厘米（图一〇六，3）。

陶釜　2件。2000WJM30：3，泥质灰陶。轮制。直口，方唇，矮领，圆肩，鼓腹，泥饼状有穿耳。口径11、腹径16.4、高12.9厘米（图一〇六，4）。2000WJM30：57，泥质灰陶。侈口，圆唇，卷沿，宽肩，扁鼓腹。腹有弦纹及对称仿铺首状耳。口径5.3、腹径10.4、高4.8厘米（图一〇六，5）。

陶盂　10件。2000WJM30：5，泥质灰陶。轮制。微敛口，圆唇，矮领，溜肩，鼓腹，平底。口径5.6、底径4.4、高7.4厘米（图一〇六，6）。2000WJM30：7，泥质灰陶。轮制，刮修。侈口，方唇，矮领，圆肩，鼓腹，小平底。口径6.4、底径3、高6.8厘米（图一〇六，7）。2000WJM30：8，泥质灰陶。轮制。直口微侈，矮领，折肩，鼓腹，小平底。口径7.2、底径

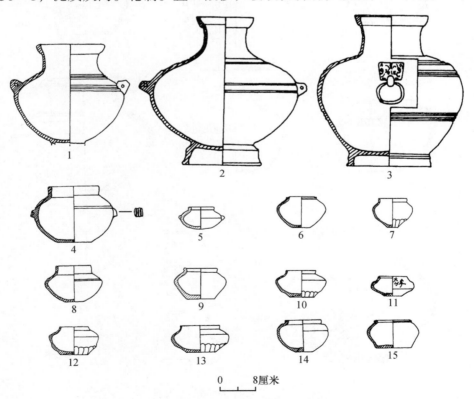

图一〇六　2000WJM30出土陶器

1～3.壶（2000WJM30：31、2000WJM30：60、2000WJM30：62）　4、5.釜（2000WJM30：3、2000WJM30：57）

6～15.盂（2000WJM30：5、2000WJM30：7、2000WJM30：8、2000WJM30：27、2000WJM30：44、2000WJM30：48、

2000WJM30：52、2000WJM30：56、2000WJM30：70、2000WJM30：71）

4.3、高8.2厘米（图一○六，8）。2000WJM30：27，泥质灰陶。轮制。侈口，圆唇，短颈，卷沿溜肩，鼓腹，平底。口径6.7、底径5.8、高6.1厘米（图一○六，9）。2000WJM30：44，泥质灰陶。轮制，刮修。侈口，圆唇，矮领，折肩，平底。口径6.8、底径6、高6.7厘米（图一○六，10）。2000WJM30：48，泥质灰陶。轮制。敛口，方唇，扁鼓腹，平底。肩腹上有刻划的文字，似为"李大口"。口径6.8、腹径9.6、高4.6厘米（图一○六，11）。2000WJM30：52，泥质灰陶。轮制，刮修。敛口，圆唇，宽折肩，平底。口径6.2、底径6.4、高6.4厘米（图一○六，12）。2000WJM30：56，泥质灰陶。轮制。微侈口，圆唇，矮领微弧，折肩，扁折腹，下腹刮修。口径8、腹径12、高5.8厘米（图一○六，13）。2000WJM30：70，泥质灰陶。轮制。直口微侈，方唇，矮领，圆肩，鼓腹，小平底。口径8、底径4.2、高7.4厘米（图一○六，14）。2000WJM30：71，泥质灰陶。轮制。侈口，方唇，折沿，溜肩，鼓腹，平底。口径7.5、底径8、高6.3厘米（图一○六，15）。

　　陶甑　4件。2000WJM30：9，泥质灰陶。轮制。侈口，方唇，束颈，斜弧微鼓，甑孔呈环形分布，下腹刮修。口径10.7、底径3.4、高6.5厘米（图一○七，1）。2000WJM30：15，泥质灰陶。轮制。微侈口，圆唇，卷沿，略出颈，平底。甑孔分布不甚规则，颈腹饰弦纹。口径15.5、底径6、高8.5厘米（图一○七，2）。2000WJM30：18，泥质灰陶。轮制。直口，尖唇，平沿，三角形缘，短颈，平底。甑孔呈不规则排列。口径14.2、底径4.4、高8.8厘米（图一○七，3）。2000WJM30：43，泥质灰陶。敞口，方唇，短颈，腹部较浅，下腹有刮削痕，五个甑孔呈环中四角分布。口径10、底径3.8、高5.4厘米（图一○七，4）。

　　钵　5件。2000WJM30：4，泥质灰陶。轮制。敞口，圆唇，窄沿，浅腹斜直，宽平底略

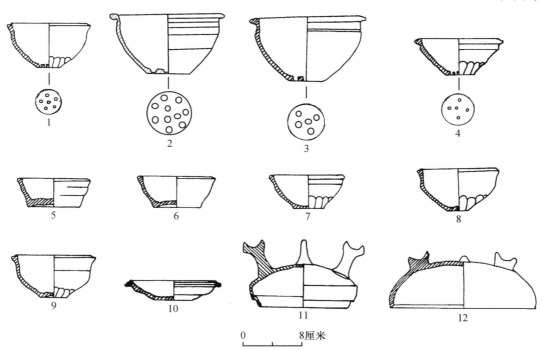

图一○七　2000WJM30出土陶器

1～4.甑（2000WJM30：9、2000WJM30：15、2000WJM30：18、2000WJM30：43）　5～9.钵（2000WJM30：4、2000WJM30：12、2000WJM30：38、2000WJM30：41、2000WJM30：51）　10.碟（2000WJM30：2）

11、12.器盖（2000WJM30：33、2000WJM30：40）

内凹，腹部有折棱。口径9.2、底径7、高4.2厘米（图一〇七，5）。2000WJM30：12，泥质灰陶。轮制。敞口，厚方唇，平沿，宽平底内凹。口径9.5、底径6.8、高4.6厘米（图一〇七，6）。2000WJM30：38，泥质灰陶。轮制。敞口，圆唇，窄沿，弧腹略鼓，小平底，下腹刮修。口径9.6、底径4.2、高5厘米（图一〇七，7）。2000WJM30：41，泥质灰陶。轮制。侈口近直，方唇，沿面有槽，小平底。下腹有刮修痕。口径10.5、底径2.8、高6.1厘米（图一〇七，8）。2000WJM30：51，泥质灰陶。轮制。侈口近直，方唇，平沿，沿面有槽，腹壁弧曲，小底略凹，下腹有刮削痕。口径10.6、底径3.4、高6.1厘米（图一〇七，9）。

陶碟　1件。2000WJM30：2，泥质灰陶。轮制。敞口，方唇，卷折沿，曲折腹，平底。口径12.5、底径5.4、高3厘米（图一〇七，10）。

陶器盖　2件。2000WJM30：33，泥质灰陶。轮制，拼接。子母口，方唇，折肩，弧腹，圜底，三足外撇，足端呈分叉状。口径12、腹径14.6、高6厘米（图一〇七，11）。2000WJM30：40，泥质灰陶。轮制。弧顶，微敛口，方唇，盖体略高，弧顶上有三个分叉的扁角状纽。口径19.6、高6.5厘米（图一〇七，12）。

陶灶　6件。2000WJM30：16，泥质灰陶。手制。长方形，双孔，拱形火门在壁中，一个烟孔。长38.2、宽18.9、高12.8厘米（图一〇八，1）。2000WJM30：29，泥质灰陶。手制。长方形，灶体较高，两个灶眼呈直线分布在中部，灶眼之间一侧有一小圆烟孔，侧壁上的两个火门呈拱形，直接开在底端。长23.2、宽13.2、高10厘米（图一〇八，2）。2000WJM30：49，泥质灰陶。手制。弧边梯形，灶体较扁，两灶眼不对称，灶眼之间有三角形烟孔，拱形小火门开在壁中。长26.6、宽16.4、高7.8厘米（图一〇八，3）。2000WJM30：53，泥质灰陶。手制。长方形，单孔，大拱形火门，圆形烟孔。长19、宽9.8、高6.8厘米（图一〇八，4）。2000WJM30：54，泥质灰陶。手制。长方形，单孔，拱形火门开在壁中，烟孔呈三角形镂孔。长17、宽11.4、高7厘米（图一〇八，5）。2000WJM30：55，单眼灶，灶眼基本居中，烟孔在角端，孔径较小，高拱形火门直接开在底端。长22.2、宽11.4、高7厘米（图一〇八，6）。

陶仓　4件。2000WJM30：34，泥质褐陶。伞形盖，盆形仓，平底有四足。仓腹饰刻划纹带。口径18、高20.1厘米（图一〇八，7）。2000WJM30：35，泥质灰陶。长方形，直壁，箱状，平底。壁上部刻塑出仓门，盖作伞形，上有泥条交叉仿屋脊状，顶端纽缺失，底有四柱足。长31.2、宽23、通高22.4厘米（图一〇八，8）。2000WJM30：37，泥质灰陶。仓壁略斜，呈盆形，平底。壁中偏下刻塑出方形仓门，顶部有伞形盖，底有四柱足较高。通高21.2、底径16厘米（图一〇八，9）。2000WJM30：47，夹砂黑褐陶。仓体作直壁，平底出檐，壁中部刻塑出方形仓门，顶部有锥形纽的伞形盖，盖面凹凸如瓦纹，底有四矮足外撇。通高26.4、底径22.4厘米（图一〇八，10）。

陶博山炉　1件。2000WJM30：30，泥质细砂红陶，内外壁均施红釉。仅残余炉盘，盖缺失，座残缺。直口，尖唇，折腹盘状，圈足残缺。口径11.4、盘高4.3厘米（图一〇八，11）。

铜刷柄　1件。2000WJM30：14，锈蚀。长条形，刷头端为圆筒状，细长柄，柄端扁平如匕状。长11.7厘米（图一〇八，12）。

2000WJM45　土坑竖穴墓，带斜坡墓道，方向290°，位于2000WJⅢ区T3207、T3307，开口于第1层下，打破生土，被2000WJM43打破。2000WJM45墓内填土为五花土，由墓室和

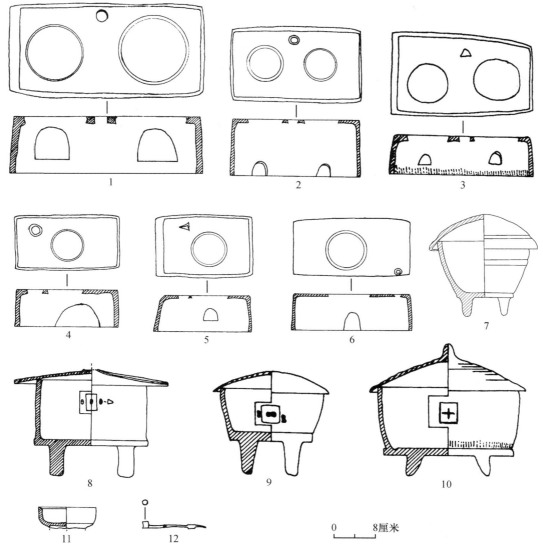

图一〇八　2000WJM30出土器物

1~6.陶灶（2000WJM30：16、2000WJM30：29、2000WJM30：49、2000WJM30：53、2000WJM30：54、
2000WJM30：55）　7~10.陶仓（2000WJM30：34、2000WJM30：35、2000WJM30：37、2000WJM30：47）
11.陶博山炉（2000WJM30：30）　12.铜刷柄（2000WJM30：14）

墓道组成，墓道为斜坡墓道，墓道残长105、宽155厘米，墓室墓口距地面深15~30厘米，墓底距地面深80~320厘米，墓室墓口长450、宽320厘米，墓底长350、宽340厘米，墓壁斜直，墓底铺石板，人骨无存，葬式不明，有木棺朽痕。出土器物有陶壶、釜、盒、灶，铁剑等（图一〇九）。

　　陶壶　1件。2000WJM45：2，泥质灰陶。轮制，刮修。口微侈，方唇，长颈略束，溜肩，鼓腹。口径4.8、腹径7.3、高7.4厘米（图一一〇，1）。

　　陶釜　1件。2000WJM45：4，泥质灰陶。轮制。直口，圆唇，矮领，圆肩，鼓腹，小平底，有一对环耳。口径5.6、底径3.2、高6.7厘米（图一一〇，2）。

　　陶钵　1件。2000WJM45：5，泥质灰陶。轮制。圆唇，略出沿，弧腹微鼓，小平底。下腹有刮削痕。口径10、底径4、高4.8厘米（图一一〇，3）。

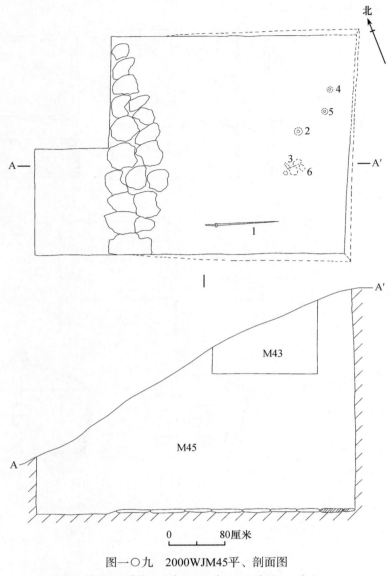

图一〇九　2000WJM45平、剖面图
1.铁剑　2.陶壶　3.陶灶　4.陶釜　5.陶钵　6.陶盒

　　陶盒　1件。2000WJM45：6，泥质灰陶。轮制。子母口较窄，尖方唇，折肩明显筒腹较深。肩腹饰刻划纹。口径11.8、腹径20.2、高25.4厘米（图一一〇，4）。

　　陶灶　1件。2000WJM45：3，泥质灰陶。手制。长方形，梯状，灶眼位于正中，未作烟孔，拱形火门开在壁中。长20.1、宽12.8、高7.2厘米（图一一〇，5）。

　　铁剑　1件。2000WJM45：1，锈蚀，锻造。长条形，尖锋，有脊，有格，圆柱状细柄。长100.5厘米（图一一〇，6）。

　　2000WJM48　土坑竖穴墓，带阶梯墓道，方向264°，位于2000WJⅢ区T3308、T3208西部和T3309北部，开口于第1层下，打破2000WJM40、被2000WJM44打破。2000WJM48墓内填土为五花土，由墓室和墓道组成，墓道为斜坡墓道，墓道残长140、宽165厘米，墓室墓口距地面深30厘米，墓室略呈方形，墓室长300、宽295厘米，墓坑深260厘米，墓壁较直，墓底铺石，有人骨和木棺朽痕，葬式不明。出土器物有陶罐、壶、釜、甑、器盖、仓等，另有部分器物编号重复或无法修复（图一一一）。

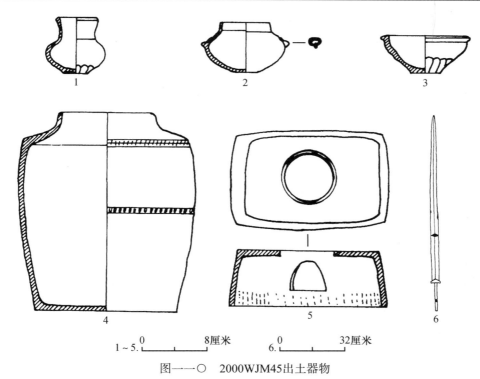

1~5. 0 ____ 8厘米   6. 0 ____ 32厘米

图一一〇 2000WJM45出土器物

1. 陶壶（2000WJM45：2）   2. 陶釜（2000WJM45：4）   3. 陶钵（2000WJM45：5）   4. 陶盒（2000WJM45：6）

5. 陶灶（2000WJM45：3）   6. 铁剑（2000WJM45：1）

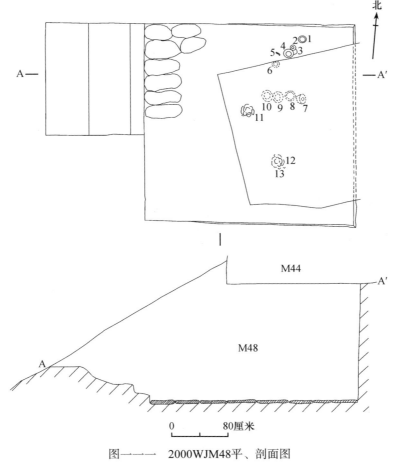

0 ____ 80厘米

图一一一 2000WJM48平、剖面图

1. 陶釜   2. 陶盂   6. 陶壶   7. 陶罐   8. 陶盒   11. 陶器盖   12. 陶仓   13. 陶甑

　　陶罐　1件。2000WJM48：7，折肩罐。泥质灰陶。轮制。敛口，圆唇，沿面凹陷，折肩，斜直腹。肩腹各饰一周刻划纹。口径7.8、腹径12.5、高11厘米（图一一二，1）。

　　陶壶　1件。2000WJM48：6，泥质灰陶。轮制，刮修。微侈口，厚方唇，弧颈近直，宽折肩，扁腹。肩部饰刻划纹。口径6.4、腹径10.5、高7.6厘米（图一一二，2）。

　　陶釜　1件。2000WJM48：1，泥质灰陶。轮制。微敛口，方唇，窄肩。腹饰弦纹。口径7、腹径10.4、高5.6厘米（图一一二，3）。

　　陶盂　1件。2000WJM48：2，泥质灰陶。轮制。微侈口，厚方唇，矮领，圆肩，底内凹，下腹刮修。口径6、腹径8.4、高5.6厘米（图一一二，4）。

　　陶甋　1件。2000WJM48：13，泥质灰陶，轮制。微侈口，尖唇，折沿微卷，斜弧腹，中腹有刻划纹，轮小平底近圜。口径11、底径1.6、高6.2厘米（图一一二，5）。

　　陶盒　1件。2000WJM48：8，泥质灰陶。轮制。子母口，方唇，耸肩，筒腹弧收，平底。腹饰凹弦纹。口径10、腹径12.8、通高14.2厘米（图一一二，6）。

　　陶器盖　1件。2000WJM48：11，泥质灰陶。轮制，拼接。子口内敛，方唇，折肩

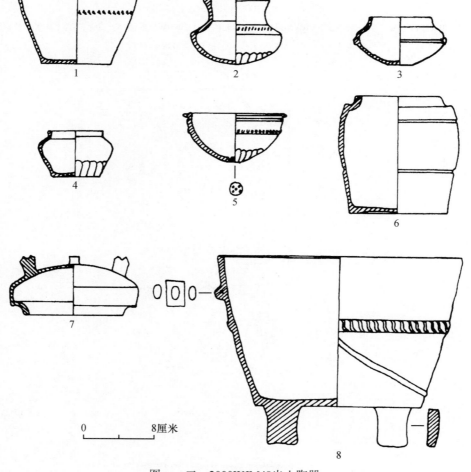

0　　　　　8厘米

图一一二　2000WJM48出土陶器

1.罐（2000WJM48：7）　2.壶（2000WJM48：6）　3.釜（2000WJM48：1）　4.盂（2000WJM48：2）　5.甋（2000WJM48：13）
6.盒（2000WJM48：8）　7.器盖（2000WJM48：11）　8.仓（2000WJM48：12）

明显，折腹，圜底，三短足略撇，足端呈分叉状。口径12.6、腹径16.5、高6.9厘米（图
一一二，7）。

陶仓　1件。2000WJM48：12，泥质灰陶。盖缺。敞口，方唇，筒腹，平底下有四足。腹
中部一道刻划纹，贴塑仓门。口径28.1、高22.3厘米（图一一二，8）。

三、土坑洞室墓

共2座，均为带斜坡墓道的土坑洞室墓。

2000WJM47　土坑洞室墓，带斜坡墓道，方向275°，位于2000WJⅢ区T3213东部，开口于
第1层下，打破生土。2000WJM47其构筑方式是先竖直挖成斜坡墓道，然后向内掏挖出弧顶洞
穴作墓室。斜坡式墓道偏在墓室前壁北侧。全墓平面呈刀把形。墓道呈长方形，墓口长290、
宽110、现存最深处为270厘米。墓室也呈长方形，墓底东西长400、南北宽225厘米，券顶呈不
对称、北高南低的形式，最高处为198厘米。墓道和墓室之间有一段甬道，宽度同于墓道，而
高度低于墓室，约长100、高130厘米。墓壁平整，墓底平坦，墓内有木棺痕迹，人骨已腐朽无
存。随葬品放置在甬道内，出土器物有釉陶壶，陶盒、灶等（图一一三）。

釉陶壶　2件。2000WJM47：4，釉陶壶，红胎，釉色略泛黄。颈稍粗，溜肩，鼓腹，喇
叭口状圈足。肩及腹中部饰凹弦纹，肩下饰对称铺首耳。腹径22、高22.4厘米（图一一四，

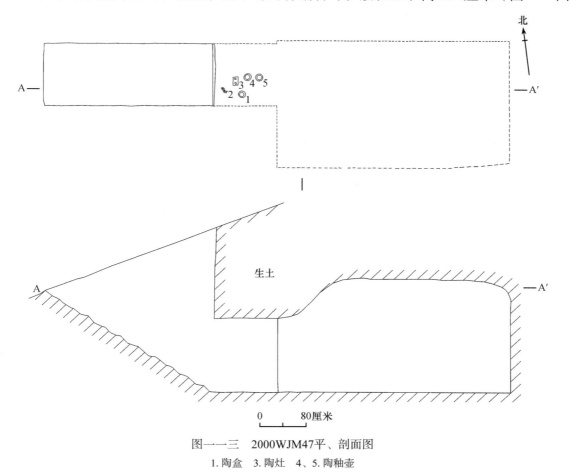

图一一三　2000WJM47平、剖面图
1. 陶盒　3. 陶灶　4、5. 陶釉壶

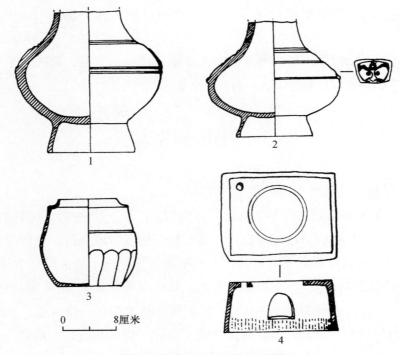

图一一四 2000WJM47出土器物

1、2.釉陶壶（2000WJM47：4、2000WJM47：5） 3.陶盒（2000WJM47：1） 4.陶灶（2000WJM47：3）

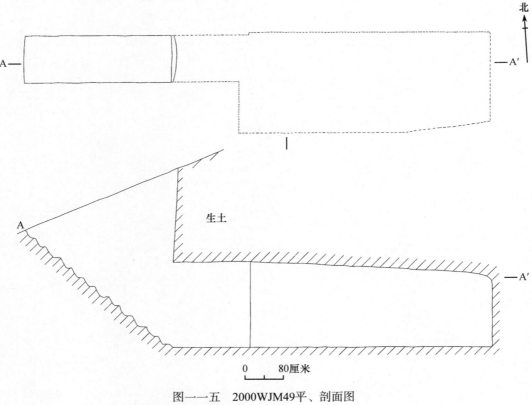

图一一五 2000WJM49平、剖面图

1）。2000WJM47∶5，红胎，釉色较暗。细颈，溜肩，扁鼓腹，喇叭口式圈足。肩及腹中部饰凹弦纹，有对称铺首状耳。腹径20、残高18.4厘米（图一一四，2）。

陶盒　1件。2000WJM47∶1，泥质灰陶。轮制。子母口，尖唇，折肩，筒腹较鼓。腹饰凹弦纹，下腹有刮修痕。口径9.1、腹径14、通高13.6厘米（图一一四，3）。

陶灶　1件。2000WJM47∶3，泥质灰陶。长方形，单灶眼居中，角端有圆形烟孔，拱形火门开在壁中。长15.4、宽12、高7.8厘米（图一一四，4）。

2000WJM49　土坑洞室墓，带斜坡墓道，方向275°，位于2000WJ Ⅲ 区T3214东北部，开口于第1层下，打破生土。2000WJM49其构筑方式是先竖直挖成斜坡墓道，然后向内掏挖出弧顶洞穴作墓室。斜坡式阶梯墓道偏在墓室前壁北侧。全墓平面呈刀把形。墓道呈长方形，墓口长290、宽110、现存最深处为270厘米。墓室也呈长方形，墓底东西长500、南北宽230厘米，券顶最高处为180厘米。墓道和墓室之间有一段甬道，宽度同于墓道，而高度低于墓室，约长140、宽100厘米。墓壁平整，墓底平坦，墓内有木棺痕迹，人骨已腐朽无存。盗扰严重，无出土器物（图一一五）。

第四章　2003WJ发掘区

第一节　工 作 情 况

　　2003年10月底到12月底，宜昌博物馆受重庆市文化局三峡办的委托，对江东嘴墓地进行了考古发掘工作。发掘地点位于巫山县巫峡镇江东村二社，中心地理坐标为东经109°53′40″，北纬31°04′15″，高程139～175米。发掘面积共2050平方米（图版二，1）。

　　发掘区域位于江东嘴墓地的西部，近大宁河谷，地势陡峭，东部为差转台、神女庙旧址。发掘区域分为2003WJⅠ、Ⅱ两区，其中2003WJⅠ区布设5米×5米的探方48个，因地势倾斜较大，为方便发掘工作，故布设探方的方向为北偏东30°，探方编号为2003WJⅠT0103～2003WJⅠT0114、2003WJⅠT0203～2003WJⅠT0214，2003WJⅠT0303～2003WJⅠT0314、2003WJⅠT0403～2003WJⅠT0414。2003WJⅡ区布设5米×5米的探方34个，布设探方方向为正南北向，探方编号为2003WJⅡT0101～2003WJⅡT0111、2003WJⅡT0201～2003WJⅡT0214，2003WJⅡT0301～2003WJⅡT0309。此次发掘墓葬总计13座，编号2003WJM1～2003WJM13（图一一六；图版四，1；图版六，1）。

第二节　文化堆积与层位

　　江东嘴墓地经多年的改土造田，破坏严重，两个发掘区域的文化层堆积也不相同。

　　2003WJⅠ区地势北高南低。文化堆积可分为三层。

　　以2003WJⅠT0404西壁地层堆积情况为例（图一一七）。

　　第1层：耕土层。自北向南倾斜着分布于全方。厚25～45厘米。土色呈灰黑色，土质疏松，未见包含物。

　　第2层：灰褐色土层。自北向南倾斜着分布于全方。厚25～55、深25～45厘米。土质较疏松，包含少量的青花瓷片。2003WJM5、2003WJM8开口于本层下。

　　第3层：黄褐色土层。自北向南倾斜着分布于全方。厚60～90、深50～80厘米。土质较坚硬，包含少量商周时期的碎陶片。

　　第3层下为生土。

　　以2003WJⅠT0112北壁地层堆积情况为例（图一一八）。

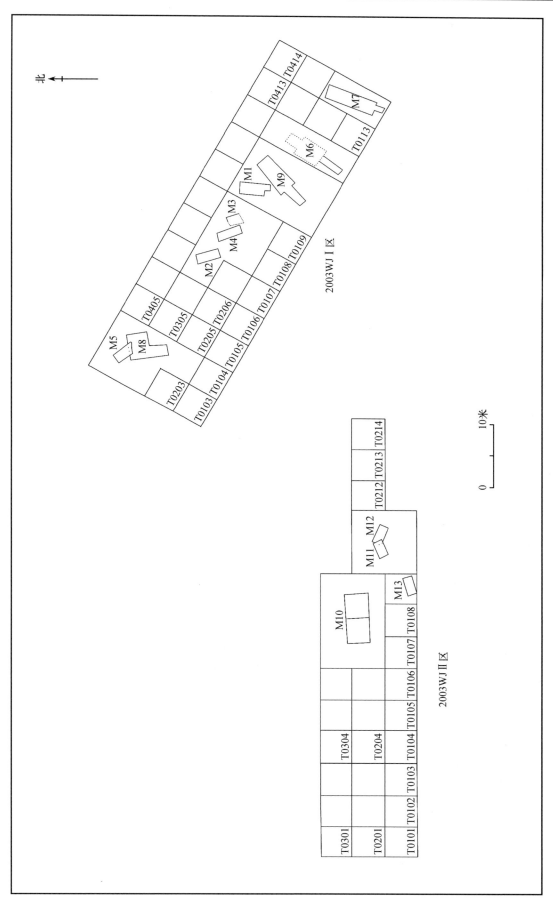

图一一六 2003WJ I 、 II 区探方、墓葬分布图

第1层：耕土层。自北向南倾斜着分布于全方。厚25～50厘米，土色呈灰黑色，土质疏松，未见包含物。

第2层：灰褐色土层。自北向南倾斜着分布于全方。厚25～75、深25～50厘米。土质较疏松，包含少量的青花瓷片。2003WJM6开口于本层下。

第2层下为生土。

2003WJ Ⅱ区地势北高南低。文化堆积只分为一层。

以2003WJ Ⅱ T0208东壁地层堆积情况为例（图一一九）。

第1层：耕土层。自北向南倾斜着分布于全方。厚25～55厘米。土色呈灰黑色，土质疏松，未见包含物。2003WJM10开口于本层下。

第1层下为生土。

以2003WJ Ⅱ T0211西壁地层堆积情况为例（图一二〇）。

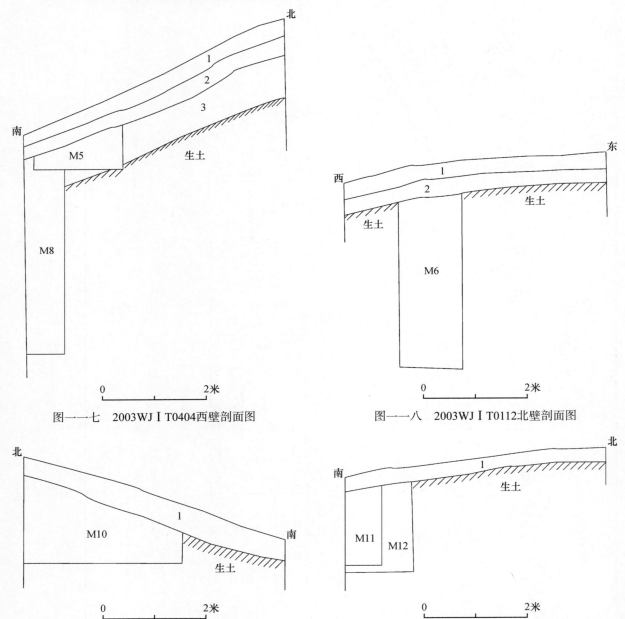

图一一七　2003WJ Ⅰ T0404西壁剖面图　　　　　图一一八　2003WJ Ⅰ T0112北壁剖面图

图一一九　2003WJ Ⅱ T0208东壁剖面图　　　　　图一二〇　2003WJ Ⅱ T0211西壁剖面图

第1层：耕土层。自北向南倾斜着分布于全方。厚15～50厘米。土色呈灰黑色，土质疏松，未见包含物。2003WJM11、2003WJM12开口于本层下。

第1层下为生土。

为全面反映该发掘区域的文化堆积情况，将发掘探方的层位关系分布介绍如下（ "—" 代表叠压关系， "→" 代表打破关系）。

Ⅰ T0403、T0304、T0404：①—②—M5→M8→③

Ⅰ T0307、T0308：①—②—M2→③

Ⅰ T0308、T0309：①—②—M4→生土

Ⅰ T0309：①—②—M3→生土

Ⅰ T0210、T0310：①—②—M1→生土

Ⅰ T0110、T0111、T0211、T0310、T0311：①—②—M9→生土

Ⅰ T0112、T0212、T0312：①—②—M6→生土

Ⅰ T0114、T0214：①—②—M7→生土

Ⅱ T0207～T0209、Ⅱ T0307～T0309：①—M10→生土

Ⅱ T0109：①—M13→生土

Ⅱ T0110、T0111、T0210、T0211：①—M11→M12→生土

第三节　墓葬概述

墓葬分为砖室墓、土坑竖穴墓、土坑洞室墓，共13座。

一、砖　室　墓

共7座，有刀形、长方形、"中"字形、"凸"字形竖穴砖室墓。

（一）刀形竖穴砖室墓

2003WJM1　刀形竖穴砖室墓，方向186°，位于2003WJⅠ区T0310、T0210内，开口于第2层下，打破生土。2003WJM1由墓室、甬道组成，墓室和甬道券顶被破坏无存，墓壁残存部分。墓内填土为灰褐色土。2003WJM1墓口距地面深50厘米，墓底距地面深240厘米，墓室平面呈长方形，长490、宽170厘米，残深190厘米，残存墓壁用单块横向的墓砖错缝平铺而成，墓壁墓砖均为素面青砖，墓室墓砖残存5～30层，残高20～180厘米，甬道墓砖残存1～5层，残高5～20厘米。2003WJM1铺地砖由单层素面青砖呈 "人" 字形斜向平铺而成，墓室内人骨无存，葬具、葬式不明。2003WJM1盗扰严重，仅在甬道出土一件釉陶壶（图一二一）。

　　釉陶壶　1件。2003WJM1：1，釉陶，通体施减色釉。轮制。小盘口外撇，细长颈，溜肩，鼓腹，下腹略内收，平底略内凹，肩部饰有两对称的桥形系，两系之一侧正中饰有一双柱状流，另一侧有一把，已残。口径8、腹径17、底径10.5、高24厘米（图一二二）。

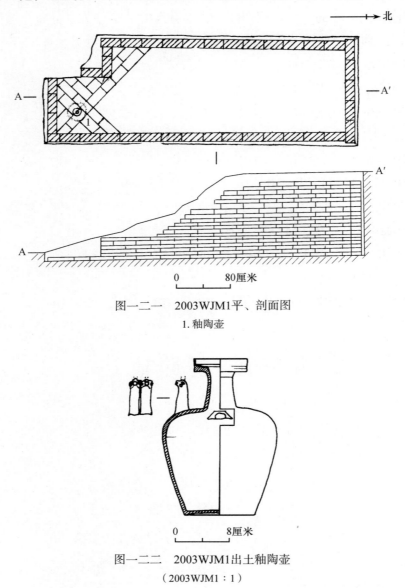

图一二一　2003WJM1平、剖面图

1. 釉陶壶

图一二二　2003WJM1出土釉陶壶

（2003WJM1：1）

（二）长方形竖穴砖室墓

　　2003WJM2　长方形竖穴砖室墓，方向161°，位于2003WJⅠ区T0307东部和T0308西部交界处，开口于第2层下，打破第3层。2003WJM2由单墓室组成，墓道不详。墓室券顶被破坏无存，墓壁残存部分。墓内填土为灰褐色土。2003WJM2墓口距地面深　45～95厘米，墓底距地面深120～195厘米，墓室平面呈长方形，墓圹长360、宽125厘米，墓室内长340、宽105厘米，残深75～100厘米。残存墓壁用单块横向的墓砖错缝平铺而成，墓壁墓砖为青砖，纹饰菱形和括号形，墓室墓砖残存9～21层。2003WJM2铺地砖由单层横向素面朝上的青砖平铺而成，墓室内人骨无存，葬具、葬式不明。墓壁墓砖尺寸为33厘米×15厘米×4厘米。2003WJM2盗扰严重，墓室内仅存若干陶瓷碎片（图一二三）。

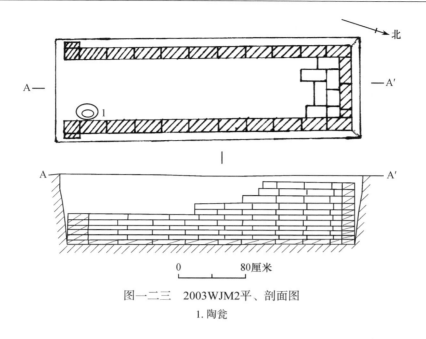

图一二三　2003WJM2平、剖面图
1.陶瓮

陶瓮　1件。2003WJM2：1，泥质灰陶。轮制。高领，折肩，弧腹，底内凹，口缘已残，腹及下部饰绳纹。腹径24、底径9.3、残高22.4厘米（图一二四）。

2003WJM3　长方形竖穴砖室墓，方向156°，位于2003WJ Ⅰ区T0309内，开口于第2层下，打破生土。2003WJM3由单墓室组成，墓道不详。墓室券顶被破坏无存，墓壁仅残存一小部分。墓内填土为灰褐色土。2003WJM3墓口距地面深70厘米，墓底距地面深110厘米，墓室平面呈长方形，长160、宽55厘米，残深40厘米。残存墓壁用单块横向的墓砖错缝平铺而成，墓砖为菱形花纹青砖，残存1～8层。2003WJM3残存的铺地砖由单层横向素面朝上的青砖平铺而成，墓室内人骨无存，葬具、葬式不明。墓壁墓砖尺寸为33厘米×15厘米×4厘米。2003WJM2盗扰严重，无出土器物（图一二五）。

2003WJM4　长方形竖穴砖室墓，方向164°，位于2003WJ Ⅰ区T0308东部和T0309西南角，

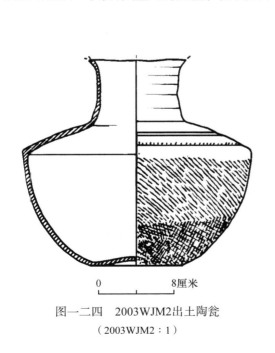

图一二四　2003WJM2出土陶瓮
（2003WJM2：1）

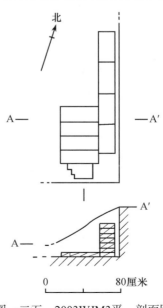

图一二五　2003WJM3平、剖面图

开口于第2层下，打破第3层。2003WJM4由单墓室组成，墓道不详。墓室券顶被破坏无存，墓壁仅残存一小部分。墓内填土为灰褐色土。2003WJM4墓口距地面深30~45厘米，墓底距地面深60~110厘米，墓室平面呈长方形，墓圹长370、宽100厘米，墓室内长340、宽70厘米。残存墓壁用单块横向的墓砖错缝平铺而成，墓砖为菱形花纹青砖，残存1~15层。2003WJM4铺地砖由单层素面向上青砖呈"人"字形斜向平铺而成。墓室内人骨无存，葬具、葬式不明，且盗扰严重，无出土器物（图一二六）。

　　2003WJM5　长方形竖穴砖室墓，方向145°，位于2003WJⅠ区T0403、T0404内，开口于第2层下，打破第3层和2003WJM8。2003WJM5由单墓室组成，墓道不详。墓室券顶被破坏无存，墓壁残存部分。墓内填土为灰褐色土。2003WJM5墓口距地面深40~50厘米，墓底距地面深120~135厘米，墓室平面呈长方形，长360、宽160厘米。残存墓壁用单块横向的墓砖错缝平铺而成，残存1~18层。2003WJM5铺地砖由单层素面朝上的青砖呈"人"字形斜向平铺而成。墓室内人骨无存，葬具、葬式不明。盗扰严重，无出土器物（图一二七）。

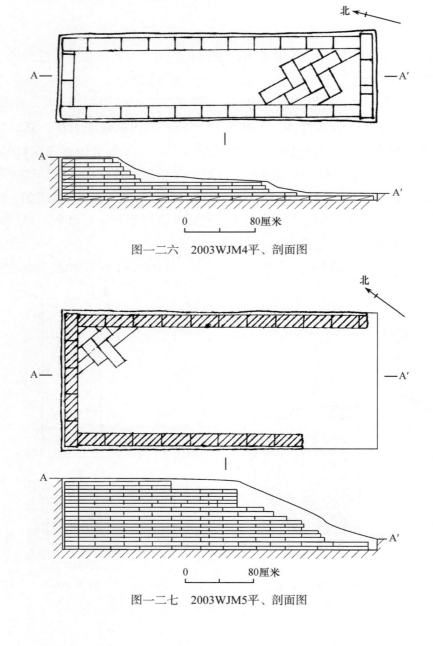

图一二六　2003WJM4平、剖面图

图一二七　2003WJM5平、剖面图

（三）"中"字形竖穴砖室墓

2003WJM6 "中"字形竖穴砖室墓，方向215°，位于2003WJ Ⅰ区T0112、T0212、T0312内，开口于第2层下，打破生土。2003WJM6由前、后墓室，墓道组成。墓道为长方形斜坡状，上口长400、宽100～120厘米，深40～70厘米，底坡长400、宽100、深420厘米。墓室券顶被破坏无存。墓内填土为灰褐色土。2003WJM6墓口距地面深40～70厘米，墓底距地面深420厘米，墓室平面呈"凸"字形，长600、宽170～330厘米，分前、后两室，前室较大，后室较小并高于前室35厘米。残存墓室墓壁用单块横向的菱形方格纹墓砖错缝平铺而成，残存5～20层。2003WJM6后室铺地砖由单层素面朝上的青砖横向平铺而成，2003WJM6前室中部有一砖砌棺床，为素面朝上的青砖竖直横向平铺而成，前室其他部分无铺地砖。墓室内人骨无存，葬具、葬式不明。盗扰严重，在前室棺床周围散布有青铜碎片、铜钱、陶钵等（图一二八）。

陶钵 1件。2003WJM6：3，泥质灰陶。轮制。侈口，尖唇外翻、折腹、平底，下腹有削棱。口径13.6、高5.2厘米（图一二九）。

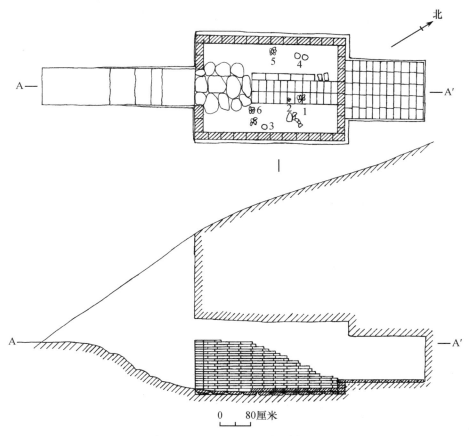

图一二八 2003WJM6平、剖面图
1.铜片 2.铜钱 3.陶钵 4、5.陶壶 6.陶片

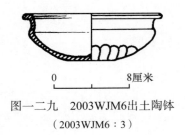

图一二九　2003WJM6出土陶钵

（2003WJM6：3）

（四）"凸"字形竖穴砖室墓

2003WJM7　"凸"字形竖穴砖室墓，方向202°，位于2003WJⅠ区T0114、T0214内，开口于第2层下，打破生土。2003WJM7由单墓室、甬道组成，墓道不详。墓室券顶被破坏无存，墓壁残存部分。墓内填土为灰褐色土。2003WJM5墓口距地面深25～50厘米，墓室平面呈长方形，长930、宽230厘米。残存墓壁用单块横向的墓砖错缝平铺而成，无铺地砖。墓室内人骨无存，葬具、葬式不明。盗扰严重，出土器物有陶壶、甑、盒、釉陶钵、釉陶碗等（图一三○）。

陶壶　1件。2003WJM7：6，泥质灰陶。轮制。侈口，尖唇，束颈，腹稍鼓，下腹内收，下部残。口径9.6、腹径13、残高9.6厘米（图一三一，1）。

陶甑　1件。2003WJM7：4，泥质灰陶。轮制。侈口，尖唇外翻，斜腹内收，平底，底部有6个甑孔呈不规则排列。口径13、高5.5厘米（图一三一，2）。

陶盒　1件。2003WJM7：2，泥质灰陶。轮制。敛口，方唇，直腹，下腹内收，腹部饰有一道弦纹，下腹有刮削痕。口径9、高10厘米（图一三一，3）。

釉陶壶　1件。2003WJM7：1，釉陶。轮制，外施红釉。下腹内收，圈足外撇，上部已残。残高10.4、底径17.6厘米（图一三一，4）。

釉陶盆　1件。2003WJM7：7，釉陶，通体上部施红釉。轮制。侈口，方唇，腹微折，下

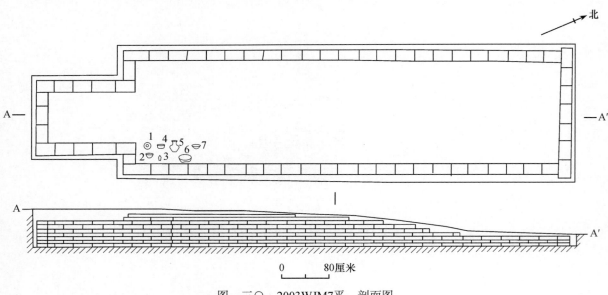

图一三○　2003WJM7平、剖面图

1. 釉陶壶　2. 陶盒　3. 陶片　4. 陶甑　5. 釉陶钵　6. 陶壶　7. 釉陶盆

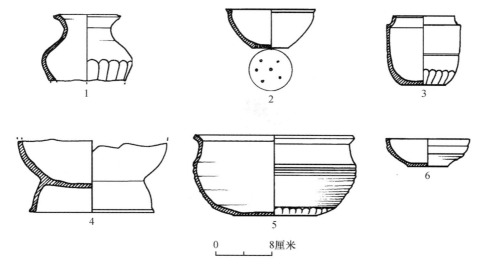

图一三一　2003WJM7随葬品组合

1.陶壶（2003WJM7：6）　2.陶甑（2003WJM7：4）　3.陶盒（2003WJM7：2）　4.釉陶壶（2003WJM7：1）
5.釉陶盆（2003WJM7：7）　6.釉陶钵（2003WJM7：5）

腹内收。平底腹部饰弦纹，下腹部有削棱。口径22、高11.4厘米（图一三一，5）。

　　釉陶钵　1件。2003WJM7：5，釉陶，外施红釉。轮制。口微侈，弧腹，平底。腹部饰弦
纹。口径12.2、底径5.8、高4.1厘米（图一三一，6）。

二、土坑竖穴墓

　　共5座，有刀形、长方形土坑竖穴墓。

（一）刀形土坑竖穴墓

　　2003WJM8　刀形土坑竖穴墓，带墓道，方向174°，位于2003WJⅠ区T0304、T0404、
T0403、T0303内，开口于第2层下，打破第3层，并被2003WJM5打破。2003WJM8由单墓室和
墓道组成。墓道上口长325、宽180厘米，深45厘米，底部长320、宽170厘米，深90厘米。墓
内填土为黑色土，墓室平面呈长方形，2003WJM8墓口距地面深45～50厘米，长620、宽400厘
米，墓底距地面深475厘米，长615、宽390厘米。墓室内有2具人骨，保存较差，头向174°，面
向为上，葬式为仰身直肢葬，有棺椁朽痕。出土器物有铜鍪，陶鼎、罐、釜、甑、钵、盒、
灶、仓等，主要位于墓道附近（图一三二；图版九，1）。

　　铜鍪　1件。2003WJM8：12，锈蚀，底残。盘口，斜颈，鼓腹，下腹内收，鼓腹上部
两侧有两圆形耳。鼓腹上部有一道凸弦纹。口径14.8、残高14厘米（图一三三，1；图版
四七，1）。

　　陶鼎　1件。2003WJM8：10，泥质褐陶。子母口，穹隆状顶盖，上饰三鋬耳，圆腹，圜
底，两立耳，中空外撇三足外撇。高15.2厘米（图一三三，2）。

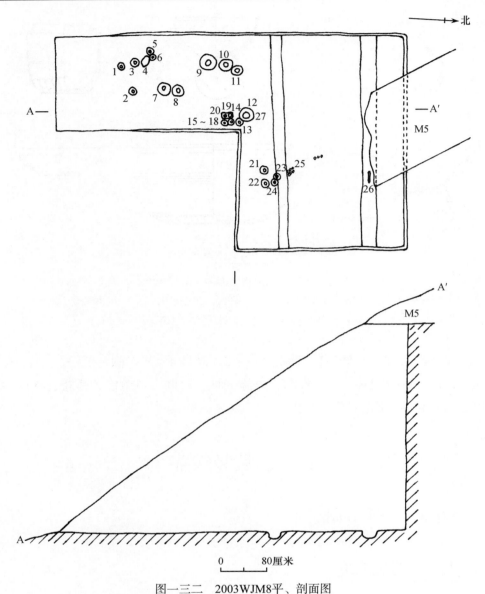

图一三二　2003WJM8平、剖面图

1~3、5、6.陶盂　4.铜洗　7.陶盒　8、11、13、17、19、24.陶罐　9.陶仓　10.陶鼎　12.铜鍪　14、16.陶钵
15、23.陶甑　18、21.陶釜　20、22.陶灶　25.铜钱　26.铁环首刀

　　陶罐　5件（M8:19未修复，无资料）。2003WJM8:8，折肩罐。泥质灰陶。轮制。敛口，广肩，斜腹内收。肩部饰一道压印纹，下腹有削棱，口径10.4、高13.5厘米（图一三三，3；图版四七，2）。2003WJM8:11，折肩罐。泥质褐陶。敛口，广肩，斜腹平底，下腹有削棱。口径10、腹径17、高10厘米（图一三三，4）。2003WJM8:13，折肩罐。泥质灰陶。敛口，广肩，斜腹，平底。折肩部有一道压印纹，下腹有削棱。口径9.6、腹径17、高12.6厘米（图一三三，5）。2003WJM8:17，折肩罐。泥质褐陶。敛口，斜广肩，斜腹，平底。肩部饰有一圈压印纹，下腹部有刮棱。口径9.2、腹径16、高11.2厘米（图一三三，6；图版四七，3）。2003WJM8:24，折肩罐。泥质褐陶。敛口，广肩，斜腹，平底，下部有削棱。口径8.4、高9.1厘米（图一三三，7）。

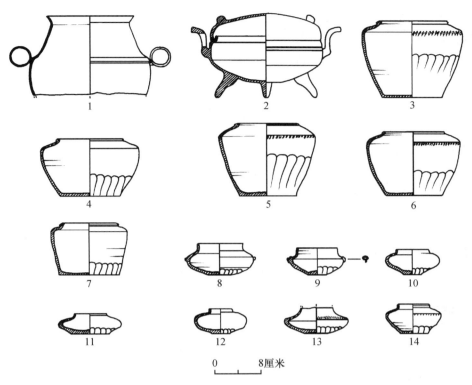

图一三三　2003WJM8出土器物

1. 铜錾（2003WJM8：12）　2. 陶鼎（2003WJM8：10）　3～7. 陶罐（2003WJM8：8、2003WJM8：11、2003WJM8：13、
2003WJM8：17、2003WJM8：24）　8、9. 陶釜（2003WJM8：18、2003WJM8：21）　10～14. 陶盂（2003WJM8：1、
2003WJM8：2、2003WJM8：3、2003WJM8：5、2003WJM8：6）

陶釜　2件。2003WJM8：18，泥质褐陶。微侈口，矮颈，鼓腹，下腹内收，小平底，下底部有刮棱。口径7.6、腹径12、高5.4厘米（图一三三，8）。2003WJM8：21，泥质褐陶。直口，斜直颈，鼓腹，下腹内收，肩部有两假耳，下部有削棱。口径7.4、高4.6厘米（图一三三，9）。

陶盂　5件。2003WJM8：1，泥质灰陶。轮制。直口，鼓腹，下腹内收，下部饰削棱。口径5.6、高4.4厘米（图一三三，10）。2003WJM8：2，泥质灰陶。轮制。敛口，矮领，扁鼓腹，平底，下部饰削棱。口径4.2、高4.4厘米（图一三三，11）。2003WJM8：3，泥质灰陶。轮制。直口，圆鼓腹，平底。下部饰削棱。口径4.2、高4.4厘米（图一三三，12）。2003WJM8：5，泥质灰陶。轮制。直口，广肩，鼓腹，下腹内收，平底。肩部饰一圈压印纹，下腹有削棱。口径5.2、高4.2厘米（图一三三，13）。2003WJM8：6，泥质灰陶。轮制。直口，广肩，鼓腹，下腹内收，平底。肩部饰一圈压印纹，下腹有削棱。口径5.8、高5厘米（图一三三，14）。

陶甑　2件。2003WJM8：15，泥质灰陶。侈口，斜壁，小平底，下腹有削棱，9个甑孔呈环状分布。口径11.8、底径4、高4.2厘米（图一三四，1）。2003WJM8：23，泥质灰陶。侈口，斜壁，小平底。底部有五个小孔。口径10.2、高3.2厘米（图一三四，2）。

陶钵　2件。2003WJM8：14，泥质灰陶。侈口，斜壁，下腹内收，平底。口径11.2、底径4、高3.7厘米（图一三四，3）。2003WJM8：16，泥质灰陶。侈口，斜壁，下腹内收，下腹有

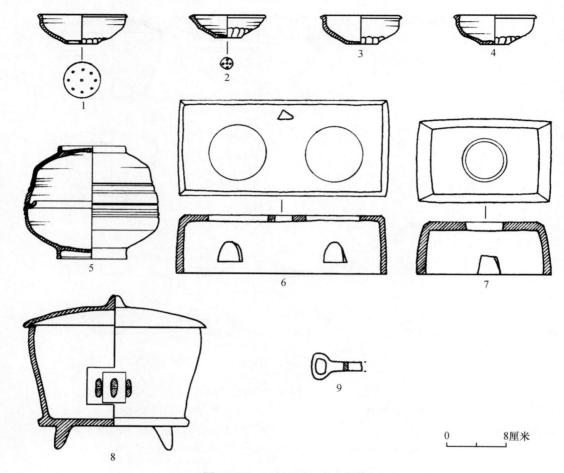

图一三四　　2003WJM8出土器物

1、2. 陶甑（2003WJM8：15、2003WJM8：23）　　3、4. 陶钵（2003WJM8：14、2003WJM8：16）　　5. 陶盒（2003WJM8：7）
6、7. 陶灶（2003WJM8：20、2003WJM8：22）　　8. 陶仓（2003WJM8：9）　　9. 铁环首刀（2003WJM8：26）

削棱。口径11.4、底径3.8、高4.2厘米（图一三四，4）。

　　陶盒　1件。2003WJM8：7，圈足盒。泥质灰陶。轮制。由两个带圈足的钵扣合而成，下面一个为子母口。腹部饰有弦纹。高15.6厘米（图一三四，5）。

　　陶灶　2件。2003WJM8：20，泥质褐陶。长方体，前有两灶门，上部有两灶孔，两灶孔之间有一三角形烟囱。长28、宽13.2、高8厘米（图一三四，6；图版四七，4）。2003WJM8：22，泥质褐陶。长方体，前有一个灶门，上有灶孔。长18、宽11.6、高7.2厘米（图一三四，7）。

　　陶仓　1件。2003WJM8：9，泥质褐陶。圆筒形，前有已可开启的仓门，穹隆状顶，顶上有一小纽，长方形平底，下有四个小柱状足。高21.2厘米（图一三四，8）。

　　铁环首刀　1件。2003WJM8：26锈蚀。长方形，圆形柄，已残。残长6.8厘米（图一三四，9）。

（二）长方形土坑竖穴墓

共4座，分为土坑竖穴双室墓和土坑竖穴单室墓。

1. 长方形土坑竖穴双室墓

2003WJM10　土坑竖穴双室墓，方向178°，位于2003WJ Ⅱ 区T0207、T0208、T0209、T0307、T0308、T0309内，开口于第1层下，打破生土。2003WJM10由双墓室组成。墓内填土为红褐色土，墓室平面呈长方形，2003WJM9墓口距地面深25～50厘米，长785、宽335～375厘米，墓底距地面深176～180厘米，长775、宽330～370厘米。墓室内有5具人骨，东墓室2具，西墓室3具，保存均较差，头向178°，面向为上，葬式为仰身直肢葬，有木棺朽痕。出土器物有陶罐、瓮、壶、釜、甑、钵、灶，釉陶壶，铁环首刀、铁锸等，另有部分器物编号重复或无法修复（图一三五）。

陶罐　6件。2003WJM10：8，折肩罐。泥质褐陶。侈口，广肩，斜腹，平底。肩部有一圈压印纹。口径10.4、腹径14.8、底径8.8、高13.5厘米（图一三六，1；图版四九，1）。

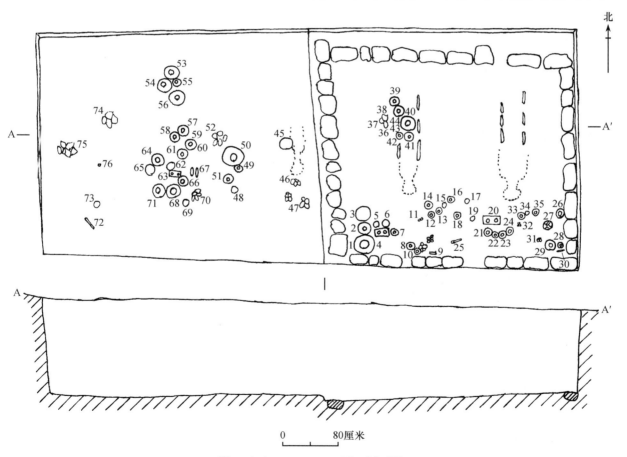

图一三五　2003WJM10平、剖面图

1、4、43、44、46、53、68、75.陶瓮　2.釉陶壶　3、15、19、62.陶甑　5、10、12、18、22、26、58.陶盂　6、7、16、23、24、28、35、55.陶壶　8、14、51、54、56、57.陶罐　11、20.陶灶　17、29、45、61、65、69.陶钵　21、33、49.陶釜　25.铁锸　30.铁环首刀　34、38、64.陶器盖　66.陶耳杯　73.陶碗

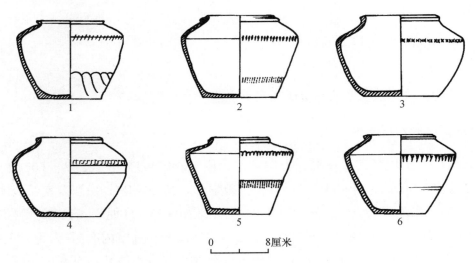

图一三六　　2003WJM10出土陶罐

1. 2003WJM10：8　2. 2003WJM10：14　3. 2003WJM10：56　4. 2003WJM10：57　5. 2003WJM10：51　6. 2003WJM10：54

2003WJM10：14，折肩罐。泥质灰陶。敛口，广肩折成斜直壁再折成平底。折肩部饰有一圈压印纹，下腹饰有一圈细绳纹。口径11.2、腹径16、底径10.3、高11.6厘米（图一三六，2；图版四九，2）。2003WJM10：56，折肩罐。泥质灰陶。侈口，广肩，斜腹内收，平底。肩部有一圈压印纹，下腹有削棱。口径8.8、腹径15.1、底径8.5、高10.8厘米（图一三六，3）。2003WJM10：57，折肩罐。泥质灰陶。侈口，广肩，斜腹内收，平底。肩部有一圈压印纹，下腹有削棱。口径10.4、腹径15.6、底径7.1、高11.2厘米（图一三六，4）。2003WJM10：51，扁腹罐。泥质红褐陶。侈口，广肩，斜腹，平底。肩部饰有一圈压印纹。口径9.2、腹径18、底径10.4、高11.6厘米（图一三六，5）。2003WJM10：54，扁腹罐。泥质灰陶。侈口，溜肩，鼓腹，下腹内收，平底。腹上部有一圈压印纹。口径9.6、腹径16、底径8.6、高11厘米（图一三六，6）。

陶瓮　8件。2003WJM10：1，泥质黄褐陶。轮制。侈口，折沿外伸，斜颈，广肩，斜腰内收，下底内凹。肩部饰有一圈压印纹，下腹饰绳纹。口径14.6、腹径26.8、底径8.8、高24厘米（图一三七，1）。2003WJM10：4，泥质灰陶。敛口，卷沿，尖唇，斜颈，广肩，鼓腹，圜底略内凹。下腹部饰有交错绳纹。口径14.4、腹径21、高14.8厘米（图一三七，2）。2003WJM10：43，泥质灰陶。敞口，折沿外撇，斜直颈，斜广肩，斜腹内收，平底内凹。肩部饰有两圈压印纹，下腹饰绳纹。口径14.4、腹径23.5、底径8.2、高22.4厘米（图一三七，3；图版四九，3）。2003WJM10：44，泥质灰陶。敛口，折沿外伸，斜直颈，斜广肩，斜腹，底部上凹。肩部饰有两圈压印纹，腹部饰有交错绳纹。口径18.5、腹径31.8、底径9.2、高28.4厘米（图一三七，4）。2003WJM10：46，泥质黄褐陶。侈口，折沿，斜直领，溜肩，斜腹，底内凹。腹部饰斜绳纹。口径12.8、腹径18.3、高14.8厘米（图一三七，5）。2003WJM10：53，泥质褐陶。侈口，圆唇外伸，矮领，鼓腹，下腹内收。肩部饰弦纹，下腹部饰绳纹。口径14.4、腹径27.8、底径9.5、高24.4厘米（图一三七，6）。2003WJM10：68，泥质灰陶。侈口，折沿，斜颈，广肩，斜腹，下腹内收，平底内凹。肩部饰有一圈压印纹，下腹饰绳纹。口径12.8、腹径19.8、底径7.8、高17.2厘米（图一三七，7）。2003WJM10：92，泥质灰陶。侈口，

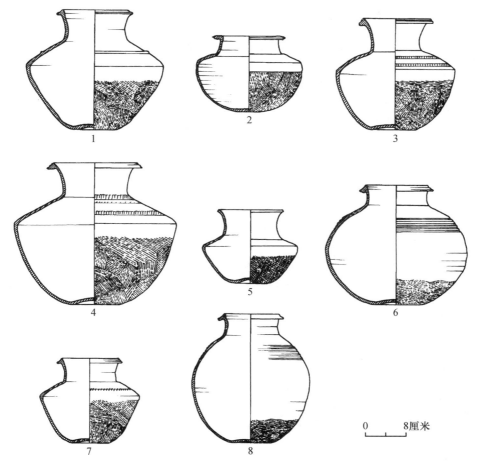

0 ⊢—⊣ 8厘米

图一三七 2003WJM10出土陶瓮
1. 2003WJM10：1 2. 2003WJM10：4 3. 2003WJM10：43 4. 2003WJM10：44 5. 2003WJM10：46 6. 2003WJM10：53
7. 2003WJM10：68 8. 2003WJM10：75

矮领、斜直颈，微鼓腹，底内凹。鼓腹上侧饰六道弦纹，下腹部绳纹。口径12.8、腹径23.2、底径7.5、高24厘米（图一三七，8）。

陶壶 8件。2003WJM10：6，泥质褐陶。直口，扁腹，平底。肩部饰有一圈压印纹。口径4.8、腹径9.8、底径5.2、高7.2厘米（图一三八，1）。2003WJM10：7，泥质褐陶。侈口，斜直领，鼓腹，小平底。口径6.8、腹径10、底径3.2、高7.2厘米（图一三八，2）。2003WJM10：16，泥质褐陶。口颈残，扁鼓腹，平底。鼓腹上侧饰有一圈压印纹。残高6.2、底径4厘米（图一三八，3）。2003WJM10：23，泥质褐陶。侈口，鼓腹，小平底。下腹有削棱。口径4.8、底径3.2、高7厘米（图一三八，4）。2003WJM10：24，泥质褐陶。侈口，鼓腹，小平底。下腹有削棱。口径4.4、底径3.2、高7.2厘米（图一三八，5）。2003WJM10：28，泥质褐陶。侈口，斜直颈，鼓腹，小平底。肩部饰有一圈压印纹。口径7.2、底径4.8、高9.2厘米（图一三八，6）。2003WJM10：35，泥质灰陶。侈口，斜直颈，鼓腹，小平底。下腹有削棱。口径5.2、底径3.2、高7.2厘米（图一三八，7）。2003WJM10：55，泥质灰陶。侈口，斜领，扁鼓腹，平底，鼓腹上部有压印纹，下腹有削棱。口径4.8、底径3.2、高7.2厘米（图一三八，8）。

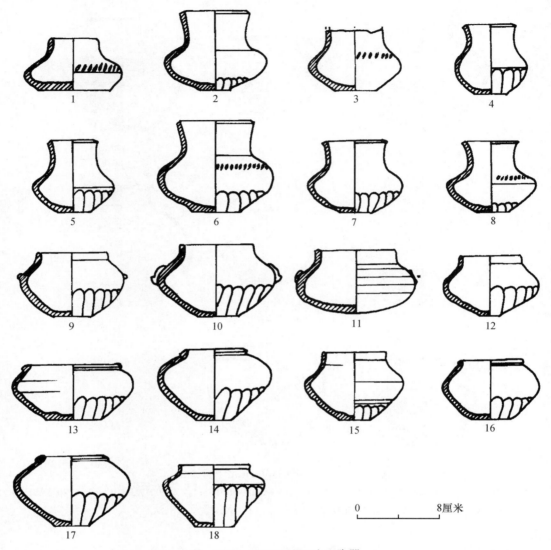

图一三八　2003WJM10出土陶器

1~8. 壶（2003WJM10：6、2003WJM10：7、2003WJM10：16、2003WJM10：23、2003WJM10：24、2003WJM10：28、
2003WJM10：35、2003WJM10：55）　9~11. 釜（2003WJM10：21、2003WJM10：33、2003WJM10：49）
12~18. 盂（2003WJM10：5、2003WJM10：10、2003WJM10：12、2003WJM10：18、2003WJM10：22、2003WJM10：26、
2003WJM10：58）

　　陶釜　3件。2003WJM10：21，泥质灰陶。敛口，矮颈，弧鼓腹，下腹内收，平底，鼓
腹上侧有对称的两凸耳，下腹部有刮棱。口径6.9、底径3.6、高6.2厘米（图一三八，9）。
2003WJM10：33，泥质褐陶。侈口，斜直颈，鼓腹，小平底。鼓腹上侧有对称的两凸耳，下腹
部有刮棱。口径7.2、底径4、高7.2厘米（图一三八，10）。2003WJM10：49，泥质褐陶。侈
口，矮领，弧腹，圜底，腹部上方各饰一个耳状物。口径8、高6.4厘米（图一三八，11）。
　　陶盂　7件。2003WJM10：5，泥质褐陶。直口，鼓腹，下腹内收，小平底，下腹饰削
棱。口径6、腹径9.6、底径2、高6厘米（图一三八，12）。2003WJM10：10，泥质褐陶。
敛口，鼓腹，下腹内收，平底，下腹饰削棱。口径8、腹径11.6、高5.6厘米（图一三八，
13）。2003WJM10：12，泥质褐陶。敛口，鼓腹，下腹内收，平底。下腹饰削棱。口径
5.6、腹径11、底径3.6、高7.2厘米（图一三八，14）。2003WJM10：18，泥质灰陶。直口，

鼓腹，下腹内收，小平底，下腹饰削棱。口径6.4、底径3.2、高6.8厘米（图一三八，15）。
2003WJM10：22，泥质灰陶。敛口，鼓腹，平底。下腹部有刮棱。口径6.4、腹径9.8、底径
3.2、高6厘米（图一三八，16）。2003WJM10：26，泥质褐陶。敛口，圆唇，斜肩，鼓腹，
下腹内收，小平底。下腹有削棱。口径5.6、腹径11.5、底径3、高7.2厘米（图一三八，17）。
2003WJM10：58，泥质褐陶。侈口，广肩，斜腹内收，平底。肩部有一圈压印纹，下腹有削
棱。口径7.2、底径4、高6.4厘米（图一三八，18）。

陶甑 4件。2003WJM10：3，泥质褐陶。轮制。侈口，斜弧壁，平底，底部有9个孔，口
沿下饰有一道凹槽。口径7.2、底径3.2、高4厘米（图一三九，1）。2003WJM10：15，泥质红
褐陶。侈口，弧壁内收，平底近圜，底部有五小孔，口沿下有一圈凹槽，下腹部有刮棱。口
径10.4、底径2.4、高5.6厘米（图一三九，2）。2003WJM10：19，泥质灰陶。轮制。侈口，
斜壁，下腹内收，平底，底部有6个穿孔，下腹有削棱。口径10.4、底径3.2、高5厘米（图
一三九，3）。2003WJM10：62，泥质褐陶。子母口，直腹，下腹折成圜底，底部有五孔。口
径10.4、底径3.2、高6.4厘米（图一三九，4）。

陶钵 6件。2003WJM10：17，泥质灰陶。侈口，斜壁，平底，下腹有削棱。口径10.4、
底径2.4、高4.8厘米（图一三九，5）。2003WJM10：29，或为器盖。泥质褐陶。侈口，斜壁，
平底。口径14.4、底径4、高5厘米（图一三九，6）。2003WJM10：45，泥质灰陶。微侈口，

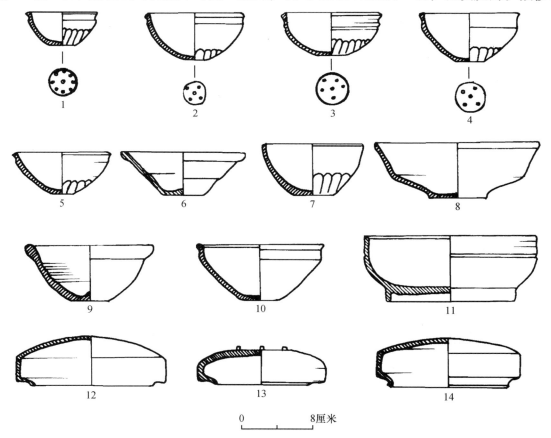

图一三九 2003WJM10出土陶器

1～4.甑（2003WJM10：3、2003WJM10：15、2003WJM10：19、2003WJM10：62） 5～10.钵（2003WJM10：17、
2003WJM10：29、2003WJM10：45、2003WJM10：61、2003WJM10：65、2003WJM10：69） 11.碗（2003WJM10：73）

12～14.器盖（2003WJM10：34、2003WJM10：38、2003WJM10：64）

斜壁，平底。下部有刮棱。口径10.4、底径4.8、高6厘米（图一三九，7）。2003WJM10：61，泥质褐陶。敞口，斜腹下部内折，平底。口径18、底径6.4、高6.4厘米（图一三九，8）。2003WJM10：65，泥质灰陶。侈口，圆唇，斜壁，平底。口径14.4、底径4.4、高6.4厘米（图一三九，9）。2003WJM10：69，泥质灰陶。侈口，斜腹壁，平底。口径14.4、底径4、高6.4厘米（图一三九，10）。

陶碗　1件。2003WJM10：73，泥质灰陶。直口，弧腹，矮圈足。下部饰有一道弦纹。底径19.2、高7.6厘米（图一三九，11）。

陶器盖　3件。2003WJM10：34，泥质褐陶。子母口，直腹，圜底，底部有三孔。口径12.8、高5.6厘米（图一三九，12）。2003WJM10：38，泥质褐陶。子母口，直腹，圜底，底有三小足。口径10、底径7.2、高4.4厘米（图一三九，13）。2003WJM10：64，泥质褐陶。子母口，直腹，下腹折成圜底，底部有三个小孔。口径12.8、高5.6厘米（图一三九，14）。

陶耳杯　1件。2003WJM10：66，泥质灰陶，内施红色彩绘。呈舟形，两侧还有一小耳。口径16、高4.4厘米（图一四〇，1）。

陶灶　2件。2003WJM10：11，泥质褐陶。灶体呈长方形，前有一灶门，上有一灶，灶孔右上侧有一烟孔。右侧和后侧还有挡风墙。长20.8、宽11.8、高8.8厘米（图一四〇，2）。2003WJM10：20，泥质褐陶。长方体，前有两灶门，上部有两灶孔，其中一侧灶孔后面有两个烟孔。长27.6、宽　16、高8.8厘米（图一四〇，3；图版四九，4）。

釉陶壶　1件。2003WJM10：2，圈足壶。夹砂青釉陶。侈口，斜直颈，鼓腹，平底，矮圈足，鼓腹上侧饰有对称的两个桥形錾耳。口沿下的颈部饰波浪形纹。口径8.8、腹径17.5、底径

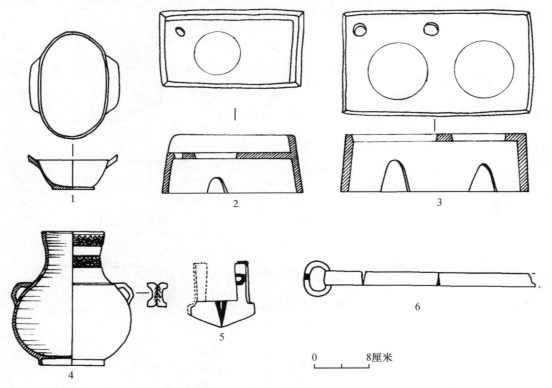

图一四〇　2003WJM10出土器物

1. 陶耳杯（2003WJM10：66）　2、3. 陶灶（2003WJM10：11、2003WJM10：20）　4. 釉陶壶（2003WJM10：2）

5. 铁锸（2003WJM10：25）　6. 铁环首刀（2003WJM10：30）

9.3、高20厘米（图一四〇，4）。

铁锸 1件。2003WJM10：25，锈蚀。刃部呈三角形，中空，后面有两柄，其中一个已残。残长9.8、残宽9.2厘米（图一四〇，5）。

铁环首刀 1件。2003WJM10：30，铁质，锈蚀。长条形、尾部为环形手柄。残长34.1、残宽2、厚0.6厘米（图一四〇，6）。

2. 长方形土坑竖穴单室墓

2003WJM11 土坑竖穴墓，方向70°，位于2003WJⅡ区T0210、T0211、T0110、T0111交界处，开口于第1层下，打破2003WJM12和生土。2003WJM11由单墓室组成。墓内填土为红褐色土，墓室平面呈长方形，2003WJM11墓口距地面深10～55厘米，长280、宽135厘米，墓底距地面深150～175厘米，长260、宽115厘米。墓室内人骨无存，葬具、葬式不明。2003WJM11盗扰严重，无出土器物（图一四一）。

2003WJM12 土坑竖穴墓，方向114°，位于2003WJⅡ区T0210、T0211、T0110、T0111交界处，开口于第1层下，打破生土同时又被2003WJM11打破。2003WJM12由单墓室组成。墓内填土为灰褐色土，墓室平面呈长方形，2003WJM11墓口距地面深20～175厘米，长320、宽145厘米，墓底距地面深10～225厘米，长290、宽125厘米。墓室内人骨无存，葬具、葬式不明。2003WJM12盗扰严重，仅出土数枚铜钱（图一四二）。

2003WJM13 土坑竖穴墓，方向85°，位于2003WJⅡ区T0109南部，开口于第1层下，打破生土。2003WJM13由单墓室组成，墓内填土为红褐色土，墓室平面呈长方形，2003WJM11墓口距地面深30～115厘米，长285、宽145厘米，墓底距地面深175～225厘米，长265、宽125厘米。墓室内人骨无存，葬具、葬式不明。2003WJM13盗扰严重，仅出土有陶鼎残片若干（图一四三）。

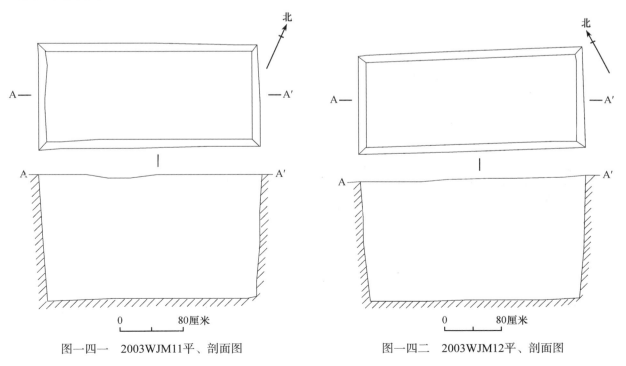

图一四一 2003WJM11平、剖面图　　图一四二 2003WJM12平、剖面图

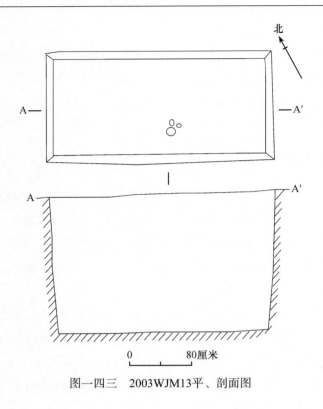

北

A —　　　　　　　　　　　　　　　— A'

A　　　　　　　　　　　　　　　A'

0　　　　　80厘米

图一四三　2003WJM13平、剖面图

三、土坑洞室墓

　　2003WJM9　土坑洞室墓，带墓道，方向230°，位于2003WJⅠ区T0110、T0111、T0211、T0310、T0311内，开口于第2层下，打破生土。2003WJM9由单墓室和墓道组成。墓道为长方形斜坡阶梯状，墓内填土为灰褐色夹黄斑点。墓室平面呈长方形，墓口距地面深75厘米，长260～270、宽160厘米，墓底距地面深500～675厘米，长630、宽220～250厘米。墓室内有1具人骨，保存较差，头向230°，面向为上，葬式为仰身直肢葬，有棺椁朽痕。出土器物有陶罐、壶、釜、钵，釉陶壶，博山炉，瓦当等，主要位于墓室前部近墓道处（图一四四；图版四，2）。

　　陶罐　1件。2003WJM9：2，折肩罐，泥质灰陶。方唇，斜折肩，斜腹内收，底略内凹。肩部饰有一圈压印纹。口径11.2、腹径17、底径8.9、高12厘米（图一四五，1；图版四八，1）。

　　陶壶　2件。2003WJM9：1，泥质灰陶。侈口，斜沿外翻，斜颈，扁鼓腹，下腹内收，平底。肩部饰有弦纹。口径10、底径6、高8.2厘米（图一四五，2）。2003WJM9：3，泥质灰陶。侈口，斜沿外翻，鼓腹，底内凹。肩部饰有一圈压印纹。口径8.8、底径5.6、高8厘米（图一四五，3；图版四八，2）。

　　陶釜　1件。2003WJM9：8，泥质灰陶。敛口，斜平沿，方唇，弧腹扁鼓，下腹内收，平底，腹上部两侧各有一个乳钉形耳状物，下部有削棱。口径3.6、高6厘米（图一四五，4）。

　　陶甑　1件。2003WJM9：10，泥质灰陶。侈口，尖唇，弧腹内收，底微凹，底有28个小孔。口径14.4、高8.6厘米（图一四五，5）。

　　陶钵　1件。2003WJM9：4，泥质灰陶。侈口，卷沿外翻，弧壁内收，平底。口部有弦

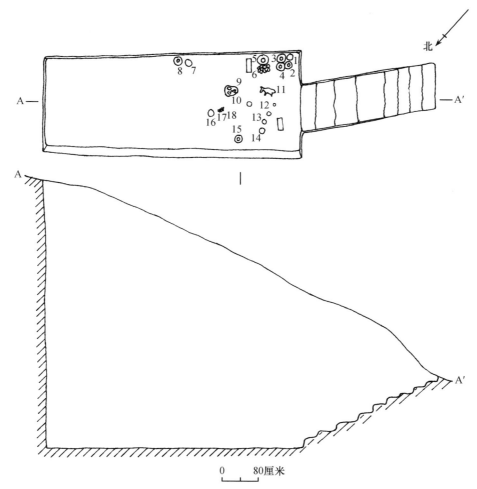

图一四四　2003WJM9平、剖面图

1、3 陶壶　2.陶罐　4.陶钵　5.釉陶博山炉　6、15.釉陶壶　7.陶器盖　8.陶釜　10.陶甑　11.陶狗　12.釉陶盅
13.釉陶碗　14.釉陶盆　16、17.瓦当　18.板瓦

纹，下部有削棱。口径14.4、底径5.3、高5.2厘米（图一四五，6）。

陶器盖　1件。2003WJM9：7，泥质褐陶。顶部饰有呈十字状的心形纹，周围有枝叶缠绕，四周有呈对等的三个乳钉纹。底径8、高1.7厘米（图一四五，7）。

釉陶壶　2件。2003WJM9：6，釉陶，通体饰红釉。侈口，长弧领，鼓腹，圈足外撇。鼓腹略上有两个对称的铺首，领部及上腹部饰弦纹，圈足外饰瓦棱纹。残高28厘米（图一四五，8）。2003WJM9：15，釉陶，器身施红釉，器内见橙红胎。侈口，斜颈，鼓腹，平底，圈足外撇。鼓腹上部饰有对称的两个铺首，颈部下侧、鼓腹部和圈足饰弦纹。残高23.6厘米（图一四五，9）。

釉陶盆　1件。2003WJM9：14，釉陶，器身施红釉，器内见橙红胎。敛口，方唇外撇，斜弧腹，下腹内收，平底。口径19.4、高6.6厘米（图一四六，1；图版四八，3）。

釉陶碗　1件。2003WJM9：13，釉陶，器身施红釉，器内见橙红胎。侈口，斜平沿，弧腹，下腹内收，底微内凹。上腹部饰两道凹弦纹。口径17.6、高6.8厘米（图一四六，2）。

釉陶盅　1件。2003WJM9：12，釉陶，器身施红釉，器内见橙红胎。直口，斜沿微凹，直

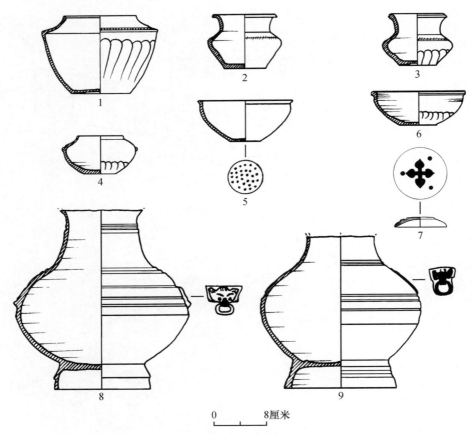

图一四五　2003WJM9出土陶器

1.罐（2003WJM9：2）　2、3.壶（2003WJM9：1、2003WJM9：3）　4.釜（2003WJM9：8）　5.甑（2003WJM9：10）

6.钵（2003WJM9：4）　7.器盖（2003WJM9：7）　8、9.釉陶壶（2003WJM9：6、2003WJM9：15）

腹，平底略内凹。器身两侧各见有一个三角形纽，纽上下均饰有一道凹弦纹。高7.6厘米（图一四六，3；图版四八，4）。

釉陶博山炉　1件。2003WJM9：5，红釉陶。炉盖分体，炉体为喇叭形高圈足。口径10.4、通高23.2厘米（图一四六，4）。

陶狗　1件。2003WJM9：11，泥质灰陶，站立状，仰头，目视前方，龇牙咧嘴，竖耳，形象生动，面目狰狞。长27.6、高23.6厘米（图一四六，5）。

瓦当　2件。2003WJM9：16，泥质褐陶。前部为圆形瓦当主体，后部为瓦当身，但已残。辐射状浮雕形图案，中为圆形乳钉，周边饰四组对称卷云纹，中为树叶状纹。直径15.6厘米（图一四六，6）。2003WJM9：17，泥质灰陶。前部为圆形瓦当主体，后部为瓦当身，但已残。用卷云纹装饰的太阳辐射状的浮雕形图案。直径16厘米（图一四六，7）。

板瓦　1件。2003WJM9：18，泥质灰陶。呈四分之一圆筒状，外饰绳纹。长24.5、头宽17.5、尾宽15.5、厚1厘米（图一四六，8）。

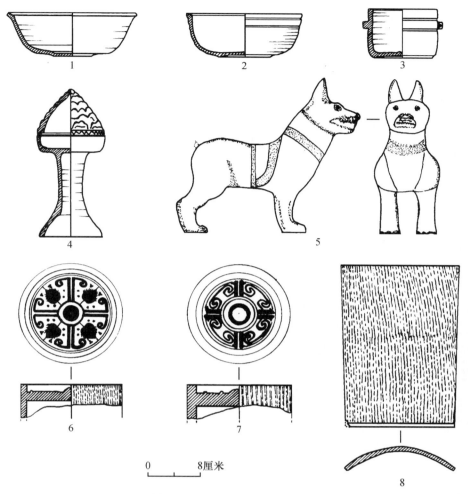

图一四六 2003WJM9出土器物

1.釉陶盆（2003WJM9：14） 2.釉陶碗（2003WJM9：13） 3.釉陶盅（2003WJM9：12） 4.釉陶博山炉（2003WJM9：5）

5.陶狗（2003WJM9：11） 6、7.瓦当（2003WJM9：16、2003WJM9：17） 8.板瓦（2003WJM9：18）

第五章　2003WS发掘区

第一节　工 作 情 况

　　为配合三峡工程建设，2003年10~12月，受重庆市三峡办委托，宜昌博物馆在巫山县文物管理所的配合下，对神女庙遗址进行了抢救性的考古发掘。因神女庙遗址紧挨江东嘴墓地，两处墓葬的文化内涵又较一致，故将神女庙遗址的墓葬部分归入江东嘴墓地。

　　神女庙遗址位于重庆市巫山县巫峡镇江东村，长江与大宁河交汇口东岸。遗址南临长江，东隔大宁河与巫山县治所在地巫峡镇相距约1000米。中心地理坐标为东经109°53′40″，北纬31°04′15″，高程135~175米。神女庙遗址主要分布在濒临长江和大宁河河谷的台地上，早在20世纪50年代后期配合三峡水利工程进行第一次文物调查时即已被发现，此后在历年的农田改造以及农民建房的过程中屡有重要文物出土。

　　在本次发掘之前，宜昌博物馆对神女庙遗址进行了大面积的调查和勘探，调查发现，由于历年江水冲刷、农田改造、建房等自然和人为的破坏，神女庙遗址几乎已毁坏殆尽，但是在附近地势较高的地方，古墓葬分布却较密集。经与重庆市三峡办协商，决定此次工作的重点以墓葬发掘为主。

　　发掘区域近大宁河谷，地势陡峭，东部为差转台、神女庙旧址。发掘区域分为2003WSⅠ、Ⅱ两区，其中2003WSⅠ区位于长江与大宁河的交汇处的台地上，共布5米×5米探方20个，为正南北向，探方编号为2003WSⅠT1~2003WSⅠT20；2003WSⅡ区位于大宁河东岸，共布5米×5米探方10个，为北偏东40°，探方编号为2003WSⅡT1~003WSⅡT10。两个发掘区域加上扩方，实际发掘面积800多平方米。共发掘墓葬8座，编号为2003WSM1~2003WSM8（图一四七；图版六，2）。由于历年生产、生活以及盗墓等活动的破坏，大部分墓葬都遭到了不同程度的扰乱。

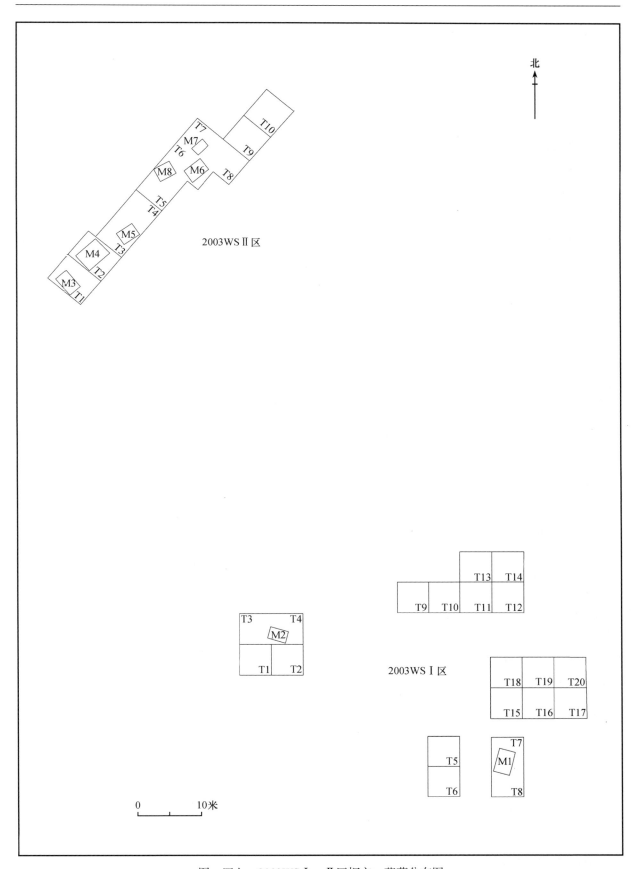

图一四七　2003WSⅠ、Ⅱ区探方、墓葬分布图

第二节　文化堆积与层位

2003WSⅠ区文化层堆积可分为二层。

以2003WSⅠT3东壁地层堆积情况为例（图一四八）。

第1层：耕土层。自北向南倾斜着分布于全方。厚10～55厘米。土质较硬，土色略灰，包含植物根茎、碎石和现代砖块瓦片。

第2层：近现代堆积层。自北向南倾斜着分布于全方。厚10～145、深40～160厘米。土质较硬。包含烧土块、碎石、陶器碎片等。2003WSM2开口于本层下。

第2层下即为生土。

以2003WSⅠT7南壁地层堆积情况为例（图一四九）。

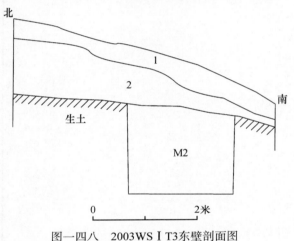

图一四八　2003WSⅠT3东壁剖面图

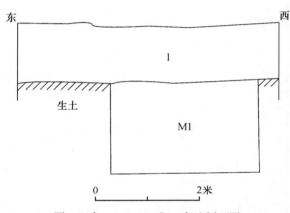

图一四九　2003WSⅠT7南壁剖面图

第1层：厚110～250厘米。自北向南倾斜着分布于全方。土质较硬，土色略灰，包含植物根茎、碎石和现代砖块瓦片等，2003WSM1开口于本层下。

第1层下即为生土。

2003WSⅡ区文化层堆积可分为一层。

以2003WSⅡT5北壁地层堆积情况为例（图一五〇）。

第1层：厚100～140厘米。自东向西倾斜着分布于全方。土质较硬，土色略灰，包含植物根茎、碎石和现代砖块瓦片。2003WSM8开口于本层下。

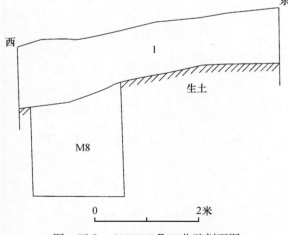

图一五〇　2003WSⅡT5北壁剖面图

第1层下为生土。

为全面反映该发掘区域的文化堆积情况，将发掘探方的层位关系分布介绍如下（"—"代表叠压关系，"→"代表打破关系）。

Ⅰ T3：①—②—M2→生土

Ⅰ T7：①—M1→生土

Ⅱ T1：①—M3→生土

Ⅱ T2：①—M4→生土

Ⅱ T3：①—M5→生土

Ⅱ T6：①—M6→生土

Ⅱ T6：①—M8→生土

Ⅱ T7：①—M7→生土

第三节　墓葬概述

墓葬分为石室墓、土坑竖穴墓，共8座。

一、石　室　墓

2003WSM1　石室墓，平面呈长方形，方向15°，位于2003WSⅠ区T7大部分及T8北部及北隔梁，开口于第1层下，打破生土。2003WSM1由单墓室组成，顶部已被破坏。墓内填土为灰黄色土，墓室平面呈长方形，墓口距地面深140～260厘米，长335、宽218厘米，墓底距地面深190～480厘米，长380、宽230厘米。墓壁以片石砌成，墓底铺片石。在墓室中部和近东壁处，有两具人骨架的腐烂的痕迹，头向15°，骨架之上，各发现数枚铜钱。2003WSM1经盗扰，出土器物有陶鼎、罐、瓮、鋬、魁、灯，釉陶壶，铜钱等，位于墓室近东西两壁偏南的部位（图一五一；图版一一，1）。

陶鼎　1件。2003WSM1：8，泥质灰陶。鼎身形制为子母口微敛，浅腹，尖底，兽蹄足内收，平折耳，鼎盖呈覆钵形，上饰三个盲纽，鼎盖及鼎身腹部饰凹弦纹。口径16.5、高13.6厘米（图一五二，1）。

陶罐　2件。2003WSM1：3，折肩罐。泥质灰陶。口微侈，尖唇，矮领，斜折肩，斜腹弧收，平底。肩腹转折处按压一周斜凹纹，下腹有刮棱。口径9.6、腹径14.5、底径8.5、高12厘米（图一五二，2）。2003WSM1：7，折肩罐。泥质灰陶。口微侈，尖唇，矮领，斜折肩，斜腹弧收，平底。肩腹转折处按压一周斜凹纹，下腹有刮棱。口径9.6厘米、腹径13.6、底径6.7、高14.4厘米（图一五二，3；图版五〇，1）。

陶瓮　1件。2003WSM1：6，泥质灰陶。翻沿呈三角形，敞口，尖唇，高领，斜折肩，斜腹下收，底内凹。肩部按压一周短斜凹纹带，腹及底部饰绳纹。口径15.2厘、腹径24、底径8.6、高22厘米（图一五二，4；图版五〇，2）。

陶碗　1件。2003WSM1：1，泥质灰陶。敞口，方唇，折弧腹，平底，圈足。器身饰凹旋纹。高6、底径15.2厘米（图一五二，5）。

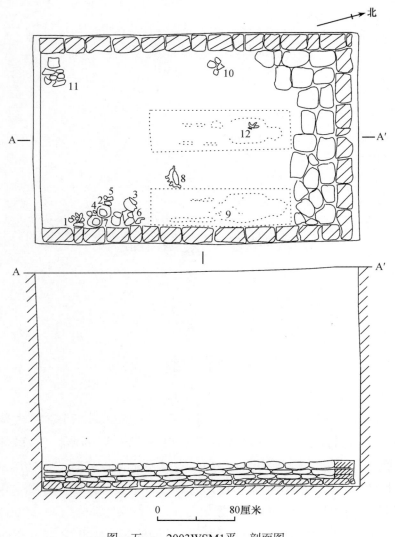

图一五一　2003WSM1平、剖面图

1. 陶碗　2. 陶魁　3、7. 陶罐　4. 陶鍪　5. 陶灯　6. 陶瓮　8. 陶鼎　9、12. 铜钱　10. 陶片　11. 釉陶壶

　　陶鍪　1件。2003WSM1：4，泥质灰陶。敞口，弧领，束颈，鼓腹，平底，腹部有对称双耳。饰数道弦纹。口径12.8、底径9.4、高13.6厘米（图一五二，6；图版五○，3）。

　　陶灯　1件。2003WSM1：5，泥质灰陶。灯盘呈浅盘状，敞口，方唇，浅腹，平底，圆筒状直把，喇叭状足。底盘有旋刮棱。口径8.8、底径9.6、高11.2厘米（图一五二，7）。

　　陶魁　1件。2003WSM1：2，泥质灰陶。圆唇，侈口，斜弧腹，底微凸，圆柱形短把。器身饰凹旋纹。口径15.3、高6厘米（图一五二，8）。

　　釉陶壶　1件。2003WSM1：11，圈足壶。泥质灰陶，通体施红釉。敞口，圆唇，长弧领，溜肩，鼓腹微折，矮圈足外撇。肩饰对称兽面铺首，领、肩、腹处饰数道凹弦纹，圈足有一道凸弦纹。口径14.4、腹径29.2、底径16、高28厘米（图一五二，9；图版五○，4）。

　　铜钱　2件。2003WSM1：9，20枚。"货泉"，右读钱文。直径2.3厘米（图一五二，10）。2003WSM1：12，7枚，"大泉五十"。直径2.7厘米（图一五二，11）。

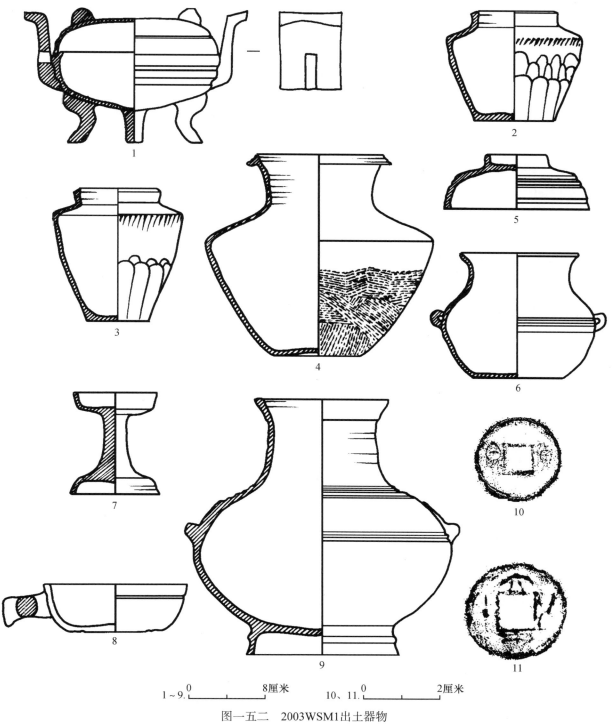

图一五二 2003WSM1出土器物

1.陶鼎（2003WSM1：8） 2、3.陶罐（2003WSM1：3、2003WSM1：7） 4.陶瓮（2003WSM1：6） 5.陶碗（2003WSM1：1）

6.陶鍪（2003WSM1：4） 7.陶灯（2003WSM1：5） 8.陶魁（2003WSM1：2） 9.釉陶壶（2003WSM1：11）

10、11.铜钱（2003WSM1：9、2003WSM1：12）

二、土坑竖穴墓

　　共7座，均为长方形土坑竖穴墓。

　　2003WSM2　长方形土坑竖穴墓，方向286°，位于2003WS Ⅰ区T3东部、T4西部。开口于第2层下，打破生土。由单墓室组成，墓内填土为灰褐色土，墓室平面呈长方形，墓口距地面深 60～120厘米，长300、宽180厘米，墓底距地面深150～180厘米，长280、宽160厘米，墓坑深60～90厘米。东南角有一个一直打到墓底的盗洞。墓室中部有一具人骨架的痕迹，头向286°。人骨痕迹北侧出土器物有陶壶、盂、甗、钵、灶、灯，铁鍪等（图一五三）。

　　铁鍪　1件。2003WSM2：13，锈蚀。侈口，弧领，折肩，腹部微鼓，圜底近平。腹部有对称的一大一小绳索状环耳。肩腹之间有一周凸弦纹。口径12.8、高13.6厘米（图一五四，1）。

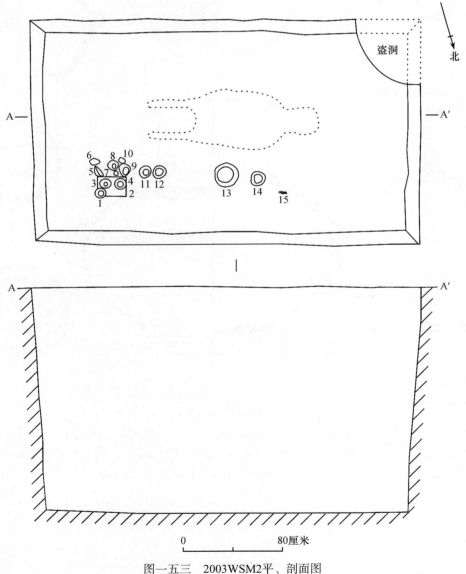

图一五三　2003WSM2平、剖面图

1、3、7、9.陶盂　2.陶灶　4、5.陶甗　6、8.陶壶　10.陶器盖　11.陶器座　12、14.陶钵　13.铁鍪　15.铜钱

陶壶 2件。2003WSM2：6，泥质灰陶。直口微外侈，平折沿略下垂，方唇，高领，斜折肩，折腹弧收，平底。素面，下腹有刮棱。口径5.6、腹径8.7、底径4.7、高8.1厘米（图一五四，2）。2003WSM2：8，泥质灰陶。直口微外侈，平沿外伸，方唇，高领，斜折肩，折腹弧收，平底。素面。下腹有刮棱。口径4、腹径7.2、高5.2厘米（图一五四，3）。

陶盂 4件。2003WSM2：1，泥质灰陶。口微敛，方唇，矮弧领，斜折肩，折腹弧收，平底。肩腹转折处按压一周斜凹纹，下腹有刮棱。口径5.6、腹径10、高5.2厘米（图一五四，4）。2003WSM2：3，泥质灰陶。口微敛，方唇，矮弧领，斜折肩，折腹弧收，平底。肩

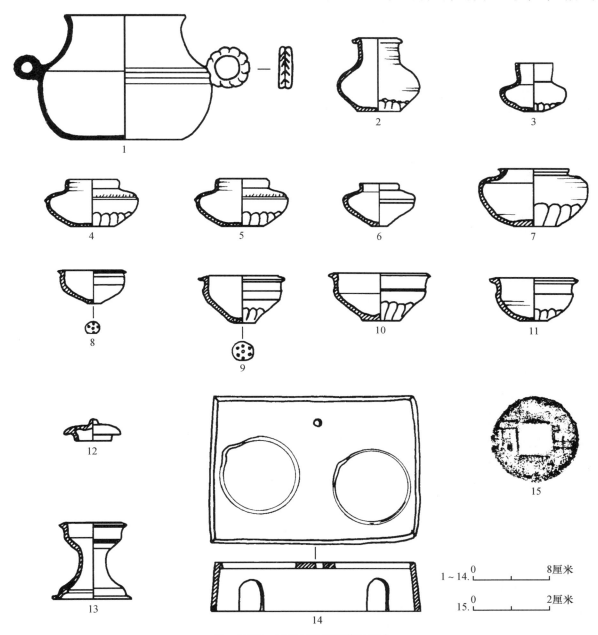

图一五四 2003WSM2随葬品组合

1. 铁錾（2003WSM2：13） 2、3. 陶壶（2003WSM2：6、2003WSM2：8） 4～7. 陶盂（2003WSM2：1、2003WSM2：3、2003WSM2：7、2003WSM2：9） 8、9. 陶甑（2003WSM2：4、2003WSM2：5） 10、11. 陶钵（2003WSM2：12、2003WSM2：14） 12. 陶器盖（2003WSM2：10） 13. 陶器座（2003WSM2：11） 14. 陶灶（2003WSM2：2） 15. 铜钱（2003WSM2：15）

腹转折处按压一周斜凹纹，下腹有刮棱。口径6.4、腹径10.1、高5.6厘米（图一五四，5）。2003WSM2：7，泥质灰陶。口微侈，圆唇，矮弧领，斜折肩，折腹弧收，平底。肩腹转折处有二周凹纹。口径4、腹径7.8、底径1.8、高 4.8厘米（图一五四，6）。2003WSM2：9，泥质灰陶。敛口，卷沿中间有一道凹槽，短颈，圆肩，折腹弧收，平底。肩、腹处有较浅的凹弦纹，下腹有刮棱。口径7.2、腹径11.8、底径4.7、高6.4厘米（图一五四，7）。

陶甑　2件。2003WSM2：4，泥质灰陶。口微敛，尖唇折沿，折腹弧收，平底，底有五个算孔。腹部有两周弦纹。口径7.1、底径1.7、高4厘米（图一五四，8）。2003WSM2：5，泥质灰陶。口微敛，尖唇折沿，折腹斜收，下腹有削棱，平底，底有七算孔。腹部有两周弦纹。口径7.1、底径2.3、高5.2厘米（图一五四，9）。

陶钵　2件。2003WSM2：12，泥质灰陶。敛口，平折沿略下垂，尖唇，折腹弧收，腹部外侧有一周折棱，平底，下腹有刮棱。口径11.2、底径4、高5.2厘米（图一五四，10）。2003WSM2：14，泥质灰陶。敛口，平折沿略下垂，尖唇，折腹弧收，腹部外侧有一周折棱，平底。下腹有刮棱。口径9.6、高4.8厘米（图一五四，11）。

陶器盖　1件。2003WSM2：10，泥质灰陶。覆圆盘形，子母口，纽状捉手。器盖出土时反面朝上，斜靠在罐上。直径4、通高 2.4厘米（图一五四，12）。

陶器座　1件。2003WSM2：11，泥质灰陶。敞口，平折沿略下垂，尖唇，腹较深，圈底，下腹外侧有一周折棱，圆筒状把，喇叭状足有平沿，底盘有旋刮棱。口径7.2、高8.4厘米（图一五四，13）。

陶灶　1件。2003WSM2：2，泥质灰陶。长方形，双弧形火门置于一长侧与灶眼相对，双灶眼正中后部有一烟囱。长22.2、宽16、高5.2厘米（图一五四，14）。出土时2003WSM2：1、2003WSM2：3、2003WSM2：4位于灶上，其中2003WSM2：3、2003WSM2：4位于灶眼中，2003WSM2：1位于2003WSM2：3北边。2003WSM2：5斜靠在灶上。

铜钱　1件。2003WSM2：15，2枚。锈蚀，有郭，篆体阳文，"半两"右读钱文。直径2.3厘米（图一五四，15）。

2003WSM3　长方形土坑竖穴墓，方向135°，位于2003WSⅡ区T1西南部，开口于第1层下，打破生土。2003WSM3由单墓室组成，墓内填土为黄褐色土，墓室平面呈长方形，墓口距地面深60～100厘米，长336、宽198～206厘米，墓底距地面深330～360厘米，长328、宽192～200厘米。墓坑深380厘米。墓室内人骨无存，葬具、葬式不明。2003WSM3盗扰严重，仅出土数枚铜钱和一些陶器碎片（图一五五）。

铜钱　1件。2003WSM3：1，锈蚀，有郭，篆体阳文，"半两"右读钱文。直径2.2厘米（图一五六）。

2003WSM4　长方形土坑竖穴墓，方向47°，位于2003WSⅡ区T2，开口于第1层下，打破生土。由单墓室组成，墓内填土为灰褐色土，墓室平面呈长方形，墓口距地面深60～110厘米，长400、宽300厘米，墓底距地面深420～490厘米，长350、宽260厘米。墓坑深360～380厘米。墓室南北两端留有宽10、高120厘米的生土二层台，墓室南端距墓底140厘米处有一个宽约90、高约90厘米的拱形壁龛。墓室中部有一具腐朽的人骨架痕迹，头向47°。随葬品主要出土于壁龛之中，有铁鍪、铁勺、陶灶以及兽骨等；墓室内器物发现较少，多位于人骨架上及附

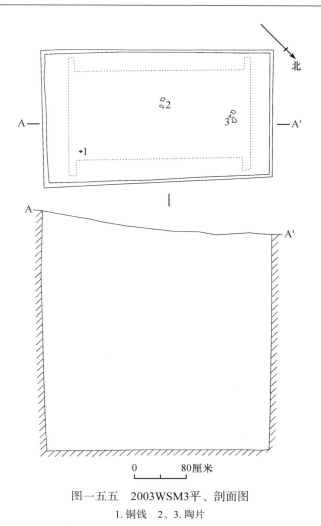

图一五五　2003WSM3平、剖面图
1.铜钱　2、3.陶片

图一五六　2003WSM出土铜钱
（2003WSM3：1）

近，有铜钱、箭镞、铜印等，此外在墓室西南角还发现一件陶钵（图一五七）。

铁鍪　1件。2003WSM4：1，锈蚀。侈口，弧领，折肩，腹部微鼓，圜底近平，腹部有对称的一绳索状环耳，肩腹之间有一周凸弦纹。口径13、高13.8厘米（图一五八，1）。

陶釜　1件。2003WSM4：6，置于M4：4灶上。泥质灰陶。圆唇，圆肩，鼓腹圜底，腹部有一对对称小鋬纽。腹部有一周凹旋纹。口径6.4、腹径10.8、高5.9厘米（图一五八，2）。

陶钵　1件。2003WSM4：7，泥质灰陶。直口微敛，平沿向外略下垂，尖唇，直腹折而弧收，平底。下腹有刮棱。口径10.4、底径3.8、高6厘米（图一五八，3）。

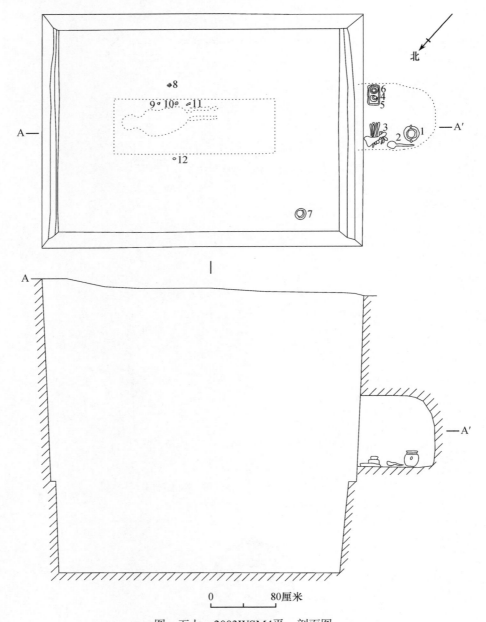

图一五七　2003WSM4平、剖面图

1. 铁鍪　2. 铁勺　3. 兽骨　4. 陶灶　5、7. 陶钵　6. 陶釜　8、10. 铜箭镞　9. 铜钱　11. 铜铃　12. 铜印

　　陶灶　1件。2003WSM4：4，泥质灰陶。灶上置釜、钵各一件。平面呈抹角长方形，双弧形火门置于一长侧，与灶眼相对。长24.8、宽18、高7.6厘米（图一五八，4）。

　　铜箭镞　1件。2003WSM4：10，3枚。尖前锋，长厚中脊，双翼宽大，翼刃锋锐，柱形长铤，铤尾和其中一翼残缺。残长4.4厘米（图一五八，5）。

　　铜钱　1件。2003WSM4：9，锈蚀，有郭，篆体阳文，"半两"右读钱文。直径2.3厘米（图一五八，6）。

　　2003WSM5　长方形土坑竖穴墓，方向53°，位于2003WSⅡ区T3东北部和T4东南部，开口于第1层下，打破生土。由单墓室组成，墓内填土为灰褐色土，墓室平面呈长方形，墓口长300、宽220厘米，墓底长270、宽200厘米，墓坑深355厘米。墓室南北两端留有生土二层台，

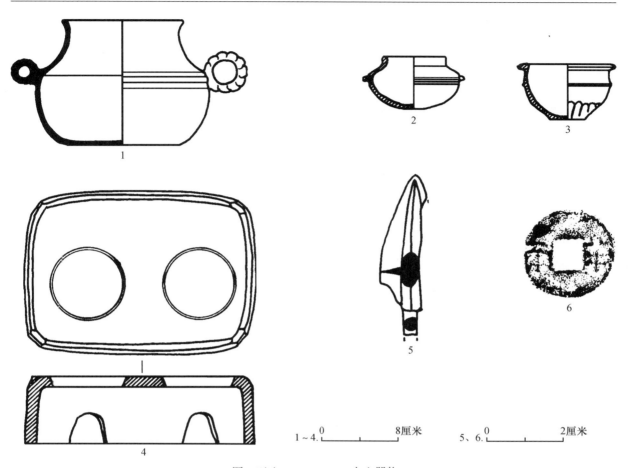

图一五八　2003WSM4出土器物

1. 铁鍪（2003WSM4：1）　2. 陶釜（2003WSM4：6）　3. 陶钵（2003WSM4：7）　4. 陶灶（2003WSM4：4）

5. 铜箭镞（2003WSM4：10）　6. 铜钱（2003WSM4：9）

墓室南端距墓底140厘米处有一个拱形壁龛。墓室中部有一具腐朽的人骨架痕迹，头向53°。盗扰严重，仅在墓室出土两件残陶器，壁龛内没有发现随葬品（图一五九）。

陶釜　1件。2003WSM5：1，泥质灰陶。口部已残，圆肩，鼓腹圜底，腹部有一对对称小鋬纽和一周凹旋纹。残高4.8厘米（图一六〇）。

2003WSM6　长方形土坑竖穴墓，方向48°，位于2003WSⅡ区T6，开口于第1层下，打破生土。由单墓室组成，墓内填土为灰褐色土，墓室平面呈长方形，墓口距地面深110～160厘米，长300、宽220厘米，墓底距地面深330～388厘米，长306、宽192厘米，墓坑深140～158厘米。墓室中部有一具腐朽的人骨架痕迹，在人骨架头部，有铜镜一件。随葬品主要位于人骨架北侧，以陶器为主，器类有陶鼎、罐、壶、釜、灶、甑等（图一六一）。

铜镜　1件。2003WSM6：1，日光昭明镜。重圈文，镜内圈铭文："见日之光，长（勿相忘）。"外圈铭文："内清质以昭明，光辉象夫兮日月，心忽夫愿忠，然雍塞夫不泄。"圆纽及纽座，宽素缘。直径11.5、缘厚0.3、内厚0.2厘米（图一六二，1）。

陶鼎　1件。2003WSM6：6，泥质灰陶。鼎身呈敛口钵状，子母口，浅弧腹斜收，平底，兽蹄足外撇。平折耳，鼎盖覆钵形，上饰三个盲纽。口径15.1、高18厘米（图一六二，2）。

陶罐　5件。（M6：7陶罐未修复，无资料）2003WSM6：2，扁腹罐。泥质灰陶。敛口，

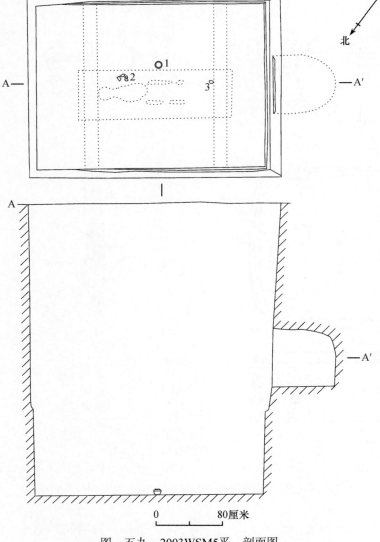

图一五九　2003WSM5平、剖面图

1、2.陶釜　3.陶片

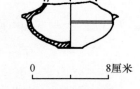

图一六〇　2003WSM5出土陶釜

（2003WSM5：1）

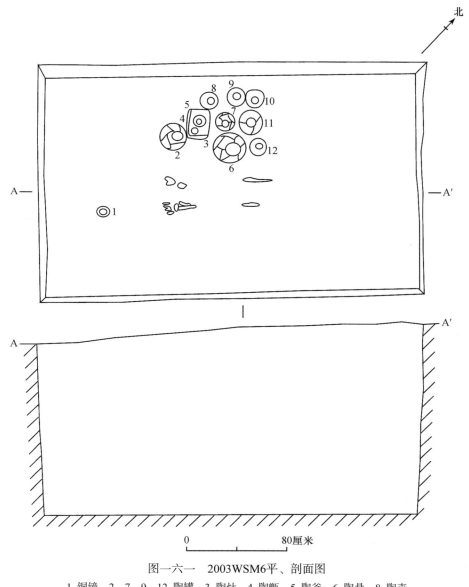

图一六一 2003WSM6平、剖面图
1.铜镜 2、7、9～12.陶罐 3.陶灶 4.陶甑 5.陶釜 6.陶鼎 8.陶壶

卷沿圆唇，矮弧领，斜肩，折腹弧收，平底。肩腹转折处有一周弦纹，下腹有削棱。口径11.2、腹径16、底径11.2、高10厘米（图一六二，3）。2003WSM6：9，扁腹罐。泥质灰陶。敛口，圆唇，口沿外侧有一周凹槽，圆肩，斜直腹，平底。下腹部有刮棱。口径11.2、腹径16.3、底径10.4、高9.6厘米（图一六二，4；图版五一，1）。2003WSM6：10，扁腹罐，敛口，圆唇，口沿外侧有一周凹槽，圆肩，斜直腹，平底。下腹部有刮棱，肩、腹部各有一周有抹断绳纹。口径10.4、腹径15、底径10、高11.2厘米（图一六二，5）。2003WSM6：11，扁腹罐。泥质灰陶。敛口，卷沿圆唇，矮弧领，斜肩，折腹弧收，平底。肩、腹部各有一周有抹断绳纹。口径11.2、腹径18.1、底径13、高13.2厘米（图一六二，6）。2003WSM6：12，扁腹罐。敛口，圆唇，口沿外侧有一周凹槽，圆肩，斜直腹，平底。口径12.8、腹径18.2、底径12.4、高10厘米（图一六二，7；图版五一，2）。

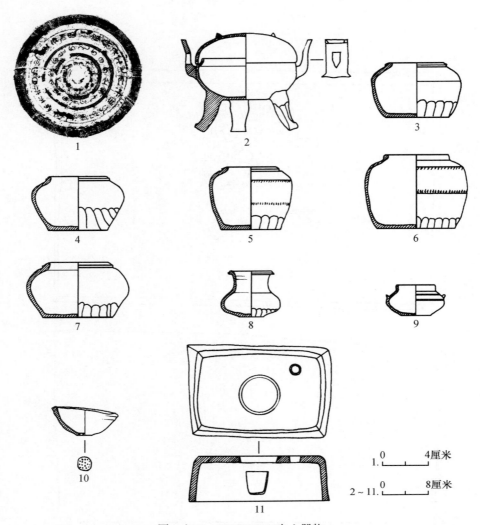

图一六二　2003WSM6出土器物

1. 铜镜（2003WSM6：1）　2. 陶鼎（2003WSM6：6）　3～7. 陶罐（2003WSM6：2、2003WSM6：9、2003WSM6：10、2003WSM6：11、2003WSM6：12）　8. 陶壶（2003WSM6：8）　9. 陶釜（2003WSM6：5）　10. 陶甑（2003WSM6：4）　11. 陶灶（2003WSM6：3）

　　陶壶　1件。2003WSM6：8，泥质灰陶。侈口，卷沿尖唇，沿面有一道凹旋纹，小高领，鼓腹，平底。口径8、腹径10.6、底径4.4、高8.4厘米（图一六二，8；图版五一，3）。

　　陶釜　1件。2003WSM6：5，泥质灰陶。直口微敛，圆唇，矮领，圆肩，圆腹弧收，平底。腹部有一对对称小錾纽，腹部有一周凹弦纹。口径7.2、腹径10.5、高5.6厘米（图一六二，9）。

　　陶甑　1件。2003WSM6：4，泥质灰陶。敞口，口沿斜直，弧腹斜收，平底，底有16个箅孔。口沿外侧有一周凸棱，腹部有刮棱。口径10.4、高5.2厘米（图一六二，10）。

　　陶灶　1件。2003WSM6：3，灶上置釜甑一套。泥质灰陶。平面呈抹角长方形，单弧形火门置于一长侧中央，与灶眼相对，灶眼右后部有一烟囱孔。长25.1、宽16、高8.6厘米（图一六二，11；图版五一，4）。

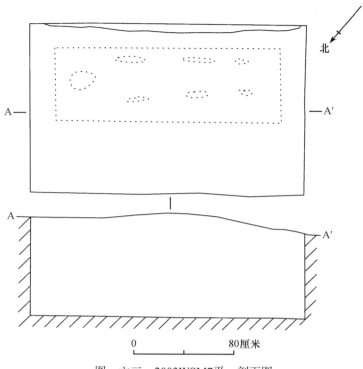

图一六三　2003WSM7平、剖面图

2003WSM7　长方形土坑竖穴墓，方向51°，位于2003WSⅡ区T7东部，开口于第1层下，打破生土。2003WSM7由单墓室组成，墓内填土为灰褐色土，墓室平面呈长方形，墓口长220、宽134～140厘米，墓底长220、宽140厘米，墓坑深90～96厘米。墓室中部有一具腐朽的人骨架痕迹，头向51°。该墓保存较好，未遭到过盗扰，但未发现随葬品（图一六三）。

2003WSM8　长方形土坑竖穴墓，方向58°，位于2003WSⅡ区T6西南部和T5西北部，开口于第1层下，打破生土。2003WSM8由单墓室组成，墓内填土为灰褐色土，墓室平面呈长方形，墓口长240～250、宽180厘米，墓底长230、宽156～164厘米，墓坑深220～240厘米。墓室中部有一具腐朽的人骨架痕迹，头向58°，在人骨架的附近有铜钱、铜环等。该墓保存较好，未遭到过盗扰，随葬品位于人骨架南侧，以陶器为主，器类有陶罐、壶、釜、甑、钵等（图一六四）。

陶罐　1件（M8：8陶罐未修复，无资料）。2003WSM8：5，扁腹罐。泥质灰陶。敛口，卷沿，尖唇，矮弧领，肩腹弧折，鼓腹斜收，平底。口径7.2、腹径12.1、底径4.8、高8厘米（图一六五，1）。

陶瓮　1件。2003WSM8：12，泥质灰陶。侈口，卷沿尖唇，矮领束颈，鼓腹弧收，凹圜底。肩腹有一对对称的双耳，颈部饰弦两周凹旋纹，腹部饰间断绳纹。口径16.8、腹径26.7、底径12.1、高24.8厘米（图一六五，2）。

陶壶　1件。2003WSM8：4，泥质灰陶。侈口，折沿尖唇，小高领，鼓腹弧收，平底。下腹有刮棱。口径5.6、腹径8.8、底径2.8、高8.4厘米（图一六五，3）。

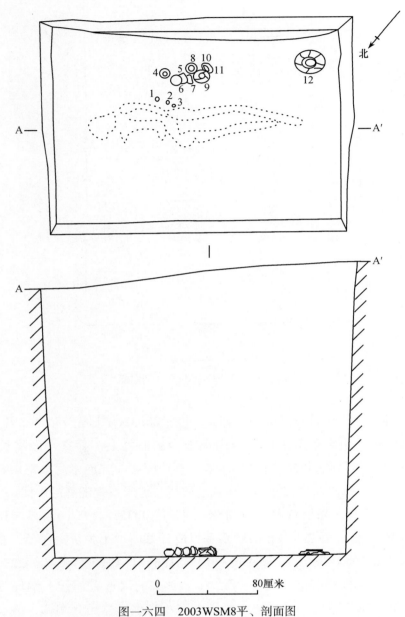

图一六四　2003WSM8平、剖面图

1.铜钱　2.铜环　3.铜印　4.陶壶　5、8.陶罐　6.陶甑　7、9.陶钵　10、11.陶釜　12.陶瓮

　　陶釜　2件。2003WSM8：10，泥质灰陶。敛口，圆唇，矮直领，折腹弧收，平底。腹部有一对对称的小鋬纽，下腹部有刮棱。口径6.4、底径3.2、腹径10.7、高6.8厘米（图一六五，4）。2003WSM8：11，泥质灰陶。敛口，圆唇，矮领，弧腹，平底，腹部有一对对称的小鋬纽，下腹部有刮棱。口径4.8、腹径11.3、底径1.5、高6.8厘米（图一六五，5）。

　　陶甑　1件。2003WSM8：6，泥质灰陶。直口微侈，卷沿，尖唇，弧腹斜收，平底，底有五个长三角形箅孔。腹部有一道抹断绳纹。泥质灰陶。口径10、底径3.2、高6.4厘米（图一六五，6）。

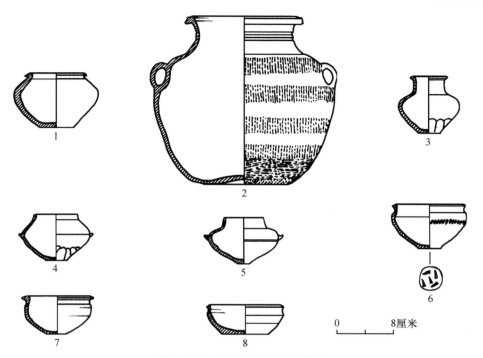

图一六五　2003WSM8出土陶器

1.罐（2003WSM8：5）　2.瓮（2003WSM8：12）　3.壶（2003WSM8：4）　4、5.釜（2003WSM8：10、2003WSM8：11）

6.甑（2003WSM8：6）　7、8.钵（2003WSM8：7、2003WSM8：9）

陶钵　2件。2003WSM8：7，泥质灰陶。敛口，卷沿，尖唇，腹部微鼓，下腹斜收，平底。口径10.4、高 5.6厘米（图一六五，7）。2003WSM8：9，泥质灰陶。敛口，卷沿，尖唇，腹部微鼓，下腹斜收，平底。口径10、底径6.4、高4.4厘米（图一六五，8）。

第六章 2004WS发掘区

第一节 工作情况

  2004年9~12月，宜昌博物馆受重庆市文化局三峡办委托继续对神女庙遗址进行考古勘探发掘，完成勘探面积15000平方米，发掘面积4000平方米。神女庙遗址紧挨江东嘴墓地，两者墓葬的文化内涵又较一致，故将此次发掘的神女庙遗址的墓葬部分归入江东嘴墓地。

  巫山神女庙遗址位于长江与大宁河交汇口东南岸的台地上，西北距巫山县治所在地巫峡镇约1000米，其中心地理坐标为东经109°53′40″，北纬31°04′15″，高程135~175米。遗址主要分布在沿长江和大宁河两侧的斜坡地上，根据勘探发现，神女庙遗址由于江水冲刷、农田改造等原因，遗址部分已损失殆尽，而墓葬的分布却较密集，经请示重庆市文化局三峡办，此次工作以墓葬发掘为主。

  2004年度神女庙遗址的第二次发掘，主要集中于长江沿线，发掘区域位于整个墓地的南部和东南部，根据第一次发掘分区及地形情况分2004WSⅢ、Ⅳ两区进行，Ⅲ区位于小和尚包的东南部，Ⅳ区位于大和尚包南部。其中2004WSⅢ区共布5米×5米探方31个，为正南北向，探方编号为2004WSⅢT1~2004WSⅢT31（图一六六）；2004WSⅣ区共布5米×5米探方121个，为正南北向，探方编号为2004WSⅢT0101~2004WSⅢT0108、2004WSⅢT0122~2004WSⅢT0129、2004WSⅢT0201~2004WSⅢT0230、2004WSⅢT0301~2004WSⅢT0329、2004WSⅢT0403~2004WSⅢT0428、2004WSⅢT0509~2004WSⅢT0528（图一六七；图版二，2）。此次发掘墓葬总计30座，由于属于连续发掘项目，故本年度所发掘墓葬的编号按照2003WS发掘区的顺序统一接续编排，编号为2004WSM9~2004WSM38，由于历年生产、生活以及盗墓等活动的破坏，大部分墓葬都遭到了不同程度的扰乱。

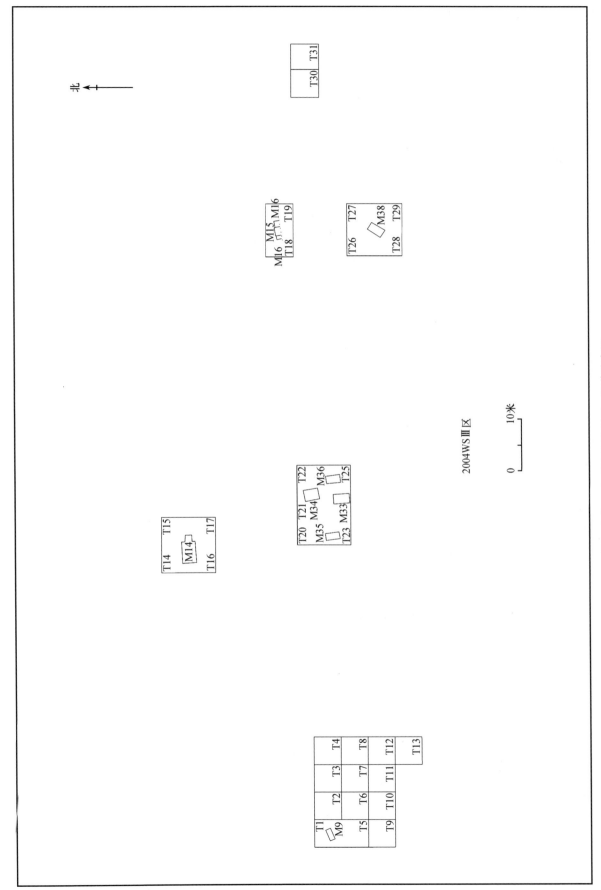

图一六六　2004WSⅢ区探方、墓葬分布图

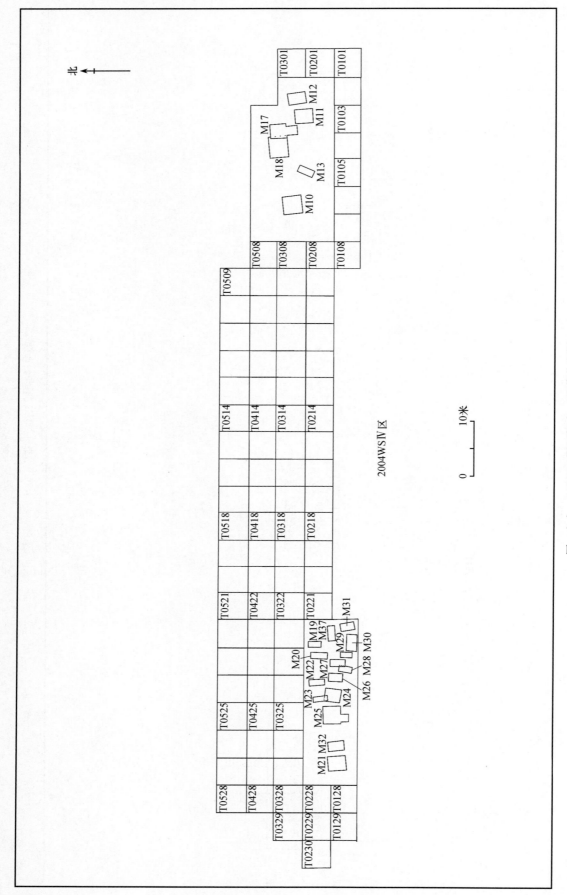

图一六七　2004WSⅣ区探方、墓葬分布图

第二节　文化堆积与层位

江东嘴墓地经多年的改土造田，破坏严重，两个发掘区域的文化层堆积也不相同。

以2004WSⅢT1西壁地层堆积情况为例（图一六八）。

第1层：耕土层。自北向南倾斜着分布于全方。厚10~25厘米。土质疏松，土色呈灰黑色，未见包含物。2004WSM9开口于本层下。

第2层：灰黑色土层。自北向南倾斜着分布方内大部分位置。厚0~20、深15~50厘米。土质疏松，包含少量青花瓷片。

第2层下即为生土。

以2004WSⅣT0124北壁为例地层堆积情况（图一六九）。

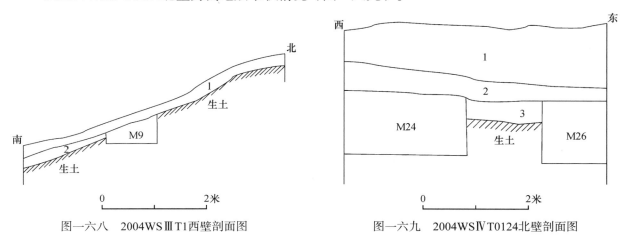

图一六八　2004WSⅢT1西壁剖面图　　　　　　　图一六九　2004WSⅣT0124北壁剖面图

第1层：灰黑色土层。厚60~110厘米。土质较为疏松，自北向南倾斜分布。

第2层：灰褐色土层。厚25~55、深60~135厘米。夹杂小石块，土质较硬，自北向南倾斜分布，出土少量青花瓷片。此层下开口的墓葬有2004WSM24、2004WSM26。

第3层：黄褐色土层。厚15~20、深135~155厘米。土质较硬，出土极少量夹砂灰陶和泥质红褐陶。

第3层下为生土。

为全面反映该发掘区域的文化堆积情况，将发掘探方的层位关系分布介绍如下（"—"代表叠压关系，"→"代表打破关系）。

ⅢT1：①—M9→生土

ⅢT14：①—②—M14→生土

ⅢT18、T19：①—②—M15→M16→生土

ⅢT21：①—②—M34→生土

ⅢT23：①—②—M35→生土

ⅢT24：①—②—M33→生土

ⅢT25：①—②—M36→生土

ⅢT28：①—②—M38→生土

ⅣT0302：①—②—M12→生土

ⅣT0303：①—②—M11→生土

ⅣT0304：①—②—M17→M18→生土

ⅣT0306、T0307：①—②—M10→生土

ⅣT0205：①—②—M13→生土

ⅣT0122：①—②—M31→生土

ⅣT0306：①—②—M30→生土

ⅣT0122：①—②—M31→生土

ⅣT0222：①—②—M37→生土

ⅣT0222：①—②—M19→生土

ⅣT0123：①—②—M27→M28→生土

ⅣT0123：①—②—M29→生土

ⅣT0223：①—②—M20→生土

ⅣT0124：①—②—M26→生土

ⅣT0224：①—②—M22→生土

ⅣT0224：①—②—M23→M24→生土

ⅣT0225：①—②—M25→生土

ⅣT0126：①—②—M32→生土

ⅣT0127：①—②—M21→生土

第三节　墓葬概述

墓葬分为土坑竖穴墓、土坑洞室墓，共30座。

一、土坑竖穴墓

共26座，按有无墓道分为无墓道的土坑竖穴墓和有墓道的土坑竖穴墓。

（一）土坑竖穴墓（无墓道）

共23座，有单室墓、双室墓，均为长方形或近方形。

2004WSM9　土坑竖穴墓，平面为长方形，方向245°，位于2004WSⅢ区T1西部，开口于第1层下，打破生土。2004WSM9墓室上部已毁，墓内填土为黑色土，墓室平面呈长方形，现存墓口距地面深20厘米，长220、宽80～90厘米，墓底距地面深50厘米，长220、宽80～90厘

米。墓坑深70厘米。墓室中部有一具人骨架，头向245°，面向上，葬式为仰身直肢葬，葬具不明，2004WSM9扰乱严重，无出土器物（图一七〇）。

　　2004WSM10　土坑竖穴墓，平面近方形，方向355°，位于2004WSⅣ区T0306和T0307的北部，开口于第2层下，打破生土。2004WSM10墓室上部已毁，墓内填土为棕黄相间，现存墓口距地面深60厘米，长340、宽330厘米，墓底长340、宽330厘米，墓坑深370厘米。墓底四周有高约80厘米的熟土二层台，北部的二层台宽约60、东部宽50、南部宽约50、西部宽约34厘米。二层台内侧有若干半圆形的小洞，且有朽木的痕迹，由此推测应先竖立一排圆木，后用不等宽的木板横靠在原木上，形成挡板，在挡板与墓壁之间填入填土形成熟土二层台，二层台土色棕黄相间，土质干硬。墓底可见木椁残存的朽灰痕迹，椁室四壁紧贴二层台，南北长230、东西宽246厘米。椁内东部有两片长方形棺痕，大致呈南北向并列，东侧的长188、宽48厘米，西侧的长190、宽58厘米，棺痕上还有腐朽的人骨痕迹。椁内西部另有一片腐朽的人骨痕迹，推测该处可能另有一棺，应当为一椁三棺，人骨已朽，葬式不明。随葬器物大多集中在椁室中部，出土有陶罐、瓮、壶、盂、甑、钵、灶、仓，铜钱等（图一七一；图版九，2；图版一一，2）。

　　陶罐　9件。2004WSM10：1，折肩罐。泥质灰陶。轮制。敛口，卷沿圆唇，溜肩，斜腹弧收，平底。肩腹部有一道凹弦纹和刻划纹，腹部中间和下腹部各有一道刻划纹。口径8.4、腹径13.7、底径10.4、高12.2厘米（图一七二，1；图版五二，1）。2004WSM10：16，折肩罐。泥质灰陶。轮制。敛口，方唇，矮沿，溜肩，鼓腹，平底。肩部及下腹部饰刻划条纹。口径9.2、腹径12.7、底径9、高9.2厘米（图一七二，2）。2004WSM10：19，折肩罐。泥质灰陶。轮制。敛口，方唇，矮沿，溜肩，鼓腹，平底。肩部及下腹部饰刻划条纹。口径9.4、腹径14.5、底径9、高9.7厘米（图一七二，3）。2004WSM10：2，扁腹罐。泥质灰陶。轮制。敛口，圆唇，宽肩，扁折腹，平底。肩腹部饰有一道凹弦纹。口径6.7、腹径14.2、底径8.5、高5.8厘米（图一七二，4）。2004WSM10：5，泥质灰陶。轮制。侈口，厚圆唇，短颈，

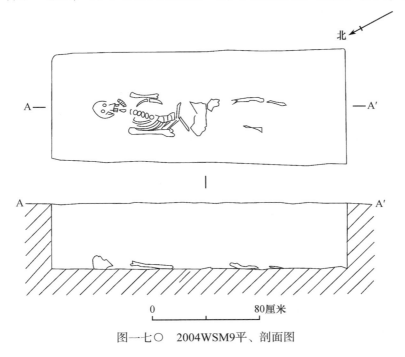

图一七〇　2004WSM9平、剖面图

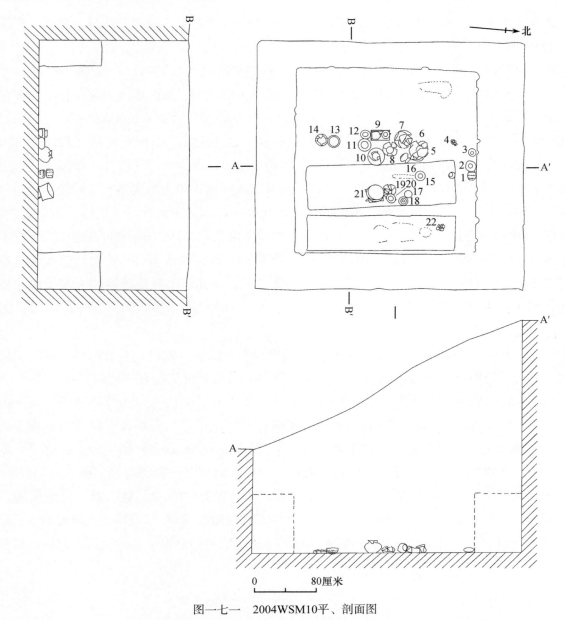

图一七一　2004WSM10平、剖面图

1、2、5、8、11、12、14、16、19.陶罐　3、7、18.陶壶　4、22.铜钱　6、21.陶仓　9.陶灶　10.陶瓮　13、15.陶钵

17.陶甑　20.陶盂

鼓腹，平底。肩部饰两道凹弦纹。口径10.7、腹径26.9、底径16.7、高18厘米（图一七二，5）。2004WSM10：8，扁腹罐。泥质灰陶。轮制。敛口，尖唇加厚，下腹斜收，平底。肩部饰刻划条带纹，腹部有刮削痕。口径8.5、腹径16.9、底径12、高9.4厘米（图一七二，6）。2004WSM10：11，扁腹罐。泥质灰陶。轮制。敛口，尖唇，下腹斜收，腹部有刮削痕。口径8.3、腹径15.7、底径10.1、高8.7厘米（图一七二，7）。2004WSM10：12，扁腹罐。泥质灰陶。轮制。敛口，方唇，溜肩，扁球腹，平底。口径6.9、腹径12.2、底径7.6、高5厘米（图一七二，8）。2004WSM10：14，泥质灰陶。轮制。敛口，圆唇，宽肩，鼓腹，平底。口径14.2、腹径17、底径8.2、高7.2厘米（图一七二，9）。

陶瓮　1件。2004WSM10：10，泥质灰陶。轮制。侈口，尖唇，三角缘，弧颈，宽折肩，

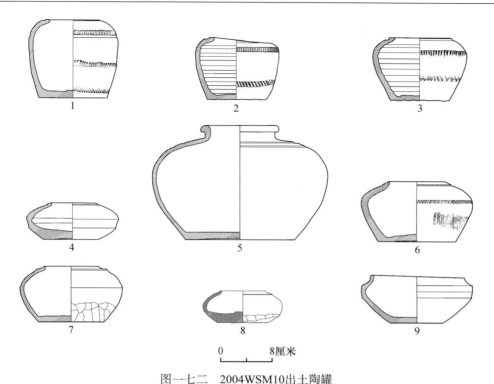

图一七二   2004WSM10出土陶罐

1. 2004WSM10：1   2. 2004WSM10：16   3. 2004WSM10：19   4. 2004WSM10：2   5. 2004WSM10：5   6. 2004WSM10：8
7. 2004WSM10：11   8. 2004WSM10：12   9. 2004WSM10：14

凹圜底。下腹部饰有刮削痕。口径10.2、腹径19.8、底径7.6、高18.2厘米（图一七三，1；图版
五二，2）。

陶壶   3件。2004WSM10：3，泥质灰陶。轮制。口微侈，方唇，斜直颈，溜肩，扁腹，
平底。肩部饰有一道斜长条形刻划纹。口径5.4、腹径10.2、底径7.3、高6.1厘米（图一七三，
2；图版五二，3）。2004WSM10：18，泥质灰陶。轮制。侈口，圆唇，斜肩，扁腹，平底。
肩部饰一道刻划条纹。口径3.9、腹径9、高5.8厘米（图一七三，3）。2004WSM10：7，圈足
壶。泥质灰陶。轮制。盘口，方唇，束颈，宽肩，扁腹，圈足平底。肩部饰数道弦纹，腹中部
有对称小环耳。口径9.3、腹径17.7、底径10、高15.2厘米（图一七三，4）。

陶盂   1件。2004WSM10：20，泥质灰陶。轮制。直口微侈，方唇，短颈，溜肩，扁鼓
腹，平底。腹中部有对称小耳凸。口径6.5、腹径11.8、底径4.7、高5厘米（图一七三，5）。

陶甑   1件。2004WSM10：17，泥质灰褐陶。轮制。侈口，尖唇外翻，斜腹内收，平底。
素面。9个甑孔呈方形分布。口径8.4、底径3.5、高4厘米（图一七三，6）。

陶钵   2件。2004WSM10：13，泥质灰陶。轮制。侈口，方唇，斜腹，小平底近圜。腹部
饰刻划纹。口径16.3、高8厘米（图一七三，7）。2004WSM10：15，泥质灰褐陶。轮制。敞
口，厚圆唇，微出沿，曲腹不明显，平底。口径9、底径4.5、高3.6厘米（图一七三，8）。

陶灶   1件。2004WSM10：9-1，泥质褐陶。模制修整。素面。长方形，双弧形火门置
于一长侧与两釜眼相对，两个釜眼正中后部均有一个烟囱孔。长25.5、宽16、通高7.2厘米。
2004WSM10：9-2，釜。置于灶上，模型明器，形体较小。泥质灰陶。轮制。侈口，圆唇，微
卷沿，圆肩，底内凹，双耳。口径7.2、腹径11.6、底径6.3、高4.8厘米。2004WSM10：9-3，

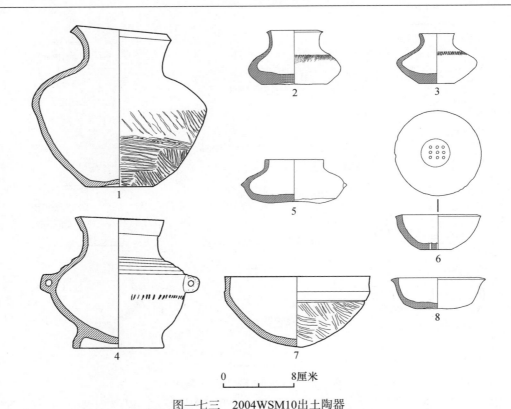

图一七三　2004WSM10出土陶器

1.瓮（2004WSM10：10）　2~4.壶（2004WSM10：3、2004WSM10：18、2004WSM10：7）　5.盂（2004WSM10：20）

6.甑（2004WSM10：17）　7、8.钵（2004WSM10：13、2004WSM10：15）

钵。置于灶上。泥质灰陶。轮制。侈口较敞，圆唇，斜腹，小平底。上腹饰一周凹弦纹。口径
11.2、高4.3厘米（图一七四，1；图版五二，4）。

　　陶仓　2件。2004WSM10：6，泥质灰陶。仿高栏建筑形。筒形，斜直壁，方形平底，壁
上部刻塑出仓门，盖作伞形，上有泥条交叉仿屋脊状，顶端有一纽，底有四柱足，仓腹中部
有一道刻划纹，仓腹下部饰有一座"梯子"形图案。长28、通高20.2厘米（图一七四，2）。
2004WSM10：21，泥质灰陶。仿高栏建筑形，筒形，斜直壁，方形平底，盖作覆盘形，底有
四柱足。仓腹中部有一道刻划纹，仓腹下部饰有一座"梯子"形图案和刻划条纹。长23.9、通
高20厘米（图一七四，3）。

　　铜钱　2件。2004WSM10：4，五铢钱，8枚。直径2.3厘米（图一七四，4）。2004WSM10：22，
五铢，8枚。直径2厘米（图一七四，5）。

　　2004WSM11　土坑竖穴双室墓，平面为长方形，方向348°，位于2004WSⅣ区T0203南
部，并延伸至T0303北部，开口于第2层下，打破生土。2004WSM11墓内填土为棕黄相间，墓
室平面呈长方形，墓口距地面深45厘米，长318、宽284厘米，有东西两个并列墓室。西室近长
方形，底部长294、宽124~155厘米；东室近长方形，底部较西室高50厘米，东室长296、宽
145~166厘米。西室南部和北部各有一道深约5厘米的凹槽，可能用于放置垫木，墓室西侧有
一片人骨痕迹，人骨已朽，葬式不明。出土器物有陶罐、瓮、壶、釜、甑、钵、灶，铜镜、铜
铃，铁环首刀等（图一七五）。

　　铜镜　2件。2004WSM11：1，圆形，鼻状桥形纽，周缘饰连弧纹，内区为矩形，内外

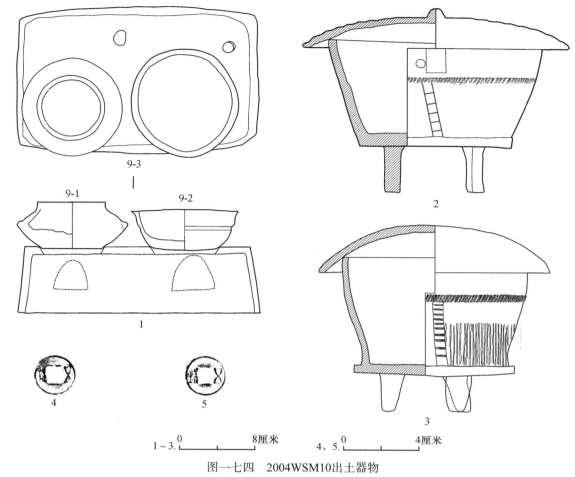

图一七四 2004WSM10出土器物

1. 陶灶（2004WSM10：9） 2、3. 陶仓（2004WSM10：6、2004WSM10：21） 4、5. 铜钱（2004WSM10：4、2004WSM10：22）

区间辅以乳钉纹和几何纹图案。直径11.4、厚0.19厘米（图一七六，1）。2004WSM11：14，圆形，鼻状桥形纽，周缘饰连弧纹，内区为矩形，内外区间辅以乳钉纹和几何纹图案。直径11.43、厚0.19厘米（图一七六，2）。

陶罐 2件。2004WSM11：9，折肩罐。泥质灰陶。轮制。敛口，方唇，折肩，鼓腹，平底。肩部位饰条形刻划纹，下腹部饰三角形刻划纹。口径7.4、腹径12.1、底径5.5、高9.2厘米（图一七六，3；图版五三，2）。2004WSM11：18，扁腹罐。泥质灰陶。轮制。敛口，尖唇，溜肩，下腹斜收，平底。肩部和腹部均饰有刻划条带纹和一道凹弦纹。口径7.2、腹径13.6、底径10.3、高9.5厘米（图一七六，4；图版五三，1）。

陶瓮 4件。2004WSM11：5，泥质灰陶。轮制。侈口，尖唇，三角缘，弧颈，宽折肩，凹圜底。下腹部饰网格纹。口径11、腹径20.9、底径8.1、高19.6厘米（图一七六，5）。2004WSM11：6，泥质灰陶。轮制。侈口，尖唇，三角缘，弧颈，宽折肩，凹圜底。腹中部饰一道条形刻划纹，下腹部饰交错刻划纹。口径10.3、腹径18.3、底径8.7、高15.7厘米（图一七六，6；图版五三，3）。2004WSM11：12，泥质灰陶。轮制。侈口，尖唇，三角缘，弧颈，宽折肩，凹圜底。下腹部饰网格纹。口径11.2、腹径20.3、底径8、高19厘米（图一七六，7）。2004WSM11：13，泥质灰陶。轮制。侈口，尖唇，三角缘，弧颈，宽折肩，凹圜底。肩部饰一道条形刻划纹，下腹部饰交错刻划纹。口径13.5、腹径26.9、底径9.3、高21.7厘米（图

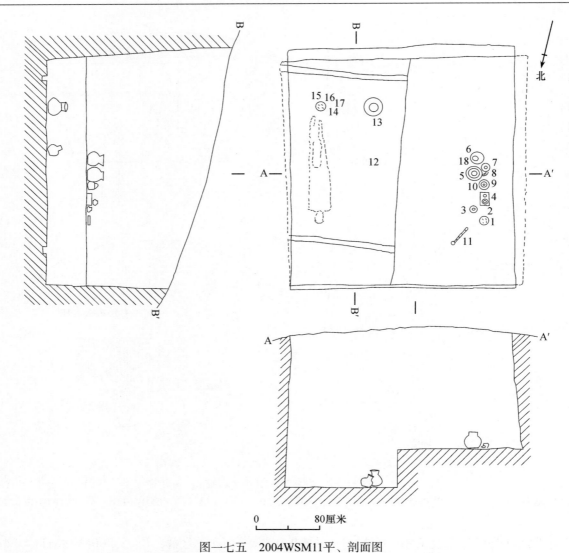

图一七五　2004WSM11平、剖面图

1、14. 铜镜　2. 陶灶　3、8. 陶壶　4. 陶釜　5、6、12、13. 陶瓮　7. 陶钵　9、18. 陶罐　10. 陶甑　11. 铁环首刀
15、16. 铜构件　17. 铜铃

一七六，8）。

陶壶　2件。2004WSM11：3，泥质灰陶。轮制。口微侈，方唇，曲颈，溜肩，鼓腹，平底。口径4.3、腹径8.3、底径3.4、高6.3厘米（图一七七，1）。2004WSM11：8，泥质灰陶。轮制。口微侈，方唇，曲颈，溜肩，鼓腹，平底。口径4.2、腹径6.8、底径2.5、高6.2厘米（图一七七，2）。

陶釜　1件。2004WSM11：4，泥质灰陶。轮制。直口微侈，方唇，短颈，溜肩，扁鼓腹，平底。腹中部有对称小耳凸。口径5.5、腹径9.8、底径3.3、高4.7厘米（图一七七，3）。

陶甑　1件。2004WSM11：10，泥质灰陶。轮制。直口微侈，尖唇，平沿微卷，三角形缘，短颈，平底。5个甑孔呈不规则排列。口径8.2、底径4.3、高3.7厘米（图一七七，4）。

陶钵　1件。2004WSM11：7，泥质灰陶。轮制。侈口，方唇，斜腹，小平底近圜。腹部饰刻划纹。口径8.6、底径3.6、高4.2厘米（图一七七，5；图版五三，4）。

陶灶　1件。2004WSM11：2，泥质灰陶。模制修整。素面。长方形，双弧形火门

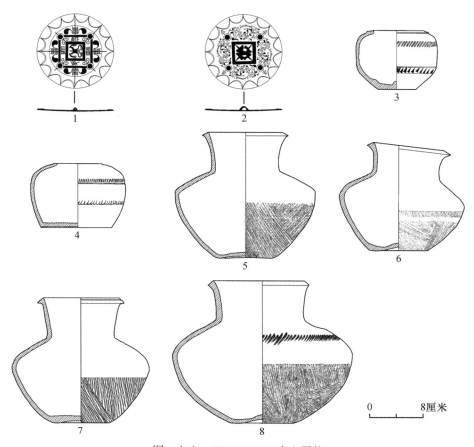

图一七六 2004WSM11出土器物

1、2. 铜镜（2004WSM11：1、2004WSM11：14） 3、4. 陶罐（2004WSM11：9、2004WSM11：18）

5~8. 陶瓮（2004WSM11：5、2004WSM11：6、2004WSM11：12、2004WSM11：13）

置于一长侧与釜眼相对，双釜眼正中后部有一烟囱孔。长17.6、宽10.2、高5.4厘米（图一七七，6）。

铜构件 2件。2004WSM11：15，长条形。残长6.6厘米（图一七七，7）。2004WSM11：16，长条形。残长6.1厘米（图一七七，8）。

铜铃 1件。2004WSM11：17，环状纽，截面呈梯形。上端宽1、下端宽1.1、高2.3厘米（图一七七，9）。

铁环首刀 1件。2004WSM11：11，铁质。残，锈蚀。长条形，弧刃，单面刃，残存小半环状柄部。残长21、宽1.3厘米（图一七七，10）。

2004WSM12 土坑竖穴墓，平面为长方形，方向356°，位于2004WSⅣ区T0302西南部，并延伸至T0303西隔梁以及T0202北隔梁下，开口于第2层下，打破生土。2004WSM12墓内填土为棕黄相间，墓口距地面深90厘米，长305、宽180厘米，墓底长240、宽109厘米，墓坑深220厘米。墓底四周有生土二层台，高约50厘米，北侧二层台宽25、南侧宽26、东侧宽31、西侧宽28厘米。墓底有椁痕，木椁可分为头箱和棺箱，头箱长100、宽38厘米，棺箱长188、宽90厘米。棺箱西侧有一具人骨，已腐朽，为仰身直肢葬。随葬器物放置在头箱中，因盗扰，仅存陶片（图一七八）。

2004WSM13 土坑竖穴墓，平面为长方形，方向22°，位于2004WSⅣ区T0305南部，并延

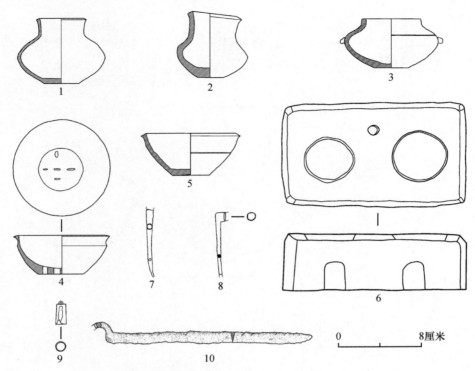

图一七七　2004WSM11出土器物

1、2. 陶壶（2004WSM11：3、2004WSM11：8）　3. 陶釜（2004WSM11：4）　4. 陶甑（2004WSM11：10）

5. 陶钵（2004WSM11：7）　6. 陶灶（2004WSM11：2）　7、8. 铜构件（2004WSM11：15、2004WSM11：16）

9. 铜铃（2004WSM11：17）　10. 铁环首刀（2004WSM11：11）

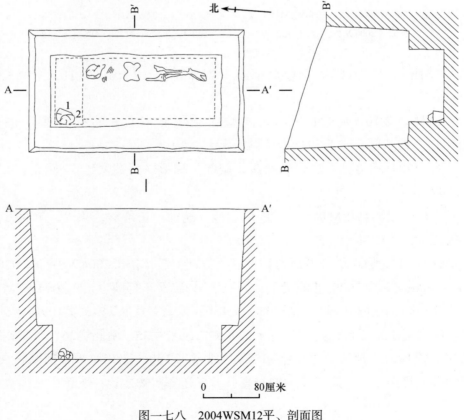

图一七八　2004WSM12平、剖面图

1、2. 陶片

伸至T0205北部，开口于第2层下，打破生土。2004WSM12墓内填土为棕黄相间，墓口距地面深120厘米，长294、宽125厘米，墓底长294、宽125厘米，墓坑深230厘米。墓室中部偏东有一最大径为106厘米的近方形盗洞，无出土器物（图一七九）。

2004WSM15　土坑竖穴墓，平面呈长方形，方向170°，位于2004WSⅢ区T18东部，开口于第2层下，打破2004WSM16，打破生土。2004WSM15墓室已残，墓内填土为棕黄相间，仅残存墓室后半部分，墓口残长100、宽100厘米，墓坑残深120厘米。2004WSM15人骨无存，葬具葬式不明，出土器物有陶釜、甑、钵、灶、器座等（图一八〇）。

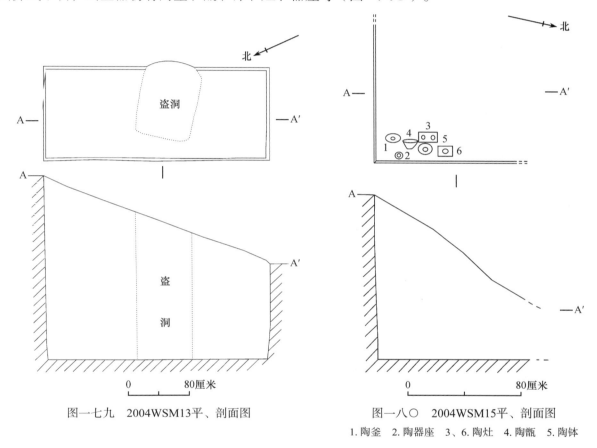

图一七九　2004WSM13平、剖面图　　　图一八〇　2004WSM15平、剖面图
1.陶釜　2.陶器座　3、6.陶灶　4.陶甑　5.陶钵

陶釜　1件。2004WSM15：1，泥质灰陶。轮制。直口微侈，方唇，短颈，溜肩，扁鼓腹，平底。腹中部有对称小耳凸和两道凹弦纹。口径5、腹径9.1、底径3、高4.8厘米（图一八一，1）。

陶甑　1件。2004WSM15：4，泥质灰陶。轮制。侈口，方唇，微束颈，弧腹，平底。6个甑孔呈环形分布。口径10.5、底径3、高4.8厘米（图一八一，2）。

陶钵　1件。2004WSM15：5，泥质灰陶。轮制。微侈口，尖方唇，弧腹，平底。素面。口径9.6、底径3.3、高4.7厘米（图一八一，3）。

陶器座　1件。2004WSM15：2，泥质灰陶。整体呈豆状，上下通透，侈口近直，厚方唇，折沿，亚腰，折腹，柄较直，矮喇叭口圈足。口径5、底径6.2、高5厘米（图一八一，4）。

灶　2件。2004WSM15：3，泥质灰陶。模制修整。素面。长方形，双圆形火门置于一

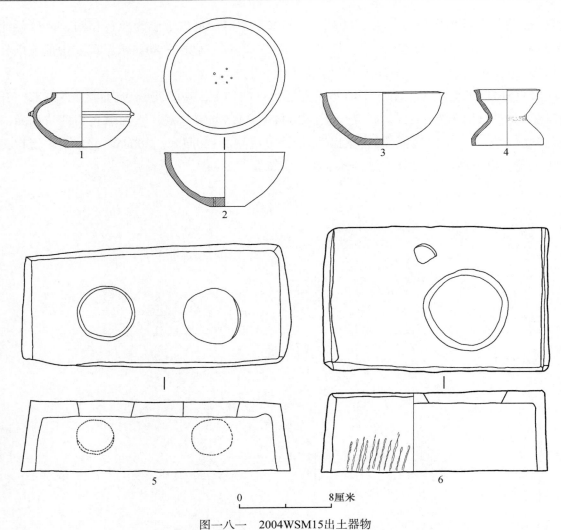

图一八一　2004WSM15出土器物

1. 陶釜（2004WSM15：1）　　2. 陶甑（2004WSM15：4）　　3. 陶钵（2004WSM15：5）　　4. 陶器座（2004WSM15：2）

5、6. 陶灶（2004WSM15：3、2004WSM15：6）

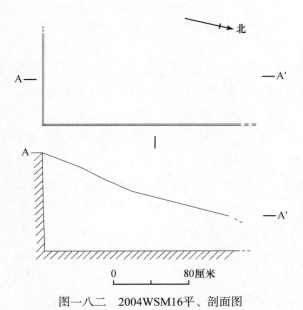

图一八二　2004WSM16平、剖面图

长侧与两釜眼相对。长23.2、宽11.2、高6.1厘米（图一八一，5）。2004WSM15：6，泥质灰陶。模制修整。素面。长方形，单釜眼后有一个烟囱孔，无火门，灶一长侧有刻划条纹。长19.7、宽13、高7厘米（图一八一，6）。

2004WSM16　土坑竖穴墓，平面为长方形，方向170°，位于2004WSⅢT18东部，T19西部，开口于第2层下，被2004WSM15打破，打破生土。2004WSM16墓室已残，仅残存墓室北部，墓内填土为棕黄相间，墓口残长210、宽60厘米，墓坑残深104厘米。2004WSM16人骨无存，葬具葬式不明，无出土器物（图一八二）。

2004WSM18　土坑竖穴墓，平面为长方形，方向84°，位于2004WSⅣ区T0304北部，延伸至T0404南部，开口于第1层下，被2004WSM17打破，打破生土。2004WSM18墓内填土为棕黄相间，墓口距地面深20厘米，长386、宽306厘米，墓底长366、宽306厘米，墓坑深280厘米。墓底有两道东西向的凹槽，长366、宽约10、深6厘米，可能用于放置棺椁下的垫木。墓室西南角有一长约120、宽约82厘米的近长方形盗洞。人骨无存，葬具葬式不明。2004WSM18虽经盗扰，但出土器物有陶鼎、罐、壶、釜、甗、钵，铜器座、铜钱，铁剑等（图一八三）。

陶鼎　1件。2004WSM18：4，带盖。泥质褐陶。素面。子母口，穹隆状顶盖，上饰三"鸟状"錾耳，圆腹，圜底，两立耳中空外撇，三柱足微外撇。口径18.8、最大腹径21.2、通高19厘米（图一八四，1）。

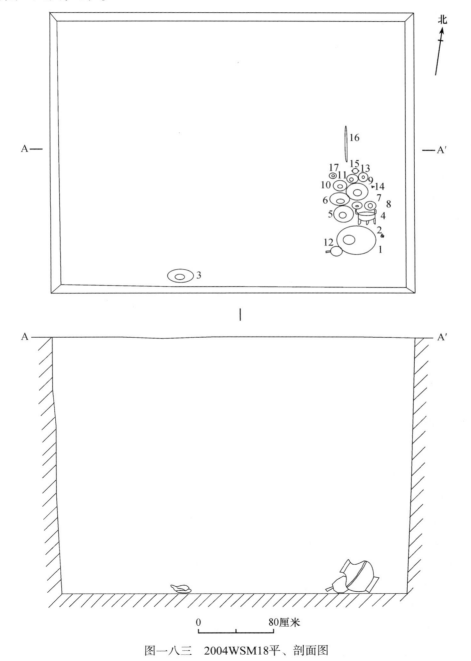

图一八三　2004WSM18平、剖面图

1、7、10. 陶壶　2、14. 铜钱　3. 铜器座　4. 陶鼎　5、6、9、11、13. 陶罐　8. 陶钵　15. 陶釜　16. 铁剑　17. 陶甗

陶罐　5件。2004WSM18：5，折肩罐。泥质灰陶。直口，方唇，矮沿，弧折肩，筒腹略鼓，平底。肩部与下腹部饰刻划纹。口径11.5、腹径18、底径13、高17.4厘米（图一八四，2）。2004WSM18：6，折肩罐。泥质灰陶。直口，方唇，矮沿，弧折肩，筒腹略鼓，平底。肩部与下腹部饰刻划纹。口径11、腹径18、底径13.6、高17.4厘米（图一八四，3）。2004WSM18：13，折肩罐。泥质灰陶。直口，方唇，矮沿，弧折肩，筒腹略鼓，平底。肩部与下腹部饰刻划纹。口径11.2、腹径17.6、底径12.6、高16.7厘米（图一八四，4）。2004WSM18：9，扁腹罐。泥质灰褐陶。轮制。敛口，尖唇，溜肩，下腹斜收，平底。腹部饰有一道凹弦纹。口径11.2、腹径16.8、底径11.6、高9.8厘米（图一八四，5）。2004WSM18：11，扁腹罐。泥质灰褐陶。轮制。敛口，尖唇，溜肩，下腹斜收，平底内凹。口径10.8、底径10、高10.2厘米（图一八四，6）。

陶壶　3件。2004WSM18：7，泥质灰陶。轮制。侈口，尖唇，三角缘，弧颈，宽折肩，平底。腹内壁有数道凹弦纹，下腹部有刮削痕。口径3.4、腹径7.9、底径2.7、高6.3厘米（图一八四，7）。2004WSM18：10，泥质灰陶。轮制。侈口，尖唇，弧颈，宽折肩，平底，扁鼓腹。肩部饰刻划纹，下腹部有刮削痕。口径5.6、腹径9.4、底径3、高6厘米（图一八四，8）。2004WSM18：1，圈足壶。带盖。泥质灰褐陶。壶为盘口，方唇，束颈，鼓腹，圈足，平底。束颈较直最大腹径偏上，器身饰多周弦纹，肩腹结合部有对称环纽状耳。壶盖为敛口，方唇，斜肩，折腹，圜底，盖上有三柱足，呈"飞鹤"状。壶口径15、腹径32、底径19、带盖通高49.5厘米（图一八四，16）。

陶釜　1件。2004WSM18：15，泥质灰陶。轮制。直口微侈，厚圆唇，短颈，溜肩，扁鼓腹，小平底。腹中部有对称小耳凸。口径8、腹径11.5、底径3、高7厘米（图一八四，9）。

陶甑　1件。2004WSM18：17，泥质灰褐陶。敞口，圆唇，折沿，深斜腹，下腹部有刮削痕，9个甑孔呈不规则分布。口径10、底径2.6、高5.5厘米（图一八四，11）。

陶钵　1件。2004WSM18：8，泥质灰陶。轮制。侈口，尖唇，三角缘，斜腹，平底。下腹部有刮削痕。口径11.2、底径3.9、高5厘米（图一八四，12）。

铜器座　1件。2004WSM18：3，锈蚀。呈器座状，侈口，尖唇，折沿，亚腰，折腹。口径5、底径7、高2.8厘米（图一八四，13）。

铁剑　1件。2004WSM18：16，锈蚀，长条形，残存剑身，双面刃，中间有脊，上有木制剑鞘痕迹。残长40.4、宽3、厚0.9厘米（图一八四，10）。

铜钱　2件。2004WSM18：2，五铢钱，16枚。直径2.3厘米（图一八四，14）。2004WSM18：14，五铢钱，14枚。直径2厘米（图一八四，15）。

2004WSM21　土坑竖穴墓，平面为长方形，方向173°，位于2004WSⅣ区T0127的东北部，开口于第2层下，打破生土。2004WSM21墓内填土为五花土，墓室上部被毁，现存墓口距地面深210厘米，长344、宽242～262厘米，墓底长336、宽235～240厘米，墓坑深270厘米。墓底用石头铺砌。人骨无存，葬具葬式不明。2004WSM21经盗扰，无出土器物（图一八五）。

2004WSM24　土坑竖穴墓，平面为长方形，方向196°，位于2004WSⅣ区T0224的西南部、T0124北部及挂T0125东隔梁一点，开口于第2层下，打破生土。墓葬西北部部分被2004WSM23打破。2004WSM24墓内填土为五花土，墓口距地面深115厘米，长294～304、宽234～244厘米，墓底长272～296、宽232厘米，墓坑深60～188厘米。墓室中部有一盗洞。人骨无存，葬具葬式不明。出土器物有陶罐、瓮、壶、甑、灶等，位于墓室前部（图一八六）。

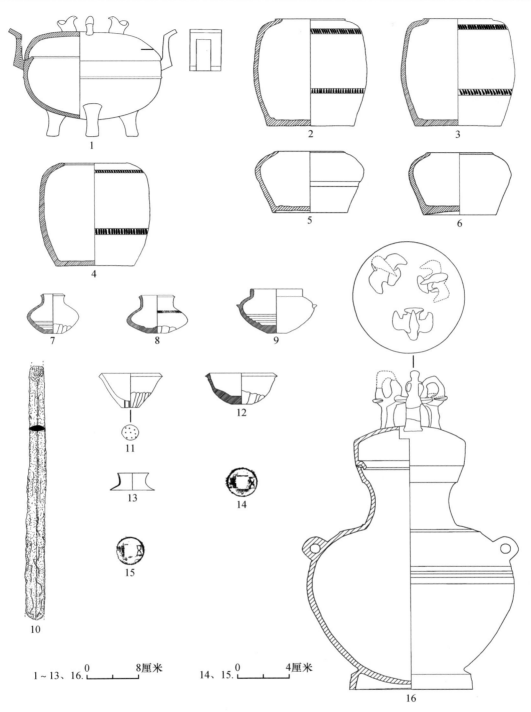

图一八四 2004WSM18出土器物

1. 陶鼎（2004WSM18∶4） 2～6. 陶罐（2004WSM18∶5、2004WSM18∶6、2004WSM18∶13、2004WSM18∶9、
2004WSM18∶11） 7、8、16. 陶壶（2004WSM18∶7、2004WSM18∶10、2004WSM18∶1） 9. 陶釜（2004WSM18∶15）
10. 铁剑（2004WSM18∶16） 11. 陶甑（2004WSM18∶17） 12. 陶钵（2004WSM18∶8） 13. 铜器座（2004WSM18∶3）
14、15. 铜钱（2004WSM18∶2、2004WSM18∶14）

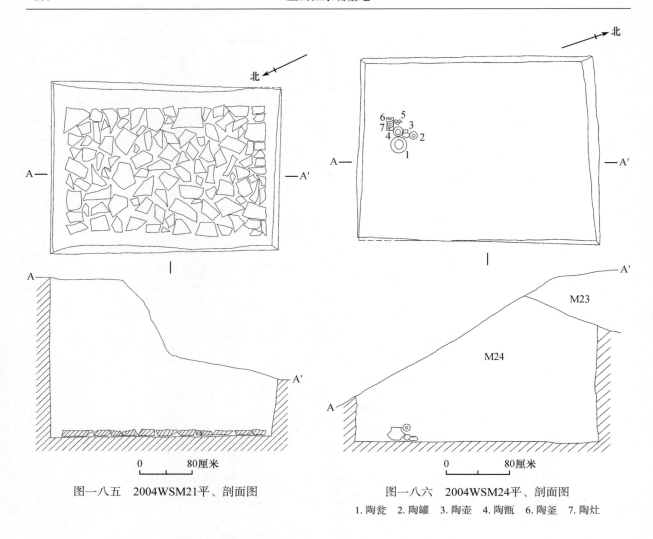

图一八五　2004WSM21平、剖面图　　　　图一八六　2004WSM24平、剖面图

1. 陶瓮　2. 陶罐　3. 陶壶　4. 陶甑　6. 陶釜　7. 陶灶

陶罐　1件。2004WSM24：2，扁腹罐。泥质灰陶。轮制。敛口，圆唇，下腹斜收，腹部有刮削痕。口径5、腹径8.6、底径5、高5.4厘米（图一八七，1）。

陶瓮　1件。2004WSM24：1，泥质灰陶。轮制。侈口，尖唇，三角缘，弧颈，宽折肩，凹圜底。下腹部饰网格纹。口径13、腹径21.8、底径7.6、高18.5厘米（图一八七，2）。

陶壶　1件。2004WSM24：3，泥质灰陶。轮制。侈口，尖唇，三角缘，弧颈，宽折肩，凹圜底。下腹部有刮削痕。口径4.2、腹径7.4、底径3.2、高6.2厘米（图一八七，3）。

陶釜　1件。2004WSM24：6，为2004WSM24：7灶上的釜。泥质灰陶。轮制。直口微侈，方唇，短颈，溜肩，深鼓腹，平底。肩腹部有对称小耳凸，腹内饰数道凹弦纹，下腹部有刮削痕。口径5.6、腹径9.2、底径2.5、高6厘米（图一八七，4）。

陶甑　1件。2004WSM24：4，泥质灰褐陶。轮制。侈口，尖唇外翻，斜腹内收，平底。素面。4个甑孔呈不规则分布。口径10.4、底径2.5、高4.8厘米（图一八七，5）。

陶灶　1件。2004WSM24：7，泥质灰陶。模制修整。素面。长方形，单弧形火门置于一长侧偏右与单釜眼相对，釜眼左后部有一个烟囱孔。长19.6、宽12.8、高7厘米（图一八七，6）。

2004WSM26　土坑竖穴墓，平面为长方形，方向183°，位于2004WSⅣ区T0123西部、

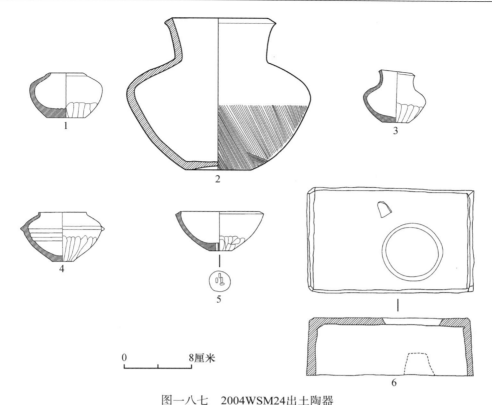

图一八七 2004WSM24出土陶器

1.罐（2004WSM24：2） 2.瓮（2004WSM24：1） 3.壶（2004WSM24：3） 4.釜（2004WSM24：6） 5.甑（2004WSM24：4）

6.灶（2004WSM24：7）

T0124东隔梁部、T0223西南角及T0224东南角，开口于第2层下，打破生土。2004WSM26墓内填土从口部至120厘米深为深棕色与较黄色颗粒，较硬，以下为黄褐色相间土。墓室上部已被毁，墓口长260、宽140厘米，深50～170厘米。墓室有人骨1具，已朽，葬式葬具不明。出土器物有陶罐、瓮、壶、甑、釜、灶、灯等，多位于墓室中部（图一八八）。

陶罐 3件。2004WSM26：1，折肩罐。泥质灰陶。轮制。敛口，圆唇，折肩，斜直腹。肩、腹各饰一周刻划纹。口径8.6、腹径14.4、底径12、高11.5厘米（图一八九，1；图版五八，1）。2004WSM26：2，折肩罐。泥质灰陶。轮制。敛口，圆唇，弧折肩，下腹曲折。肩饰刻划纹。口径4.1、腹径7.6、底径2.2、高5.8厘米（图一八九，2；图版五八，2）。2004WSM26：5，折肩罐。泥质灰陶。轮制。敛口，方唇，折肩，鼓腹，下腹斜收，厚平底。腹部有刮削痕。口径4.4、腹径8.2、底径3、高5.4厘米（图一八九，3）。

陶瓮 1件。2004WSM26：12，泥质灰陶。侈口，尖唇，三角缘，弧颈，宽折肩，平底近圜。下腹部饰交错刻划纹。口径10、腹径18.9、高17.3厘米（图一八九，4；图版五八，3）。

陶壶 1件。2004WSM26：3，泥质灰陶。轮制。侈口，尖唇，三角缘，曲颈，溜肩，鼓腹，平底。口径4.1、腹径6.6、底径3、高6厘米（图一八九，5）。

陶釜 2件。2004WSM26：10，泥质灰陶。轮制。直口微侈，方唇，短颈，溜肩，扁鼓腹，小平底。腹中部有对称小耳凸，下腹有刮削痕。口径4.3、腹径8.4、底径2、高5.1厘米（图一八九，6）。2004WSM26：11，带盖。泥质灰陶。釜为直口微侈，方唇，短颈，溜肩，扁鼓腹，小平底，腹中部有对称小耳凸，下腹有刮削痕；盖为敞口，圆唇，浅弧腹，顶部有一

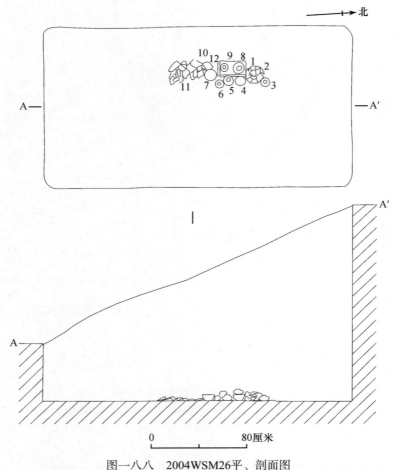

图一八八　2004WSM26平、剖面图

1、2、5.陶罐　3.陶壶　4、7.陶甑　6.陶灯　8.陶钵　9.陶灶　10、11.陶釜　12.陶瓮

锥状纽。口径4.2、腹径8.4、底径3.1、通高6.6厘米（图一八九，7；图版五八，4）。

　　陶甑　2件。2004WSM26：4，泥质灰陶。轮制。侈口，尖唇外翻，斜腹内收，平底。素面。7个甑孔呈不规则分布。口径8.7、底径2、高4.2厘米（图一八九，8）。2004WSM26：7，泥质灰陶。轮制。侈口，方唇，折沿，腹壁斜收，小平底。下腹有刮削痕。口径10.2、腹径9.6、底径3.4、高5.8厘米（图一八九，9）。

　　陶灶　1件。2004WSM26：9，泥质灰陶。模制修整。素面。长方形，双弧形火门置于一长侧中间与双釜眼相对，釜眼正后部各有一个烟囱孔。长22、宽13.2、高5.6厘米（图一八九，10）。

　　陶灯　1件。2004WSM26：6，泥质灰陶。整体呈豆状，侈口，方唇，折沿，亚腰，折腹，矮喇叭口圈足。口径5.4、底径6、通高4厘米（图一八九，11）。

　　2004WSM27　土坑竖穴墓，平面为长方形，方向181°，位于2004WSⅣ区T0123北部，开口于第2层下，打破2004WSM28，打破生土。2004WSM26墓内填土为棕黄相间土。墓室上部已被毁，东部偏北有一圆形盗洞，墓口距地面深145厘米，长270、宽132～146厘米，墓底长260、宽140厘米，墓坑深250厘米。人骨无存，葬具葬式不明。出土器物有陶罐、壶、钵等（图一九〇）。

　　陶罐　1件。2004WSM27：3，扁腹罐。泥质灰褐陶。轮制。敛口，尖唇，溜肩，下腹

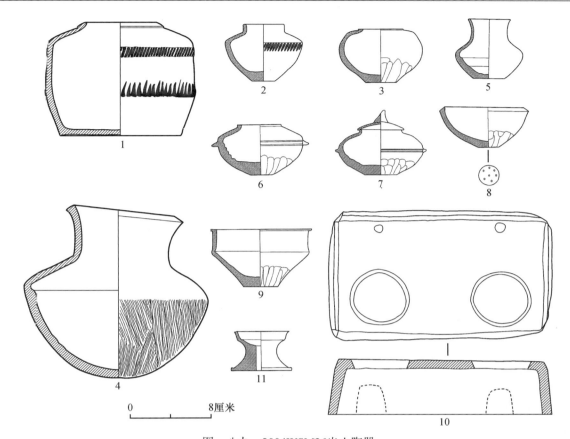

图一八九　2004WSM26出土陶器

1~3.罐（2004WSM26：1、2004WSM26：2、2004WSM26：5）　4.瓮（2004WSM26：12）　5.壶（2004WSM26：3）

6、7.釜（2004WSM26：10、2004WSM26：11）　8、9.甑（2004WSM26：4、2004WSM26：7）　10.灶（2004WSM26：9）

11.灯（2004WSM26：6）

斜收，平底。肩部和腹部均饰有刻划条带纹。口径9.8、腹径14、底径10.5、高9.7厘米（图一九一，1）。

陶壶　1件。2004WSM27：1，泥质灰陶。轮制。口微侈，方唇，曲颈，溜肩，扁鼓腹，圜底。口径5、腹径8、高5.6厘米（图一九一，2）。

陶钵　2件。2004WSM27：4，泥质灰陶。敞口，尖唇，曲折腹，小平底。下腹部有刮削痕。口径9.3、底径3、高5厘米（图一九一，3）。2004WSM27：2，圈足钵。泥质灰陶。轮制。微侈口，尖方唇，折腹，下腹曲弧，矮圈足，平底。口径9、腹径8.7、底径5、高4.3厘米（图一九一，4）。

2004WSM28　土坑竖穴墓，平面为长方形，方向188°，位于2004WSⅣ区T0123西部，开口于第2层下，打破生土，东北角部分被2004WSM27打破。2004WSM28墓内填土为黄褐色土。墓室上部已被毁，北部有一盗洞，墓口距地面深120厘米，长230厘米，宽92~100厘米，墓底长230、宽92~100厘米，墓坑深160厘米。人骨无存，葬具葬式不明。盗扰严重，无出土器物（图一九二）。

2004WSM29　土坑竖穴墓，平面为长方形，方向3°，位于2004WSⅣ区T0123东部，开口于第2层下，打破生土。2004WSM29墓内填土为五花土，墓口距地面深180厘米，长220、宽88~92厘米，墓底长230、宽88~92厘米，墓坑深150厘米。墓底北部和西部有生土二层台，

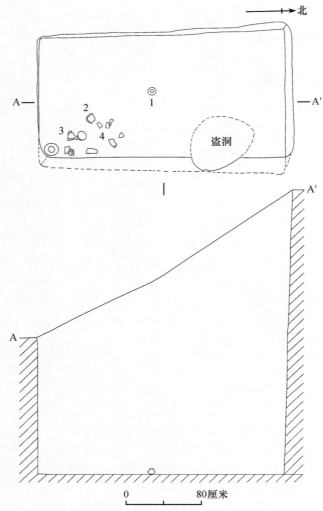

图一九〇　2004WSM27平、剖面图

1. 陶壶　2、4. 陶钵　3. 陶罐

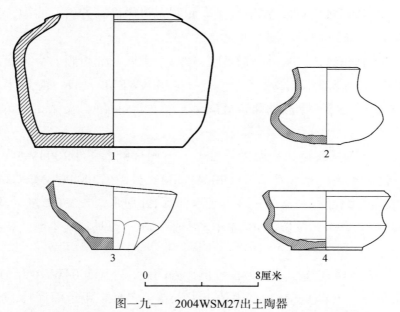

图一九一　2004WSM27出土陶器

1. 罐（2004WSM27：3）　2. 壶（2004WSM27：1）　3、4. 钵（2004WSM27：4、2004WSM27：2）

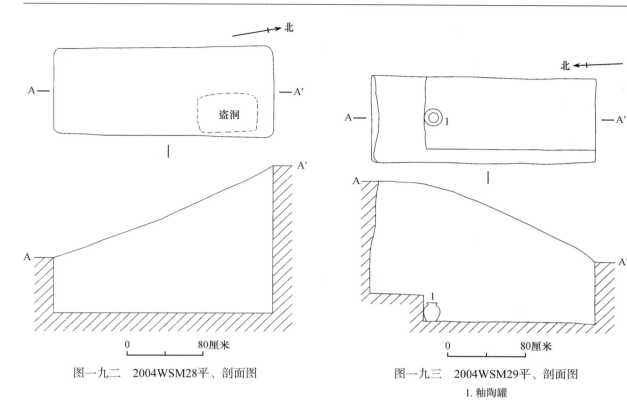

图一九二　2004WSM28平、剖面图　　　　　图一九三　2004WSM29平、剖面图

1. 釉陶罐

北部二层台宽54、高26厘米，西部二层台宽10、高26厘米。人骨未见，但从灰迹来判断，应为仰身直肢葬，有单棺腐朽痕迹。出土器物有釉陶罐1件，位于墓室北部近二层台（图一九三）。

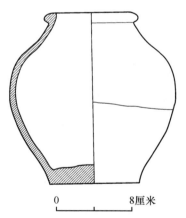

图一九四　2004WSM29出土釉陶罐
（2004WSM29：1）

　　釉陶罐　1件。2004WSM29：1，泥质红陶。器表施釉但均已脱落。敛口，厚圆唇，曲颈，斜肩，深鼓腹，厚平底。口径9.8、腹径17.5、底径9.4、高18.8厘米（图一九四）。

　　2004WSM30　土坑竖穴墓，平面为长方形，方向96°，位于2004WSⅣ区T0122西南部、T0123东南角，开口于第2层下，打破生土。2004WSM30墓内填土为深棕色夹少量黄色颗粒土，墓室上部已毁，南部处于断崖，已坍塌。开口平面形状近长方形，口小底大，墓口距地面深95～150厘米，长306、宽216厘米，墓底长320、宽220厘米，深160～238厘米。人骨无存，葬具葬式不明，无出土器物（图一九五）。

　　2004WSM31　土坑竖穴墓，平面为长方形，方向356°，位于2004WSⅣ区T0122东部，开口于第2层下，打破生土。2004WSM31墓内填土为深棕色夹少量黄色颗粒干硬土，墓室上部已毁，现存墓口距地面深135～150厘米，长250、宽130～140厘米，墓底长260、宽140厘米，深250～330厘米。人骨1块，应为直肢葬，有木棺朽痕。出土器物有陶罐、瓮、壶、釜、甑、钵、灶、灯等，位于墓室西侧（图一九六；图版一二，2）。

　　陶罐　2件。2004WSM31：3，泥质灰陶。轮制。敛口，尖唇，折肩，鼓腹，下腹斜收，厚平底。腹部有刮削痕，置于2004WSM31：2灶上。口径8.2、腹径10、底径3.4、高6.5厘米

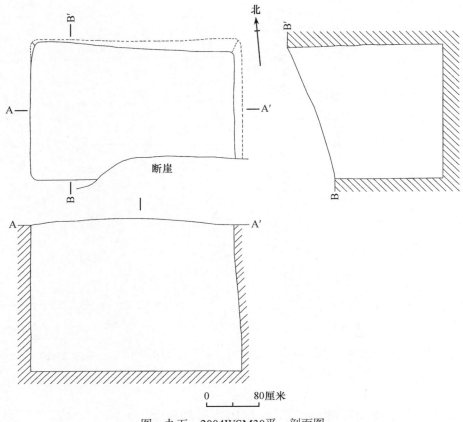

图一九五　2004WSM30平、剖面图

（图一九七，1；图版五九，1）。2004WSM31：11，泥质灰陶。轮制。敛口，圆唇，弧折肩，下腹曲折。肩饰刻划纹，下腹部有刮削痕。口径3.9、腹径7.2、底径2.2、高5.7厘米（图一九七，2）。

陶瓮　1件。2004WSM31：1，泥质灰陶。轮制。侈口，尖唇，三角缘，弧颈，宽折肩，平底近圜。肩部饰刻划纹，下腹部饰交错刻划纹。口径13.2、腹径23、底径8、高20.6厘米（图一九七，3）。

陶壶　1件。2004WSM31：9，泥质灰陶。侈口，尖唇，三角缘，弧颈，宽折肩，凹圜底。下腹部有刮削痕。口径4.5、腹径6.9、底径3.4、高6.4厘米（图一九七，4；图版五九，2）。

陶釜　2件。2004WSM31：4，泥质灰陶。轮制。直口微侈，方唇，短颈，溜肩，扁腹，平底近圜。肩腹部有对称小耳凸和一道凸弦纹，下腹部有刮削痕。口径4、腹径7、底径3.2、高4.7厘米（图一九七，5）。2004WSM31：8，泥质灰陶。轮制。直口微侈，方唇，短颈，溜肩，弧腹，平底近圜。肩腹部有对称小耳凸和一道凸弦纹，腹内饰数道凹弦纹，下腹部有刮削痕。口径4、腹径7、底径2.8、高5厘米（图一九七，6；图版五九，3）。

陶甑　3件。2004WSM31：5，泥质灰陶。轮制。直口，尖唇，平沿，三角形缘，短颈，平底，6个甑孔呈不规则排列。口径9.4、底径3、高4.7厘米（图一九七，7）。2004WSM31：7，泥质灰陶。轮制。侈口，尖唇外翻，斜腹内收，平底。素面。6个甑孔呈环状分布。口径8.6、底径2.2、高4厘米（图一九七，8）。2004WSM31：13，泥质灰陶。轮制。直口，尖唇，平沿，三角形缘，短颈，平底。6个甑孔呈不规则排列。口径9.8、底径2.8、高

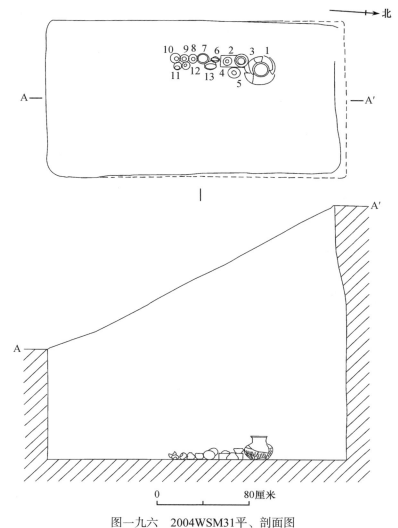

图一九六 2004WSM31平、剖面图

1. 陶瓮 2. 陶灶 3、11. 陶罐 4、8. 陶釜 5、7、13. 陶甑 6. 陶钵 9. 陶壶 10. 陶灯

5.5厘米（图一九七，9）。

陶钵 1件。2004WSM31：6，泥质灰陶。敞口，尖唇，曲折腹，小平底。口径9、底径2.5、高5.2厘米（图一九七，10；图版五九，4）。

陶灶 1件。2004WSM31：2，泥质灰陶。模制修整。素面。长方形，双弧形火门置于一长侧中间与双釜眼相对。长22、宽12.4、高6厘米（图一九七，12）。

陶灯 1件。2004WSM31：10，泥质灰陶。整体呈豆状，侈口，尖唇，折沿，折腹，短柄，矮喇叭口圈足。口径6、底径8、高6厘米（图一九七，11）。

2004WSM32 土坑竖穴墓，平面为长方形，方向176°，位于2004WSⅣ区T0126北部，开口于第2层下，打破生土。2004WSM32墓内填土为深棕色夹少量黄色颗粒土，墓室上部已毁，现存墓口距地面深220厘米，长284、宽166厘米，墓底长272、宽152厘米，墓坑深200厘米。墓室中部有一盗洞。人骨无存，葬具葬式不明。2004WSM32盗扰严重，仅出土陶罐、陶灶残片（图一九八）。

2004WSM33 土坑竖穴墓，平面为长方形，方向358°，位于2004WSⅢ区T24东部，开口

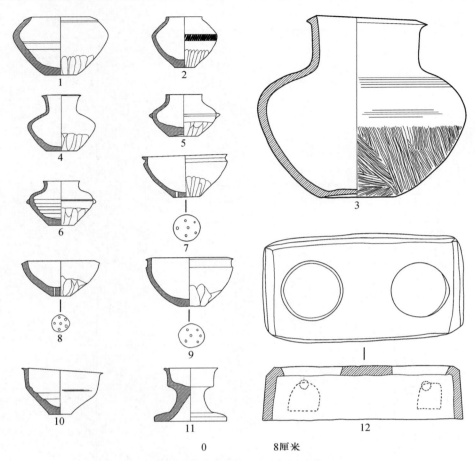

图一九七　2004WSM31出土陶器

1、2.罐（2004WSM31：3、2004WSM31：11）　3.瓮（2004WSM31：1）　4.壶（2004WSM31：9）　5、6.釜（2004WSM31：4、
2004WSM31：8）　7~9.甑（2004WSM31：5、2004WSM31：7、2004WSM31：13）　10.钵（2004WSM31：6）
11.灯（2004WSM31：10）　12.灶（2004WSM31：2）

于第2层下，打破生土。2004WSM33墓内填土为五花土，墓室上部已毁，现存墓口距地面深80厘米，长245、宽180厘米，墓底长238、宽172厘米，墓坑深130厘米。墓室中部有一盗洞。人骨被扰乱，应为仰身直肢。根据墓内腐土痕迹推测，葬具应为木棺。2004WSM33盗扰严重，无出土器物（图一九九）。

2004WSM34　土坑竖穴墓，平面为长方形，方向350°，位于2004WSⅢ区T21、T22之间，开口于第2层下，打破生土。2004WSM34墓内填土为五花土，墓室上部已毁，现存墓口距地面深75厘米，长260、宽220厘米，墓底长252、宽212厘米，墓坑深165厘米。墓室北部有一最大径约78厘米的盗洞，人骨被扰乱，应为仰身直肢。2004WSM34盗扰严重，无出土器物（图二○○）。

2004WSM35　土坑竖穴墓，平面为长方形，方向348°，位于2004WSⅢ区T23西北部，开口于第2层下，打破生土。2004WSM35墓内填土为五花土，墓室上部已毁，现存墓口距地面深85厘米，长240、宽120厘米，墓底长232、宽114厘米，墓坑深155厘米。墓室北部有一最大径约82厘米的盗洞，人骨被扰乱，应为仰身直肢，根据墓内腐土痕迹推测，葬具应为木棺。2004WSM35盗扰严重，无出土器物（图二○一）。

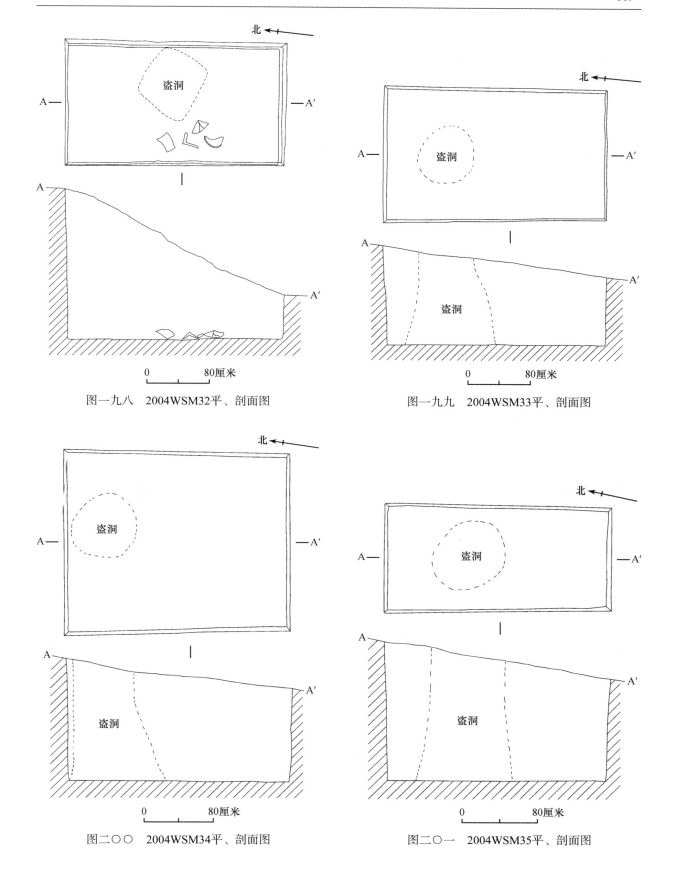

图一九八　2004WSM32平、剖面图

图一九九　2004WSM33平、剖面图

图二〇〇　2004WSM34平、剖面图

图二〇一　2004WSM35平、剖面图

2004WSM36　土坑竖穴墓，平面为长方形，方向354°，位于2004WSⅢ区T25北部，开口于第2层下，打破生土。2004WSM36墓内填土为五花土，墓室上部已毁，现存墓口距地面深85厘米，长250、宽140厘米，墓底长244、宽134厘米，墓坑深140厘米。墓室北部有一最大径约96厘米的盗洞，人骨被扰乱，应为仰身直肢，根据墓内腐土痕迹推测，葬具应为木棺。2004WSM36盗扰严重，无出土器物（图二〇二）。

2004WSM37　土坑竖穴墓，平面为长方形，方向87°，位于2004WSⅣ区T0122北隔梁下、T0222南部，开口于第2层下，打破生土。2004WSM37墓内填土为深棕色夹少量黄色颗粒干硬土，墓室上部已毁，现存墓口距地面深165厘米，长274、宽128厘米，墓底长270、宽124厘米，墓坑深180厘米。人骨无存，葬具葬式不明。2004WSM37盗扰严重，无出土器物（图二〇三）。

2004WSM38　土坑竖穴墓，平面为长方形，方向25°，位于2004WSⅢ区T28东北角、T27西南角、T29西北角、T26东隔梁南端，开口于第2层下，打破生土。2004WSM38墓内填土为五花土，墓室上部已毁，现存墓口距地面深60厘米，长268、宽148厘米，墓底长260、宽140厘米，墓坑深160厘米。墓室东北部有一最大径约72厘米的盗洞。人骨无存，葬具葬式不明。2004WSM38盗扰严重，但出土有陶罐、瓮、壶、釜、甑、钵、灯等（图二〇四）。

陶罐　5件。2004WSM38：6，折肩罐。泥质灰陶。轮制。直口微敛，方唇，折肩，斜直腹，平底。口径7.2、腹径11.2、底径7.2、高7厘米（图二〇五，1；图版六〇，1）。2004WSM38：7，折肩罐。泥质灰陶。轮制。侈口，厚圆唇，折肩，斜直腹，平底。口径5.5、腹径8.9、底径5.9、高6.6厘米（图二〇五，2）。2004WSM38：4，扁腹罐。泥质灰陶。轮制。侈口，圆唇，折肩，扁鼓腹，斜腹下收，平底。下腹部有刮削痕。口径5.7、腹径9.3、底径4.5、高5.2厘米（图二〇五，3）。2004WSM38：10，扁腹罐。泥质灰陶。轮制。侈口，圆唇，折肩，扁鼓腹，斜腹下收，平底。下腹部有刮削痕。口径5.4、腹径9.3、底径5.5、高5厘

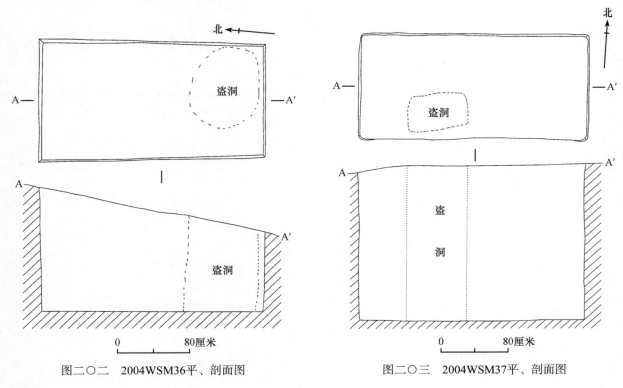

图二〇二　2004WSM36平、剖面图　　　　　　图二〇三　2004WSM37平、剖面图

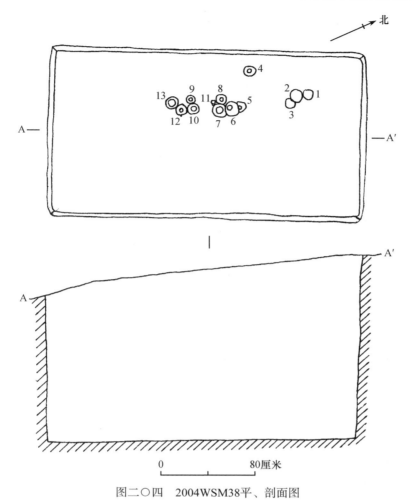

图二〇四　2004WSM38平、剖面图
1.陶甑　2、3.陶钵　4、6、7、10、13.陶罐　5、8.陶瓮　9.陶壶　11.陶灯　12陶釜

米（图二〇五，4）。2004WSM38:13，扁腹罐。泥质灰陶。轮制。侈口，圆唇，折肩，扁鼓腹，斜腹下收，平底。口径5.5、腹径8.4、底径5、高4.2厘米（图二〇五，5）。

陶瓮　2件。2004WSM38:5，泥质灰陶。轮制。侈口，圆唇，弧颈，宽折肩，斜直腹，平底。下腹部有刮削痕。口径6.3、腹径10、底径5.2、高7.8厘米（图二〇五，6）。2004WSM38:8，泥质灰陶。敞口，尖唇，折沿，弧颈，宽折肩，斜直腹，厚平底。肩饰菱形刻划纹。口径9、腹径10.6、底径5、高9.5厘米（图二〇五，7；图版六〇，2）。

陶壶　1件。2004WSM38:9，泥质灰陶。轮制。侈口，尖唇，三角缘，弧颈，宽折肩，弧腹，平底。口径4.4、腹径7、底径2.6、高6.4厘米（图二〇五，8；图版六〇，3）。

陶釜　1件。2004WSM38:12，泥质灰陶。轮制。直口微侈，方唇，短颈，溜肩，扁腹，平底近圜。肩腹部有对称小耳凸和一道凸弦纹，下腹部有刮削痕。口径4.8、腹径8.5、高5.4厘米（图二〇五，9）。

陶甑　1件。2004WSM38:1，泥质灰陶。轮制。侈口，尖唇，平沿，三角缘，弧腹，平底。下腹部有一道凹弦纹和刮削痕，1个椭圆形甑孔。口径12.4、底径6.2、高3.6厘米（图二〇五，10）。

陶钵　2件。2004WSM38:2，泥质灰陶。侈口，尖唇，三角缘，斜弧腹，厚平底。下腹

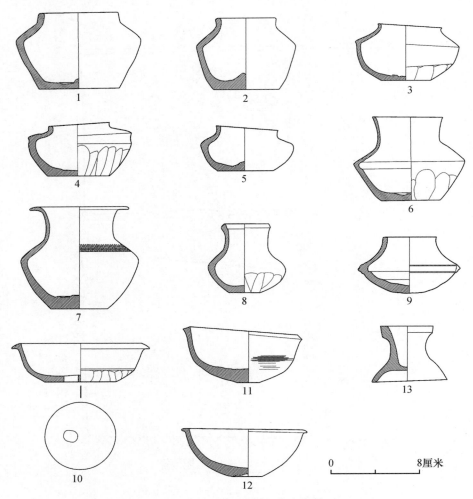

图二〇五　2004WSM38出土陶器

1~5.罐（2004WSM38：6、2004WSM38：7、2004WSM38：4、2004WSM38：10、2004WSM38：13）　6、7.瓮（2004WSM38：5、
2004WSM38：8）　8.壶（2004WSM38：9）　9.釜（2004WSM38：12）　10.甑（2004WSM38：1）　11、12.钵（2004WSM38：2、
2004WSM38：3）　13.灯（2004WSM38：11）

部有刮削痕。口径10.7、底径2、高5.2厘米（图二〇五，11）。2004WSM38：3，泥质灰陶。侈口，尖唇，三角缘，斜弧腹，平底。口径11.3、底径2.7、高4.5厘米（图二〇五，12；图版六〇，4）。

灯　1件。2004WSM38：11，泥质灰陶。整体做豆状，盘口，侈口方唇，折腹，平底，实心柄下接喇叭口圈足。口径6.8、底径4.7、高5.2厘米（图二〇五，13）。

（二）土坑竖穴墓（有墓道）

共3座，均为带斜坡墓道的土坑竖穴墓。

2004WSM14　带斜坡墓道的土坑竖穴墓，平面形状呈"凸"字形，方向88°，位于2004WSⅢ区T14南部、T16北部、T15西南角、T17西北角，开口于第2层下，打破生土，墓葬南部被现代公路打破。2004WSM14由墓道和墓室部分两部分组成，墓内填土为棕黄相间。墓道仅残存部分，残长130、宽172～180厘米，墓道口距地面深170厘米，墓道底深370厘米；墓室近长方形，墓口距地面深170厘米，长378、宽276～296厘米，墓底长362、宽272～290厘米，墓坑深370厘米。墓室东南有直径100～130厘米的盗洞。人骨无存，葬具葬式不明。墓葬盗扰严重，仅出土有铜矛镦、戈樽（图二〇六）。

　　铜矛镦　2件。2004WSM14：1，锈蚀。残长23.9、宽2.4厘米（图二〇七，1）。2004WSM14：3，锈蚀。残长11.9、宽2.2厘米（图二〇七，2）。

　　铜戈樽　2件。2004WSM14：2，锈蚀。长7.9、宽3.8厘米（图二〇七，3）。2004WSM14：4，锈蚀。长7.9、宽3.6厘米（图二〇七，4）。

　　2004WSM17　带斜坡墓道的土坑竖穴墓，平面形状呈"凸"字形，方向175°，位于2004WSⅣ区T0303西北角、T0403的南部，以及T0304和T0404的东隔梁，开口于第1层下，打破生土。2004WSM17由墓道和墓室部分两部分组成，墓内填土为棕黄相间。墓道位于墓室的南侧，近长方形，上口长196、宽162～170厘米，深60厘米，下口长196、宽162～170厘米，深190～270厘米；墓室近方形，墓口距地面深60厘米，长300、宽260厘米，墓底长292、宽250厘米，墓坑深260厘米，墓底四角各有一石块。人骨无存，葬具葬式不明。出土器物有陶罐、

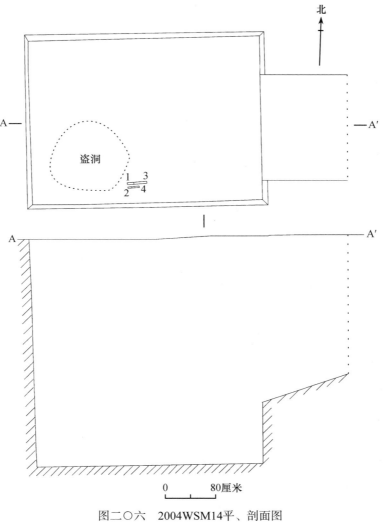

图二〇六　2004WSM14平、剖面图

1、3.铜矛镦　2、4.铜戈樽

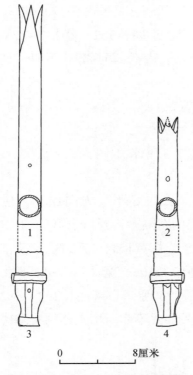

图二〇七　2004WSM14出土铜器

1、2. 矛镦（2004WSM14：1、2004WSM14：3）

3、4. 戈樽（2004WSM14：2、2004WSM14：4）

瓮、壶、釜、甑、钵、纺轮，铜钱等（图二〇八；图版一〇，1））。

陶罐　6件。2004WSM17：3，扁腹罐。泥质灰陶。轮制。侈口，厚圆唇，短颈，鼓腹，平底。肩部和腹饰数道弦纹。口径11.6、腹径20、底径12、高13.4厘米（图二〇九，1）。2004WSM17：4、扁腹罐。泥质灰陶。轮制。侈口，厚圆唇，短颈，鼓腹，平底。肩部饰两道凹弦纹，间有菱格条带纹。口径11.4、腹径20、底径11.6、高12.8厘米（图二〇九，2）。2004WSM17：5，扁腹罐。泥质灰陶。轮制。侈口，厚圆唇，短颈，鼓腹，平底。肩部饰两道凹弦纹，间有菱格条带纹。口径11.4、腹径20、底径11.6、高12.8厘米（图二〇九，3）。2004WSM17：8，扁腹罐。泥质灰陶。轮制。侈口，厚圆唇，短颈，鼓腹，平底。肩部饰两道凹弦纹，间有菱格条带纹。口径11.4、腹径19.4、底径11.4、高12.4厘米（图二〇九，4）。2004WSM17：9、扁腹罐。泥质灰陶。轮制。侈口，厚圆唇，鼓腹，平底。肩部饰两道凹弦纹，间有菱格条带纹。口径12.6、腹径21、底径13、高12.7厘米（图二〇九，5；图版五四，1）。2004WSM17：10，扁腹罐。泥质灰陶。轮制。侈口，厚圆唇，短颈，鼓腹，平底。肩部和腹饰两道凹弦纹。口径11.6、腹径20、底径12、高13.4厘米（图二〇九，6）。

陶瓮　1件。2004WSM17：18，泥质灰陶。轮制。侈口，尖唇，三角缘，弧颈，宽折肩，凹圜底。下腹饰网纹。口径11.6、腹径18.5、底径5.6、高16厘米（图二〇九，7；图版五四，2）。

陶壶　2件。（为保证与原始档案的对应，未合并销号）2004WSM17：1（壶盖）、2004WSM17：2（壶身），圈足壶。带盖。泥质灰陶。壶为盘口，侈口方唇，束颈，鼓腹，圈足，平底。束颈较直，最大腹径偏上，器身饰多周弦纹，肩腹结合部有对称铺首衔环耳。壶盖为敛口，方唇，折肩，垂折腹，圜底，三足外撇，呈"S"状。壶口径16、腹径32、底径18、带盖通高40.4厘米（图二〇九，9）。2004WSM17：6，泥质灰陶。盘口，侈口方唇，束颈，鼓腹，圈足，平底。束颈较直最大腹径偏上，肩部饰数周弦纹，下腹器壁内有数周凹弦纹，肩腹结合部有对称环纽状耳。口径11.4、腹径15、底径10.6、高14.8厘米（图二〇九，8）。

陶釜　1件。2004WSM17：17，泥质灰陶。微敛口，方唇，窄肩矮领，扁球腹，底近圜。肩腹部有两个实心双耳凸。口径10.6、腹径15.5、高10.4厘米（图二一〇，1）。

陶甑　1件。2004WSM17：16，泥质灰陶。轮制。直口，尖唇，平沿，三角形缘，短颈，平底。7个甑孔呈不规则排列。口径21、高9.8厘米（图二一〇，2；图版五四，3）。

陶钵　2件。2004WSM17：11，泥质灰陶。轮制。敞口，圆唇，曲折腹，平底。腹部呈数周凸棱，腹内壁数周凹弦纹。口径15.4、底径5.6、高5厘米（图二一〇，3）。

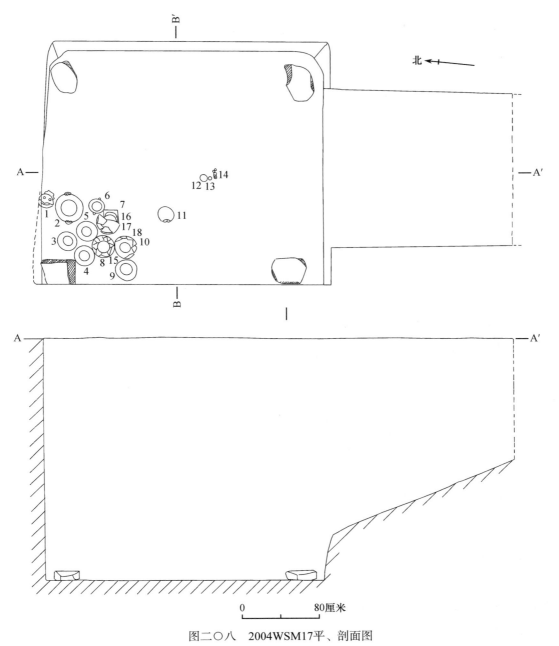

图二〇八 2004WSM17平、剖面图

1、2、6.陶壶 3~5、8~10.陶罐 7.陶灶 11、19.陶钵 12、13、15.陶纺轮 14.铜钱 16.陶甑 17.陶釜 18.陶瓮

2004WSM17:19，泥质灰陶。轮制。敞口，圆唇，曲折腹，平底。腹部呈数周凸棱，腹内壁数周凹弦纹。口径14.6、底径4.2、高4.4厘米（图二一〇，4）。

陶灶 1件。2004WSM17:7，泥质灰陶。长方形，单弧形火门置于，一长侧中央与釜眼相对，釜眼右后部有一烟囱孔。长25.6、宽14.6、高7.5厘米（图二一〇，5；图版五四，4）。

陶纺轮 3件。2004WSM17:12，泥质褐陶。上直径3.1、下直径4.2、最大径4.7、高2.3厘米（图二一〇，6）。2004WSM17:13，泥质褐陶。上直径2.7、下直径2.3、最大径3.3、高2.3厘米（图二一〇，7）。2004WSM17:15，泥质白陶。上长2.2、最大径1.3、孔径0.4厘米（图二一〇，8）。

铜钱 1件。2004WSM17:14，8枚，五铢钱。直径2.2厘米（图二一〇，9）。

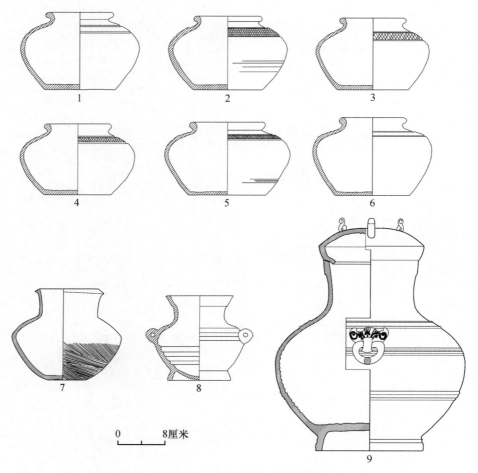

0 ___ 8厘米

图二○九　2004WSM17出土陶器

1~6. 罐（2004WSM17：3、2004WSM17：4、2004WSM17：5、2004WSM17：8、2004WSM17：9、2004WSM17：10）

7. 瓮（2004WSM17：18）　8、9. 壶（2004WSM17：6、2004WSM17：1）

2004WSM25　　带斜坡墓道土坑竖穴墓，平面形状呈"凸"字形，方向172°，位于2004WSⅣ区T0225南部、T0125北部，开口于第2层下，打破生土。2004WSM25由墓道和墓室部分两部分组成，墓内填土为五花土。墓葬顶部已毁坏，现存墓道及墓室部分。墓道上口长140、宽115厘米，深115厘米，下口长144、宽136~144厘米，深325厘米；墓室近方形，墓口距地面深115厘米，长346、宽326~352厘米，墓底长324、宽310~330厘米，墓坑深360厘米。墓道底部高于墓室底部25厘米。墓室有人骨1具，已朽，应为仰身直肢葬。墓室中部留有棺痕，长186厘米，宽54厘米。出土器物有陶罐、瓮、壶、釜、甑、钵、灶、陶狗、陶猪等，多位于墓室东侧（图二一一）。

陶罐　2件。2004WSM25：3，扁腹罐。泥质灰陶。轮制。敛口，圆唇，溜肩，下腹斜收，厚平底。口径7.4、腹径10.5、底径5、高5.6厘米（图二一二，1）。2004WSM25：6，泥质灰陶。轮制。敛口，方唇，溜肩，深腹斜收，厚平底。口径7.8、腹径10.5、底径5、高6.7厘米（图二一二，2）。

陶瓮　1件。2004WSM25：13，泥质灰陶。轮制。侈口，尖唇，三角缘，弧颈，宽折肩，凹圜底。肩部饰一道条形刻划纹，下腹部饰交错刻划纹和三道凹弦纹。口径13.4、腹径24.4、底径7、高21厘米（图二一二，3；图版五六，1）。

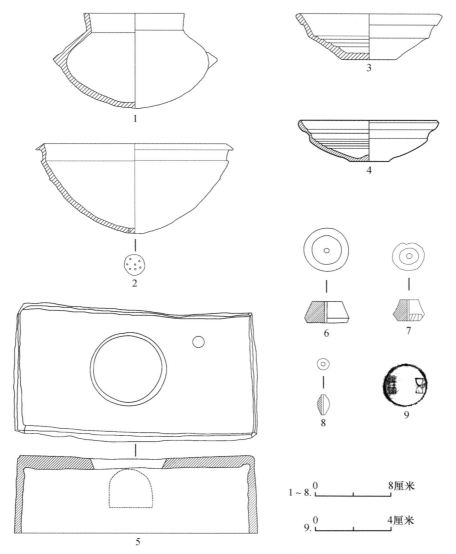

图二一〇　2004WSM17出土器物

1. 陶釜（2004WSM17：17）　2. 陶甑（2004WSM17：16）　3、4. 陶钵（2004WSM17：11、2004WSM17：19）

5. 陶灶（2004WSM17：7）　6~8. 陶纺轮（2004WSM17：12、2004WSM17：13、2004WSM17：15）

9. 铜钱（2004WSM17：14）

陶壶　3件。2004WSM25：4，泥质灰陶。轮制。侈口，尖唇，三角缘，弧颈，宽折肩，厚平底。口径5.5、腹径7.5、底径4、高6.3厘米（图二一二，4）。2004WSM25：10，泥质灰陶。轮制。口微侈，方唇，曲颈，溜肩，扁鼓腹，厚平底。口径7.4、腹径10、底径4.6、高7.5厘米（图二一二，5；图版五六，2）。2004WSM25：9，圈足壶。带盖。泥质灰陶。壶为盘口，侈口方唇，束颈，鼓腹，圈足，平底。束颈较直，最大腹径偏上，肩部饰数道凹弦纹，兼有刻划网纹，有对称铺首。壶盖为敛口，方唇，折肩，垂折腹，圜底近平，无纽。壶口径15、腹径26.2，底径17.2、带盖通高35.4厘米（图二一二，6）。

陶釜　2件。2004WSM25：1，泥质灰陶。轮制。直口微侈，方唇，短颈，溜肩，扁腹，平底近圜。肩腹部有对称小耳凸和一道凸弦纹，下腹部有刮削痕。口径7.4、腹径10.3、高6.8厘米（图二一二，7）。2004WSM25：16，泥质灰陶。轮制。直口微侈，方唇，短颈，溜肩，

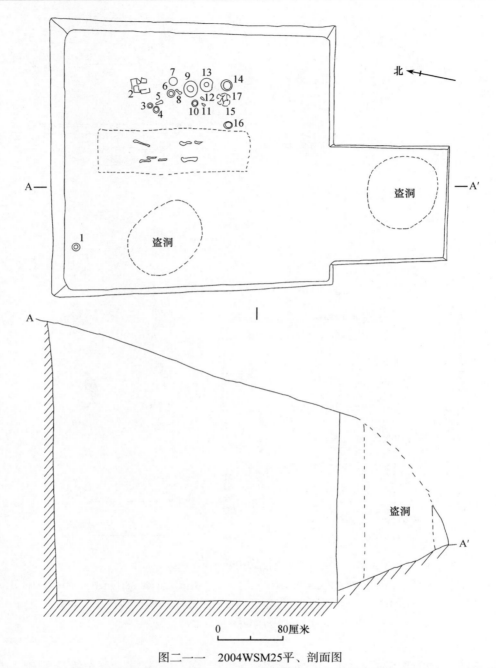

图二一一　2004WSM25平、剖面图

1、16.陶釜　2.陶灶　3、6.陶罐　4、9、10.陶壶　5、11、12.陶猪　7.陶甑　8.陶狗　13.陶瓮　14.陶盒　17.陶钵

扁鼓腹，平底，腹中部有对称小耳凸。口径5.7、腹径9.5、底径4.1、高5.5厘米（图二一二，8；图版五六，3）。

　　陶甑　1件。2004WSM25：7，泥质灰陶。轮制。直口，尖唇，平沿，三角形缘，短颈，平底。7个甑孔呈不规则排列。口径9.7、底径3.5、高5.2厘米（图二一二，9）。

　　陶钵　1件。2004WSM25：17，泥质灰陶。轮制。侈口，尖唇，平沿，三角形缘，浅弧腹，平底。口径9.6、高3.2厘米（图二一二，10）。

　　陶盒　1件。2004WSM25：14，盖缺失。泥质灰陶。子口，敛口近直，尖方唇，折肩明显，深筒腹，筒腹微斜。肩部和腹部各饰一道凹弦纹。口径11.4、腹径13、底径11.5、高15.6厘

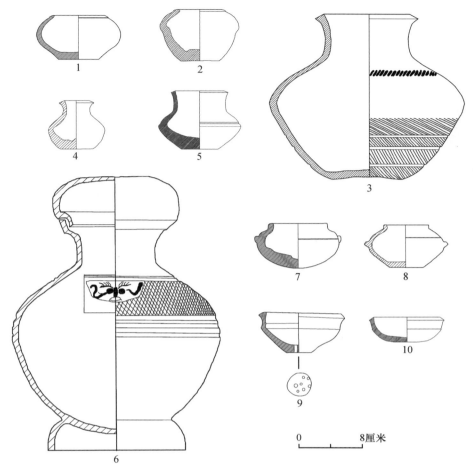

图二一二　2004WSM25出土陶器

1、2.罐（2004WSM25∶3、2004WSM25∶6）　3.瓮（2004WSM25∶13）　4～6.壶（2004WSM25∶4、2004WSM25∶10、

2004WSM25∶9）　7、8.釜（2004WSM25∶1、2004WSM25∶16）　9.甑（2004WSM25∶7）　10.钵（2004WSM25∶17）

米（图二一三，1；图版五六，4）。

陶灶　1件。2004WSM25∶2，泥质灰陶。模制修整。素面。长方形，单弧形火门置于一长侧中间与单釜眼相对，釜眼左后部有一个烟囱孔。长20.4、宽14、高7.5厘米（图二一三，2）。

陶狗　1件。2004WSM25∶8，泥质灰陶。站立状，昂首，龇牙瞪目，短束耳，尾上翘。长25.5、高17.5厘米（图二一三，3）。

陶猪　3件。2004WSM25∶5，泥质灰陶。站立状，低首，立耳，圆形睁目，尾上卷，吻部短平，龇牙咧嘴，体态健硕。长22.4、高12.4厘米（图二一三，4）。2004WSM25∶11，泥质灰陶。站立状，低首，耳贴于脑后，圆形睁目，吻部短平上翘，龇牙咧嘴，体态健硕，四肢矮短粗壮。身长6、高3.3厘米（图二一三，5）。2004WSM25∶12，泥质灰陶。站立状，低首，短立耳，圆形睁目，吻部短平，龇牙咧嘴，体态健硕，四肢矮短粗壮，尾下卷。身长8.1、高5厘米（图二一三，6）。

图二一三　2004WSM25出土陶器

1.盒（2004WSM25：14）　2.灶（2004WSM25：2）　3.狗（2004WSM25：8）　4～6.猪（2004WSM25：5、2004WSM25：11、
2004WSM25：12）

二、土坑洞室墓

共4座，均为带斜坡墓道的土坑洞室墓。

2004WSM19　土坑洞室墓，带斜坡墓道，平面形状呈"凸"字形，方向180°，位于2004WSⅣ区T0222的西部，开口于第2层下，打破生土。2004WSM19由墓道和墓室两部分组成，墓内填土为棕黄相间。墓道位于墓室的南侧（面向长江），近长方形，上窄下宽，其中上口长260、宽78～92厘米，深90～110厘米，下口长250、宽86～92厘米，深110～200厘米，墓道接近墓室位置有一盗洞；墓室为长方形洞室，长330、宽200、高162厘米，墓室底部用大小不一的片石铺就而成。人骨无存，葬具葬式不明。2004WSM19盗扰严重，无出土器物（图二一四）。

2004WSM20　土坑洞室墓，带斜坡墓道，平面形状呈"凸"字形，方向178°，位于2004WSⅣ区T0223的东部，开口于第2层下，打破生土。2004WSM20由墓道、甬道和墓室三部分组成，墓内填土为棕黄相间。墓道位于墓室的南侧（面向长江），近长方形，上窄下宽，其中上口长350、宽80～100、深75～115厘米，下口长310、宽100、深515～115厘米。甬道长90厘米，内宽100、内高154厘米，券顶、墓壁用大小较一致的片石垒砌而成，甬道和墓道的相交处用砖砌筑成墓门，墓门顶部由两层砖砌成拱形，内高154厘米；墓室为长方形洞室，长380、宽240、内高196厘米。墓室及甬道地面用砖铺成，墓道接近甬道位置有一盗洞。人骨无存，葬具葬式不明。墓葬盗扰严重，仅出土釉陶博山炉盖、钵等（图二一五）。

陶钵　1件。2004WSM20：4，泥质红陶。敞口，方唇，三角缘，弧腹，平底。腹中部有一道凹弦纹。口径11、底径5、高5厘米（图二一六，1）。

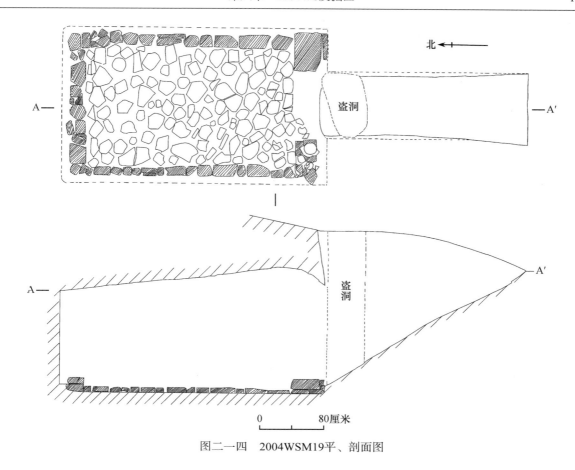

图二一四　2004WSM19平、剖面图

釉陶博山炉盖　3件。2004WSM20：1，釉陶，器表施酱黑釉。呈"山"形，器表有一圈仿"山"形纹样。口径10.9、高6.7厘米（图二一六，2）。2004WSM20：2，釉陶，器表施酱黄釉。呈"山"形，器表有网格纹，曲波纹等仿"山"形纹样，盖顶有纽。口径10.8、高7.6厘米（图二一六，3）。2004WSM20：3，釉陶，器表施酱黑釉。呈"山"形，器表有三处刻划网格三角纹样。口径9.1、高4.7厘米（图二一六，4）。

2004WSM22　土坑洞室墓，带斜坡墓道，平面形状呈刀把形，方向179°，位于2004WSⅣ区T0224的东部，开口于第2层下，打破生土。2004WSM22由墓道、甬道、墓室三部分组成，墓内填土为五花土。墓道位于墓室的南部西侧，上窄下宽，上口长298、宽80、深115～125厘米，下口长278、宽90、深115～445厘米；甬道为长方形，位于墓室南部西侧，长约144、宽92、高160厘米，拱顶；墓室近长方形，长326、宽120～130、高180厘米，拱顶。人骨无存，葬具葬式不明。出土器物有陶罐、壶、钵、盒、杯、灶等（图二一七）。

陶罐　1件。2004WSM22：2，泥质灰褐陶。敞口，圆唇，平折沿，束颈，折肩，扁弧腹，平底。肩部有弦纹。口径8、腹径9、底径4.5、高4.8厘米（图二一八，1；图版五七，1）。

陶壶　1件。2004WSM22：8，圈足壶。泥质灰褐陶。盘口，方唇，三角沿，长颈，溜肩，鼓腹，喇叭口圈足，平底。颈部内壁有数道弦纹，肩部饰一道凹弦纹，圈足饰数道弦纹。口径11.2、腹径19.6、底径15.8、高26厘米（图二一八，2）。

陶钵　1件。2004WSM22：3，泥质灰褐陶。敞口，方唇，弧腹，平底。口径9.8、底径4、

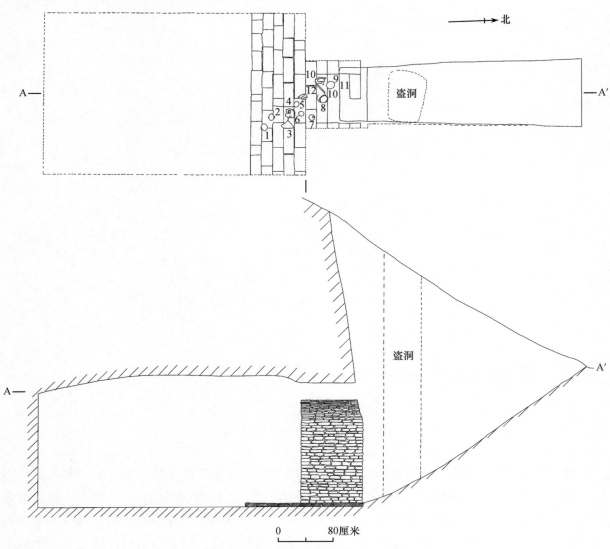

图二一五　2004WSM20平、剖面图

1～3.釉陶博山炉盖　4～7.陶钵　8～12.残片

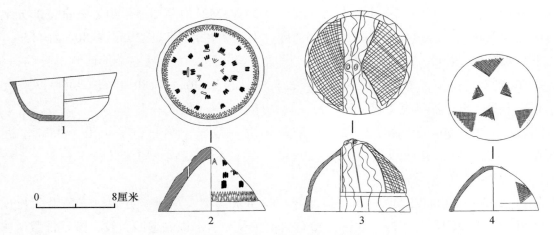

图二一六　2004WSM20出土陶器

1.陶钵（2004WSM20∶4）　2～4.釉陶博山炉盖（2004WSM20∶1、2004WSM20∶2、2004WSM20∶3）

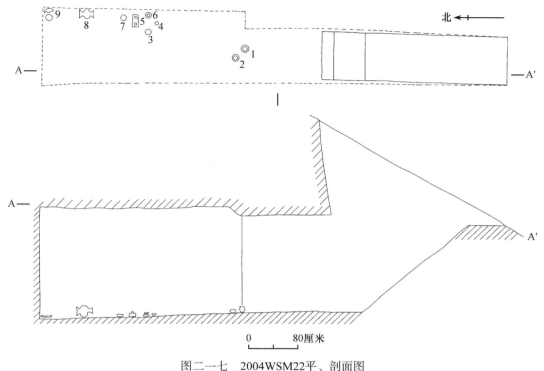

图二一七　2004WSM22平、剖面图

1、6.陶盒　2.陶罐　3.陶钵　4.陶杯　5.陶灶　8.陶壶　9.陶碟

高3厘米（图二一八，3）。

陶盒　2件。2004WSM22：1，泥质灰陶。轮制。敛口，尖唇，矮沿，平折肩，斜筒腹。腹部饰一道凹弦纹。口径9、腹径12、底径6、高10厘米（图二一八，4；图版五七，3）。2004WSM22：6，泥质灰褐陶。轮制。直口微侈，厚圆唇，斜肩，双折腹，平底内凹。口径6.4、腹径8.4、底径4、高4.5厘米（图二一八，5）。

陶杯　1件。2004WSM22：4，泥质灰褐陶。一端呈柄把，另一端为勺身，方唇，弧腹，平底。口径6.4、底径4.3、高3厘米（图二一八，7；图版五七，2）。

陶碟　1件。2004WSM22：9，泥质灰褐陶。敞口，方唇，弧腹，平底。口径9.8、底径4、高1.8厘米（图二一八，8）。

陶灶　1件。2004WSM22：5，泥质灰黑陶。长方形，双方形火门置于一长侧与两釜眼相对，两短侧各有一弧形挡板。长21.8、宽11、高12厘米（图二一八，6；图版五七，4）。

2004WSM23　土坑洞室墓，带斜坡墓道，平面形状呈刀把形，方向177°，位于2004WSⅣ区T0224的东部，开口于第2层下，打破2004WSM24，打破生土。2004WSM23由墓道、甬道、墓室三部分组成，墓内填土为五花土。墓道位于墓室的南部东侧，近长方形，上窄下宽，上口长284、宽60～84、深150厘米，下口长274、宽86～94厘米；甬道为长方形，长约86、宽94～98、高150～160厘米，拱顶；墓室近长方形，长524、宽200～208、高180厘米，墓室前部高200、后部高220厘米，拱顶。墓室有人骨1具，已朽，应为直肢葬，有棺木腐朽痕迹，性别不明。出土器物有铜鍪、铜盘、铜凤鸟饰、铜人形饰、铜泡钉、陶罐、陶楼、陶钵、陶人俑、动物俑等，主要位于墓室前部（图二一九；图版一〇，2；图版一二，1）。

铜鍪　3件。2004WSM23：1，锈蚀，器壁较薄。敞口，尖唇加厚，束颈，折肩，扁鼓腹，

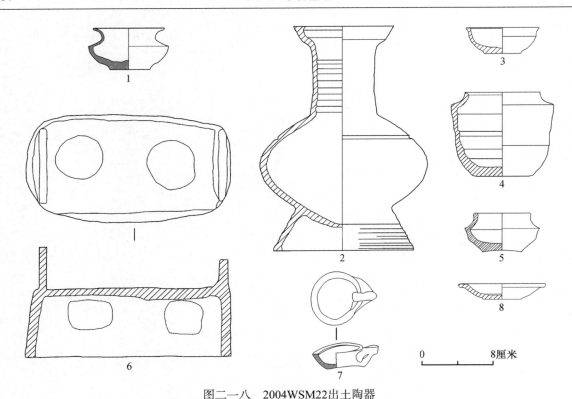

图二一八　2004WSM22出土陶器

1. 罐（2004WSM22：2）　2. 壶（2004WSM22：8）　3. 钵（2004WSM22：3）　4、5. 盒（2004WSM22：1、2004WSM22：6）
6. 灶（2004WSM22：5）　7. 杯（2004WSM22：4）　8. 碟（2004WSM22：9）

圜底。肩下对称装圆环形耳，腹部饰二周凸弦纹。口径22、腹径23、高17.8厘米（图二二〇，1）。2004WSM23：2，锈蚀。器壁较薄。敞口，尖唇，折沿，斜肩，扁鼓腹，圜底近平。肩下对称装圆环形耳，耳部饰纹腹部饰"绳纹"，腹部饰二周凸弦纹。口径22.4、腹径23.8、高15.2厘米（图二二〇，2）。2004WSM23：4，锈蚀。器壁较薄。敞口，尖唇加厚，束颈，折肩，扁鼓腹，圜底。肩下对称装圆环形耳。口径16、腹径17.8、高13厘米（图二二〇，3）。

铜盘　1件。2004WSM23：11，锈蚀。敞口，尖唇，三角缘，浅弧腹，圈足较高，外撇，平底。口径20、底径9.4、高7.2厘米（图二二〇，4）。

铜凤鸟饰　1件。2004WSM23：12，锈蚀。片形，呈凤鸟站立展翅状，凤鸟上似骑有一人状，中间有泡钉微凸起。长12.5、宽7.5厘米（图二二〇，5）。

铜人形饰　2件。2004WSM23：13，锈蚀。片形，呈人形站立，双手合并举手状，中间有一小圆孔。长15、宽6.8厘米（图二二〇，6）。2004WSM23：22，锈蚀。片形，呈人形站立，右手抚头，中间有泡钉微凸起。长15.1、宽5.8厘米（图二二〇，7）。

铜指环　1件。2004WSM23：14，锈蚀，环状。直径2厘米（图二二〇，8）。

铜泡钉　3件（出土6件SM23：15～18、20、21，原始档案中仅有3件器物卡片，公布如下）。2004WSM23：16，铜钉，锈蚀，呈伞状。直径4.4、高0.8厘米（图二二〇，9）。2004WSM23：17，铜钉，锈蚀，呈蘑菇状，器表刻划有一"龙"形图案。直径5.9、高3.7厘米（图二二〇，10）。2004WSM23：19，泡钉。呈"蝉"状，长椭圆形，泡钉表面刻划有"蝉"状线条。长7.2、宽3.4、高2.2厘米（图二二〇，11；图版五五，4）。

铜扣件　1件。2004WSM23：29，锈蚀，2片。平面呈"月牙形"，扣件长弧边有廓。长

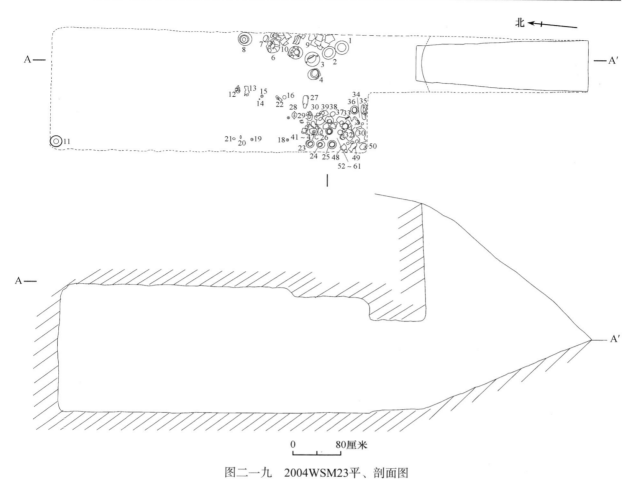

图二一九　2004WSM23平、剖面图

1、2、4.铜鍪　5.釉陶罐　6、8、31、32.陶壶　7.陶甑　9、10.陶楼　11.铜盘　12.铜凤鸟饰　13、22.铜人形饰　14.铜指环　15～21.铜泡钉　23～26、36、55.陶盒　27.陶猪　28、51.陶鸡　29.铜扣件　30.吐舌俑　33、34、61.陶灯　35.陶狗　37、45.陶击鼓俑　38.陶抱袋俑　39、40.陶舞蹈俑　41.陶庖厨俑　42.陶抚琴俑　43.陶吹箫俑　44.陶持便面俑　46～49.陶侍立俑　50.陶站立俑　52、53、56～59.陶钵　54.陶杯　60.陶碟

7.3厘米（图二二○，12）。

釉陶罐　1件。2004WSM23：5，四系罐。器表施青釉。敛口，圆唇，矮领，溜肩，深鼓腹，平底内凹。肩部有两组对称桥形双系，口沿处有三道凸弦纹，肩部和腹部饰刻划菱形小方格纹。口径12.5、腹径22.4、底径14、高21.5厘米（图二二一，1）。

陶壶　4件。2004WSM23：6，圈足壶。泥质灰褐陶。盘口微侈，厚方唇，束颈略弧，最大腹径接近中部，扁鼓腹，喇叭口高圈足，平底。腹部有对称铺首衔环耳。口、颈、腹部施酱黑釉，圈足部分施釉脱落。口沿部有一道凹弦纹，肩腹部有两道凹弦纹。口径14.4、腹径20、底径17、高26.5厘米（图二二一，2；图版五五，1）。2004WSM23：8，圈足壶。泥质灰褐陶。盘口微侈，厚方唇，束颈略弧，最大腹径接近中部，扁鼓腹，喇叭口高圈足，平底。腹部有对称铺首衔环耳。口、颈、腹部施酱黑釉，下腹部和圈足部分施釉脱落。口沿部有一道弦纹，肩腹部有三道凹弦纹。口径15、腹径21、底径16.5、高27.4厘米（图二二一，3）。2004WSM23：31，圈足壶，带盖，泥质褐陶，表面施青绿釉但大部分脱落，盘口方唇，长颈鼓腹，高圈足外撇。口颈部有两道凹弦纹，圈足有一道凹弦纹；盖呈覆盘状，顶部有一半环状

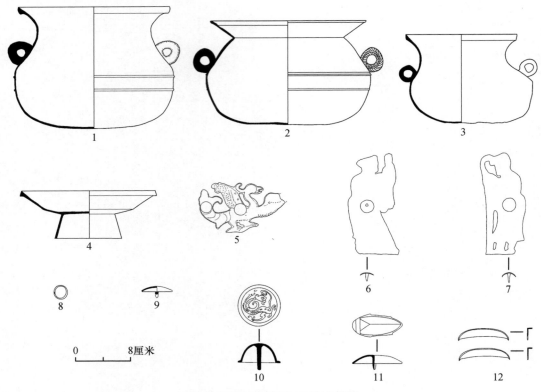

图二二〇　2004WSM23出土铜器

1～3. 鍪（2004WSM23：1、2004WSM23：2、2004WSM23：4）　4. 盘（2004WSM23：11）　5. 凤鸟饰（2004WSM23：12）

6、7. 人形饰（2004WSM23：13、2004WSM23：22）　8. 指环（2004WSM23：14）　9～11. 泡钉（2004WSM23：16、

2004WSM23：17、2004WSM23：19）　12. 扣件（2004WSM23：29）

纽。口径14.8、腹径19.8、底径15、高26厘米（图二二一，4）。2004WSM23：32，圈足壶，带盖，泥质褐陶，表面施青绿釉但大部分脱落，盘口方唇，长颈鼓腹，高圈足外撇，腹部有三道凹弦纹，上腹部有一对称衔环铺首；盖呈覆盘状，顶部有一半环状纽。口径14.2、腹径20、底径16.8、通高31.4厘米（图二二一，5）。

陶甑　1件。2004WSM23：7，泥质灰褐陶。轮制。侈口，方唇，微束颈，弧腹，平底。1个甑孔位于底部中间。口径9.4、底径4.5、高3.7厘米（图二二一，6）。

陶钵　6件。2004WSM23：52，泥质褐陶。敞口，圆唇，微出沿，弧腹，平底。口径9.6、底径4.4、高3.4厘米（图二二一，7）。2004WSM23：53，泥质褐陶。敞口，圆唇，微出沿，弧腹，矮假圈足，宽平底较厚。口径10.3、底径4.8、高4厘米（图二二一，8）。2004WSM23：56，泥质褐陶。敞口，厚方唇，微出沿，弧腹，厚平底。口径9、底径4.2、高3厘米（图二二一，9）。2004WSM23：57，泥质褐陶。敛口，厚圆唇，折肩，弧腹，厚平底。口径7.6、底径4.6、腹径9、高4.4厘米（图二二一，10）。2004WSM23：58，泥质褐陶。敞口，厚圆唇，浅弧腹，平底。口径8.5、底径4、高2.6厘米（图二二一，11）。2004WSM23：59，泥质褐陶。敞口，方唇，弧腹，平底。口径8、底径4.5、高3厘米（图二二一，12）。

陶盒　6件。2004WSM23：23，泥质灰陶。轮制。侈口，尖唇，矮沿，平折肩，斜筒腹，平底。腹外饰一道凹弦纹，下腹内壁不平。口径9.4、腹径12.4、高9.8厘米（图二二二，

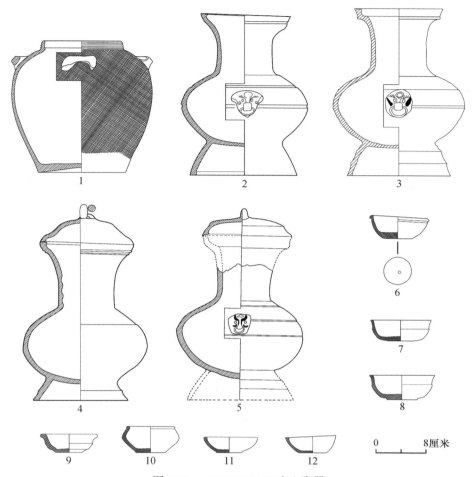

图二二一　2004WSM23出土陶器

1.罐（2004WSM23：5）　　2~5.壶（2004WSM23：6、2004WSM23：8、2004WSM23：31、2004WSM23：32）

6.瓿（2004WSM23：7）　7~12.钵（2004WSM23：52、2004WSM23：53、2004WSM23：56、2004WSM23：57、

2004WSM23：58、2004WSM23：59）

1）。2004WSM23：24，泥质灰陶。轮制。侈口，尖唇，矮沿，平折肩，斜筒腹，平底。腹外饰一道凹弦纹，腹内饰数道凹弦纹。口径9.2、腹径12.5、高9厘米（图二二二，2）。2004WSM23：25，泥质灰陶。轮制。侈口，尖唇，矮沿，平折肩，斜筒腹，平底。腹外饰一道凹弦纹，腹内饰数道凹弦纹。口径10、腹径13、底径6、高9.4厘米（图二二二，3）。2004WSM23：26，泥质灰陶。轮制。侈口，尖唇，矮沿，平折肩，斜筒腹，平底。腹外饰一道凹弦纹，下腹内饰数道凹弦纹。口径9.2、腹径12.5、底径6、高9.4厘米（图二二二，4）。2004WSM23：36，泥质灰陶。轮制。侈口，尖唇，矮沿，平折肩，斜筒腹，平底。腹外饰一道凹弦纹，腹内饰数道凹弦纹。口径10.2、腹径13.5、底径6.4、高10厘米（图二二二，5）。2004WSM23：55，泥质灰陶。轮制。侈口，尖唇，矮沿，平折肩，斜筒腹，平底。腹部饰一道凹弦纹。口径9.2、腹径12.5、底径6、高9.4厘米（图二二二，6）。

陶杯　1件。2004WSM23：54，泥质褐陶。一端呈柄把，另一端为勺身，方唇，弧腹，平底。长径6、短径5、高3.7厘米（图二二二，7）。

陶碟　1件。2004WSM23：60，碟（盘）。泥质褐陶。敞口，方唇，浅弧腹，平底。口径

9、底径3.9、高2厘米（图二二二，8）。

　　陶灯　3件。2004WSM23：33，泥质褐陶。轮制拼接。侈口，方唇，折腹，平底。细实心柄下接喇叭口圈足，灯盘中有凸起的锥状纽。口径5.9、高8.2厘米（图二二二，9）。2004WSM23：34，泥质褐陶。轮制拼接。侈口，方唇，折腹，平底。细实心柄下接喇叭口圈足。口径8.5、高8.5厘米（图二二二，10）。2004WSM23：61，泥质灰陶。轮制拼接。细柄豆形，敞口，方唇，弧腹，平底。长细实心柄下有覆盘状圈足，灯盘中下凹，灯盘腹部有两道凹弦纹。口径11.6、底径14、高22.2厘米（图二二二，11）。

　　陶楼　2件。2004WSM23：9，泥质褐陶。有双斗拱、瓦顶、栏杆等。长36.4、宽13.5、高28.2厘米（图二二二，12）。2004WSM23：10，泥质灰陶。有斗拱、瓦顶、栏杆等构件，瓦顶

图二二二　2004WSM23出土陶器

1～6.盒（2004WSM23：23、2004WSM23：24、2004WSM23：25、2004WSM23：26、2004WSM23：36、2004WSM23：55）

7.杯（2004WSM23：54）　　8.碟（2004WSM23：60）　　9～11.灯（2004WSM23：33、2004WSM23：34、2004WSM23：61）

12、13.楼（2004WSM23：9、2004WSM23：10）

前檐似有图案。长33.2、宽9.2、高28.6厘米（图二二二，13；图版五五，2）。

陶击鼓俑　2件。2004WSM23：37，泥质褐陶。头戴平巾帻，面露微笑，裹衣圆领，外衣交领右衽，宽袖，及地。踞坐，右膝前置鼓，左手抚鼓，右手持在胸前，做击鼓状。高21.6厘米（图二二三，1）。2004WSM23：45，泥质褐陶。头戴平巾帻，面露微笑，裹衣圆领，外衣交领右衽，宽袖，及地。踞坐，右膝前置鼓，左手抚鼓，右手持在胸前，做击鼓状。高22.3厘米（图二二三，2）。

陶抱袋俑　1件。2004WSM23：38，泥质褐陶。戴圆帽，面部丰满，嘴角微上扬，面露微笑，穿交领右衽长袍，宽长袖，束腰，站立状，右手上抬，左手抱袋横于胸前，袋口朝下，似有物品掉出。高25.9厘米（图二二三，3）。

陶舞蹈俑　2件。2004WSM23：39，泥质褐陶。梳山形髻，束巾，面部丰满，穿交领右衽长裙，宽袖，袖端起褶呈喇叭状，束腰，下摆宽大，左手提裙，右手上扬，跨步起舞。高26.7厘米（图二二三，4；图版五五，3）。2004WSM23：40，泥质灰陶。束方巾，面部丰满，穿

图二二三　2004WSM23出土陶器

1、2.击鼓俑（2004WSM23：37、2004WSM23：45）3.抱袋俑（2004WSM23：38）4、5.舞蹈俑（2004WSM23：39、2004WSM23：40）6.庖厨俑（2004WSM23：41）7.抚琴俑（2004WSM23：42）8.吹箫俑（2004WSM23：43）9.持便面俑（2004WSM23：44）

交领右衽长裙，宽袖，袖端起褶呈喇叭状，束腰，下摆宽大，右手提裙，左手上扬，跨步起舞。高24厘米（图二二三，5）。

陶庖厨俑　1件。2004WSM23：41，泥质褐陶。头戴平巾帻，面露微笑，褻衣圆领，外衣交领右衽，宽袖，及地，踞坐，膝前置案，左手置鱼于案上，右手持刀。高20.2厘米（图二二三，6）。

陶抚琴俑　1件。2004WSM23：42，泥质褐陶。头戴平巾帻，面露微笑，褻衣圆领，外衣交领右衽，宽袖，及地，踞坐，琴横置于两膝之间，左手扶弦，右手弹拨，做抚琴状。高21厘米（图二二三，7）。

陶吹箫俑　1件。2004WSM23：43，泥质褐陶，前后中部有合范的坯缝。戴尖帽，深目，高鼻，穿长袍，窄袖，双手握箫做吹奏状，跪坐式，身体向左倾斜，面部丰满，颧骨高耸，脸略瘦，长箫。高21厘米（图二二三，8）。

陶持便面俑　1件。2004WSM23：44，泥质褐陶。头戴平巾帻，面露微笑，穿交领右衽长袍，宽长袖，束腰，站立状。左手提裙，右手持便面置于胸前。高26.2厘米（图二二三，9）。

陶侍立俑　4件。2004WSM23：46，泥质褐陶。两手拢袖拱于胸前，站立状，身体略前倾，戴平巾帻，着及地长袍，右衽，窄长袖，束腰。高24厘米（图二二四，1）。2004WSM23：47，泥质褐陶。两手拢袖拱于胸前，站立状，梳山形髻，裹巾，深目，高鼻，颧骨较高，着及地长袍，右衽，窄长袖，束腰。高19.8厘米（图二二四，2）。2004WSM23：48，泥质褐陶。头戴圆巾帻，面露微笑，高鼻，颧骨较高，嘴大，着及地长袍。高20.4厘米（图二二四，3）。2004WSM23：49，泥质褐陶。两手拢袖拱于胸前，站立状，头戴平巾帻，面露微笑，着及地长袍，窄长袖，束腰。通高20.5厘米（图二二四，4）。

陶站立俑　1件。2004WSM23：50，泥质褐陶。站立状，头戴平巾帻，面露微笑，着及地长袍，左手持物立于胸前。高22.7厘米（图二二四，5）。

陶狗　1件。2004WSM23：35，泥质褐陶。站立状，昂首，立耳，龇牙瞪目，尾上卷贴于背部，颈系带并穿于背部环中。长22.5厘米，宽12厘米，高24.7厘米（图二二四，6）。

陶猪　1件。2004WSM23：27，泥质褐陶。站立状，昂首，立耳，圆形睁目，吻部上翘且，龇牙咧嘴，体态健硕，背部有一道鬃毛浓密。长24.96、宽8.82、高10.7厘米（图二二四，7）。

陶鸡　2件。2004WSM23：28，子母鸡。泥质褐陶。昂首，尖喙，尾上翘，蹲伏于圆形底座上。胸前和背上各有1只小鸡，翅膀、后部及尾羽刻划线条。长19.7、高13.4厘米（图二二四，8）。2004WSM23：51，陶公鸡。泥质褐陶。双足站立状，低首，尖喙，圆眼，高冠，尾上翘，翅膀、后部及尾羽刻划线条。长9、高8厘米（图二二四，9）。

陶吐舌俑　1件。2004WSM23：30，泥质褐陶。低首，双目微张，张嘴吐舌，舌长至地，前腿直立，后腿弯曲呈蹲踞状。宽12、高18.1厘米（图二二四，10）。

图二二四　2004WSM23出土陶器

1~4.侍立俑（2004WSM23：46、2004WSM23：47、2004WSM23：48、2004WSM23：49）　5.站立俑（2004WSM23：50）

6.陶狗（2004WSM23：35）　7.陶猪（2004WSM23：27）　8、9.陶鸡（2004WSM23：28、2004WSM23：51）

10.吐舌俑（2004WSM23：30）

第七章　分期与年代

第一节　型式划分

　　巫山江东嘴墓地在本报告的5个发掘区中共发掘102座墓葬，墓葬间有打破关系有9组，分别为2000WJM25→2000WJM26、2000WJM43→2000WJM45、2000WJM44→2000WJM48→2000WJM40、2003WJM5→2003WJM48、2003WJM11→2003WJM12、2004WSM15→2004WSM16、2004WSM17→2004WSM18、2004WSM23→2004WSM24、2004WSM27→2004WSM28。有打破关系的9组墓葬中，有4组均有随葬品出土，分别为2000WJM25→2000WJM26、2000WJM48→2000WJM40、2004WSM17→2000WJM18、2004WSM23→2004WSM24。以该4组有打破关系墓葬的相对年代关系为基础，结合墓葬出土随葬器物组合关系，运用考古类型学的相关方法，通过桥联法、串联法等对随葬品进行分析，在此基础上分类和划分型式，探讨器物演变规律，为分期和年代讨论提供基础。江东嘴墓地随葬器物包括陶器、釉陶器、瓷器、铜器、铁器等。

一、陶　　器

　　陶器以泥质灰陶为主，器类有鼎、罐、瓮、壶、釜、盂、甑、钵、碗、盅、盒、器盖、器座、耳杯、杯、碟、灯、灶、井、仓，陶俑等。依器类分析如下。

1. 鼎

　　共8件。以泥质灰陶为主，有部分红褐陶，依器形特征，分三型。

　　A型　子母口，腹较浅，立耳外撇，一般带盖，三足。依耳部特征可分为二亚型。

　　Aa型　立耳较高，平折略外撇，足较短，分三式。

　　Ⅰ式：三柱足微外撇，穹隆状顶盖，上饰三"鸟状"錾耳。如2004WSM18：4（图二二五，1；图版一三，1）。

　　Ⅱ式：长方形附耳安在口沿外侧，三蹄形足略直，弧顶盖上有三个半环耳。如1998WJM15：5（图二二五，2；图版一三，2）。

　　Ⅲ式：长方形附耳安在口沿下方向外平伸，三蹄形足外撇，弧顶盖上有乳突状纽。如2000WJM42：2（图二二五，3；图版一三，3）。

演变规律：立耳渐外撇，盖渐简化。

Ab型　立耳较高，平折略外撇，足较短，分二式。

Ⅰ式：兽蹄足外撇，平折耳，鼎盖覆钵形，上饰三个盲纽。如2003WSM6：6（图二二五，4）。

Ⅱ式：兽蹄足内收，平折耳，鼎盖呈覆钵形，上饰三个盲纽。如2003WSM1：8（图二二五，5；图版一三，4）。

演变规律：立耳、足渐外撇。

B型　立耳较短，弧折外撇。如2000WJM30：58、2003WJM8：10（图二二五，6）。

C型　立耳较短，斜直。如1998WJM20：15（图二二五，7；图版一四，1）。

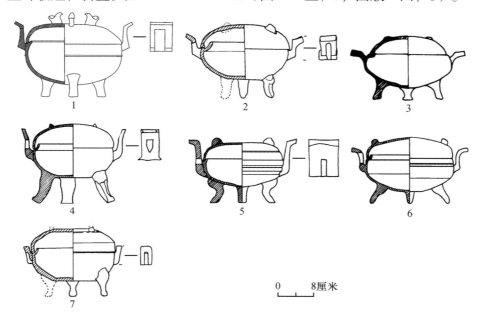

0　　　8厘米

图二二五　江东嘴墓地出土陶鼎

1. Aa型Ⅰ式（2004WSM18：4）　2. Aa型Ⅱ式（1998WJM15：5）　3. Aa型Ⅲ式（2000WJM42：2）　4. Ab型Ⅰ式（2003WSM6：6）

5. Ab型Ⅱ式（2003WSM1：8）　6. B型（2003WJM8：10）　7. C型（1998WJM20：15）

2. 罐

共203件。不包括残墓出土和采集的。以泥质灰陶为主，有部分褐陶和黑褐陶，依器形特征，分三型。

A型　有肩，斜腹，平底，一般肩饰刻划指甲纹等，腹部有刮痕。依肩腹部特征，可分为三亚型。

Aa型　斜腹较深，分三式。

Ⅰ式：弧折肩，筒腹略鼓，平底。如2004WSM18：5（图二二六，1；图版一七，1）、2004WSM18：6、2004WSM18：13，2004WSM10：1。

Ⅱ式：短颈，弧折肩，斜收腹，平底。如2000WJM30：1（图二二六，2）、2000WJM30：59。

Ⅲ式：矮沿，斜折肩，斜腹较甚。如2000WJM25：21（图二二六，3）、2000WJM25：39

（图版一七，2），2000WJM45：6。

演变规律：肩渐折腹渐深直。

Ab型　有肩，斜腹，分二式。

Ⅰ式：折肩，斜弧腹，平底。如2000WJM30：42（图二二六，4）。

Ⅱ式：矮沿，折肩，斜腹较甚。如2000WJM25：1（图二二六，5）、2000WJM25：43、2000WJM25：46、2000WJM25：47、2000WJM45：6。

演变规律：斜腹渐直。

Ac型　矮沿，宽折肩，斜腹较浅。如2000WJM25：75（图二二六，6）、2004WSM38：10、2004WSM38：13。

B型　溜肩，扁腹，平底，一般肩饰刻划纹或指甲纹等。依口沿、腹部特征，可分为四亚型。

Ba型　厚圆唇，短颈，鼓腹，肩有纹饰。分二式。

Ⅰ式：厚圆唇，短颈，鼓腹，平底。如2004WSM10：5（图二二六，7；图版一七，3）。

Ⅱ式：短颈，鼓腹，平底。如2004WSM17：3、2004WSM17：4（图二二六，8；图版一七，4）2004WSM17：5、2004WSM17：8、2004WSM17：9。

演变规律：器形渐小，口渐大。

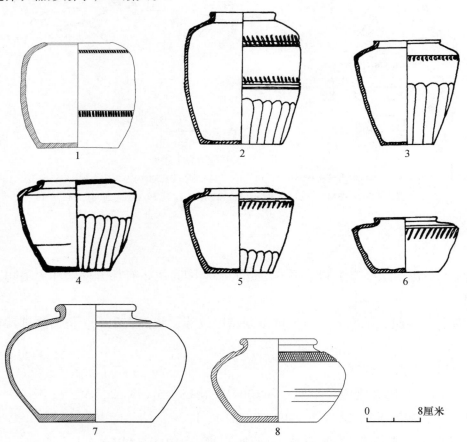

图二二六　江东嘴墓地出土陶罐

1. Aa型Ⅰ式（2004WSM18：5）　2. Aa型Ⅱ式（2000WJM30：1）　3. Aa型Ⅲ式（2000WJM25：21）　4. Ab型Ⅰ式（2000WJM30：42）
5. Ab型Ⅱ式（2000WJM25：1）　6. Ac型（2000WJM25：75）　7. Ba型Ⅰ式（2004WSM10：5）　8. Ba型Ⅱ式（2004WSM17：4）

Bb型　溜肩，扁鼓腹较深，平底，肩部有纹饰，分三式。

Ⅰ式：溜肩，扁腹斜收，平底。如2004WSM10：19（图二二七，1；图版一八，1）、2004WSM10：16。

Ⅱ式：短颈，溜肩，扁鼓腹，平底。如2000WJM30：26（图二二七，2）、2000WJM30：6、1998WJM18：28。

Ⅲ式：矮沿，扁鼓腹，平底。如2000WJM25：19（图二二七，3；图版一八，2）、2000WJM25：45。

演变规律：口部渐小渐高。

Bc型　溜肩，腹较扁，平底，肩部有纹饰，分三式。

Ⅰ式：溜肩，扁腹，平底。如2004WSM18：9（图二二七，4；图版一八，3）、2004WSM18：11、2004WSM10：8、2004WSM10：11。

Ⅱ式：短颈，扁腹，平底。如2000WJM30：36（图二二七，5）、2000WJM30：45、1998WJM18：25。

Ⅲ式：矮沿，扁鼓腹，平底。如2000WJM25：30（图二二七，6）。

演变规律：口部渐小渐高。

Bd型　溜肩较宽，扁腹较浅，平底，肩部有纹饰。如2004WSM10：2（图二二七，7；图版一八，4）、2004WSM10：12。

C型　折肩，筒腹，近圜底，肩腹饰压印纹的贴泥带，如2000WJM26：14（图二二七，8）。

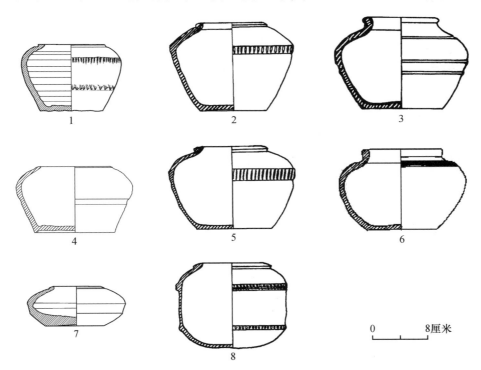

图二二七　江东嘴墓地出土陶罐

1. Bb型Ⅰ式（2004WSM10：19）　2. Bb型Ⅱ式（2000WJM30：26）　3. Bb型Ⅲ式（2000WJM25：19）

4. Bc型Ⅰ式（2004WSM18：9）　5. Bc型Ⅱ式（2000WJM30：36）　6. Bc型Ⅲ式（2000WJM25：30）

7. Bd型（2004WSM10：2）　8. C型（2000WJM26：14）

3. 瓮

共48件。以泥质、细砂灰陶为主，有部分褐陶。依器形特征，分四型。

A型　折沿外伸，斜直颈，斜广肩，斜弧腹，平底，腹饰交错绳纹。依器形特征，可分为四亚型。

Aa型　器形较大，口略大，分二式。

Ⅰ式：折沿外伸，斜直颈，斜广肩，斜腹，底部上凹。如2003WJM10：1、2003WJM10：43、2003WJM10：44（图二二八，1；图版一四，2）、1998WJM15：1。

Ⅱ式：折沿，颈略矮，颈肩之间折角明显，宽折肩，平底，腹饰绳纹。如2000WJM25：10（图二二八，2；图版一四，3）。

演变规律：平底内凹渐平，腹渐弧。

Ab型　器形较大，口略小，肩较宽，分二式。

Ⅰ式：折沿外伸，斜直颈，斜广肩，斜腹，底部上凹。如1998WJM15：18（图版一四，4）、2000WJM26：23（图二二八，3）。

Ⅱ式：颈略矮，颈肩之间折角明显，宽肩较平，凹圜底，肩饰弦纹。如2000WJM25：8（图二二八，4）。

演变规律：平底内凹渐平，腹渐弧。

Ac型　器形较小，分二式。

Ⅰ式：折沿外伸，斜直颈，斜广肩，斜腹，底部上凹。如2003WJM10：68（图二二八，5；图版一五，1）、1998WJM17：1、1998WJM14：9。

Ⅱ式：颈略矮，颈肩之间折角明显，宽肩较平，凹圜底，肩饰刻划纹。如2000WJM42：1（图二二八，6；图版一五，2）。

演变规律：平底内凹渐平，腹渐弧。

Ad型　器形较小，口较大，腹较扁，分二式。

Ⅰ式：斜直领，溜肩，斜腹，底内凹，腹部饰斜绳纹。如2003WJM10：46（图二二八，7；图版一五，3）。

Ⅱ式：颈略矮，颈肩之间折角明显，宽肩较平，凹圜底。如2004WSM38：8（图二二八，8；图版一五，4）。

演变规律：平底内凹渐平，腹渐弧。

B型　矮领，鼓腹，腹饰绳纹。依器形特征，分三亚型。

Ba型　鼓腹较深。折沿外伸，斜直颈，斜广肩，底内凹。2003WJM10：92（图二二九，1）、1998WJM18：6（图版一六，1）。

Bb型　矮领，鼓腹，下腹内收，肩部饰弦纹，下腹部饰绳纹。如2003WJM10：53（图二二九，2；图版一六，2）。

Bc型　扁鼓腹较浅，分二式。

Ⅰ式：广肩，鼓腹，圜底略内凹。如2003WJM10：4（图二二九，3）。

Ⅱ式：束颈，圆肩，圜底。如2000WJM25：56（图二二九，4）。

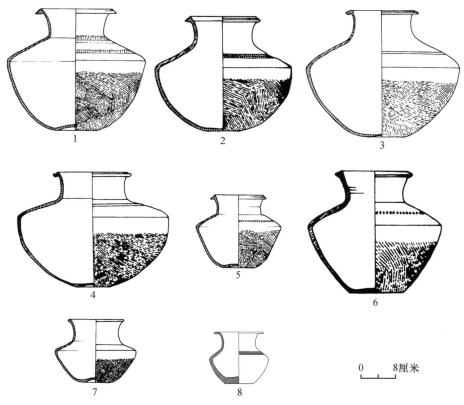

图二二八　江东嘴墓地出土陶瓿

1. Aa型Ⅰ式（2003WJM10：44）　2. Aa型Ⅱ式（2000WJM25：10）　3. Ab型Ⅰ式（2000WJM26：23）　4. Ab型Ⅱ式（2000WJM25：8）
5. Ac型Ⅰ式（2003WJM10：68）　6. Ac型Ⅱ式（2000WJM42：1）　7. Ad型Ⅰ式（2003WJM10：46）　8. Ad型Ⅱ式（2004WSM38：8）

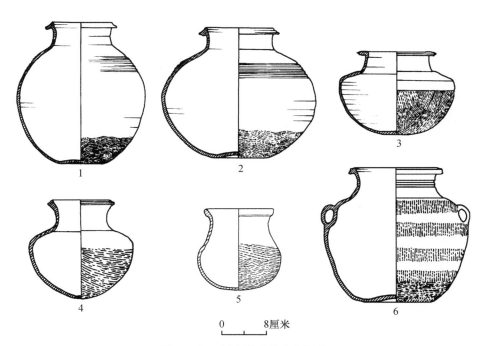

图二二九　江东嘴墓地出土陶瓿

1. Ba型（2003WJM10：92）　2. Bb型（2003WJM10：53）　3. Bc型Ⅰ式（2003WJM10：4）　4. Bc型Ⅱ式（2000WJM25：56）
5. C型（1998WJM18：31）　6. D型（2003WSM8：12）

演变规律：平底渐圜，腹渐深。

C型　器形较小，斜弧颈，垂鼓腹，圜底，腹饰绳纹。如1998WJM18：31（图二二九，5；图版一六，3）。

D型　高领，束颈，双耳，鼓腹弧收，腹饰绳纹。如2003WSM8：12（图二二九，6）、2000WJM38：2（图版一六，4）、1998WJM13：1。

4.壶

共81件。以泥质、细砂灰陶为主，有部分褐陶。依器形特征，分二型。

A型　器形较小，无圈足。依器形特征，分三亚型。

Aa型　口略大，分四式。

Ⅰ式：三角缘，弧颈，宽折肩，扁鼓腹，平底，肩饰刻划纹。如2004WSM18：10（图二三○，1；图版一九，1）。

Ⅱ式：斜直领，鼓腹，小平底，肩饰刻划纹或腹部有刮痕。如2003WJM10：7、2003WJM10：16、2003WJM10：55、2003WJM10：28（图二三○，2）、2003WJM10：35、2000WJM30：11、2000WJM30：25、1998WJM18：18、1998WJM18：20。

Ⅲ式：三角缘，弧颈，扁腹，圜底，肩饰刻划纹，腹部有刮痕。如2004WSM25：10（图二三○，3）、2000WJM48：6。

Ⅳ式：三角缘，弧颈，腹较扁，圜底近平，肩饰刻划纹。如2000WJM23：3（图二三○，4）、2000WJM51：3。

演变规律：平底渐圜，扁腹先渐弧后渐扁平。

Ab型　口略小。器形较细长，分四式。

Ⅰ式：弧颈，扁腹，平底，肩饰刻划纹或腹部有刮痕。如2004WSM18：7（图二三○，5）、2004WSM10：18。

Ⅱ式：弧颈，扁鼓腹，平底。如2003WJM10：23、2003WJM10：24（图二三○，6）。

Ⅲ式：弧颈，扁腹，平底。如2000WJM25：37（图二三○，7）。

Ⅳ式：弧颈，腹较扁，平底。如2000WJM23：2（图二三○，8）、2000WJM23：4。

演变规律：扁腹先渐弧后渐扁平。

Ac型　口略小，器形较扁平，分二式。

Ⅰ式：扁腹，宽平底，肩部饰刻划纹。如2004WSM10：3（图二三○，9；图版一九，2）。

Ⅱ式：扁腹，宽平底，肩部饰刻划纹。如1998WJM18：8（图二三○，10）、2003WJM10：6。

演变规律：腹渐弧。

B型　有圈足。依器形特征，分四亚型。

Ba型　器形较小，双环耳，分三式。

Ⅰ式：盘口，方唇，束颈，宽肩，扁腹，圈足，平底，肩部饰数道弦纹，腹中部有对称小环耳。如2004WSM10：7（图二三一，1；图版一九，3）。

Ⅱ式：盘口，方唇，束颈，宽肩，扁腹，圈足，平底，肩部饰数道弦纹，腹中部有对称小环耳。如1998WJM20：17（图二三一，2；图版一九，4）。

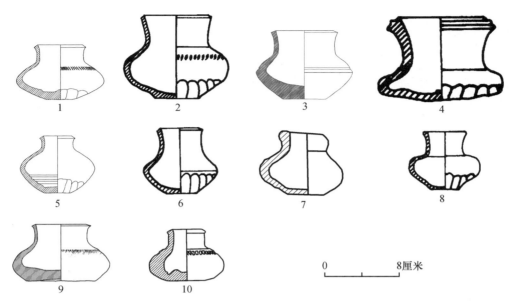

图二三〇 江东嘴墓地出土陶壶

1.Aa型Ⅰ式（2004WSM18：10） 2.Aa型Ⅱ式（2003WJM10：28） 3.Aa型Ⅲ式（2004WSM25：10） 4.Aa型Ⅳ式（2000WJM23：3）
5.Ab型Ⅰ式（2004WSM18：7） 6.Ab型Ⅱ式（2003WJM10：24） 7.Ab型Ⅲ式（2000WJM25：37） 8.Ab型Ⅳ式（2000WJM23：2）
9.Ac型Ⅰ式（2004WSM10：3） 10.Ac型Ⅱ式（1998WJM18：8）

　　Ⅲ式：盘口，方唇，束颈，鼓腹，圈足，平底，束颈较直，最大腹径偏上，肩部饰数周弦纹，下腹器壁内有数周凹弦纹，肩腹结合部有对称环纽状耳。如2004WSM17：6（图二三一，3；图版二〇，1）。

　　演变规律：腹渐高。

　　Bb型　器形较大，双环耳，分二式。

　　Ⅰ式：带盖，壶为盘口，方唇，束颈，鼓腹，圈足，平底，器身饰多周弦纹，肩腹结合部有对称环纽状耳；壶盖为敛口，方唇，斜肩，折腹，圜底，盖上有三柱足，呈"飞鹤"状。如2004WSM18：1（图二三一，4；图版二〇，2）。

　　Ⅱ式：盘口，厚方唇，束颈，圆肩，鼓腹，肩饰多周凹弦纹。如2000WJM30：31（图二三一，5）、1998WJM15：17（图版二〇，3）。

　　演变规律：圜底渐平。

　　Bc型　器形较大，对称铺首，分三式。

　　Ⅰ式：侈口，厚方唇，束颈，圆肩，鼓腹，圈足，铺首衔环双耳。如2000WJM30：62（图二三二，1；图版二〇，4）。

　　Ⅱ式：侈口，方唇，束颈，鼓腹，圈足，平底，束颈较直，最大腹径偏上，器身饰多周弦纹，肩腹结合部有对称铺首衔环耳。如2004WSM17：1（图二三二，2；图版二一，1）。

　　Ⅲ式：侈口近直，方唇，曲颈，溜肩，垂腹。最大腹径偏下，肩腹部饰弦纹，腹部有对称简化形铺首耳。如2000WJM29：3（图二三二，3；图版二一，2）宽肩、扁腹。

　　演变规律：腹渐垂，铺首渐简。

　　Bd型　器形较大，细颈，圈足较高，分二式。

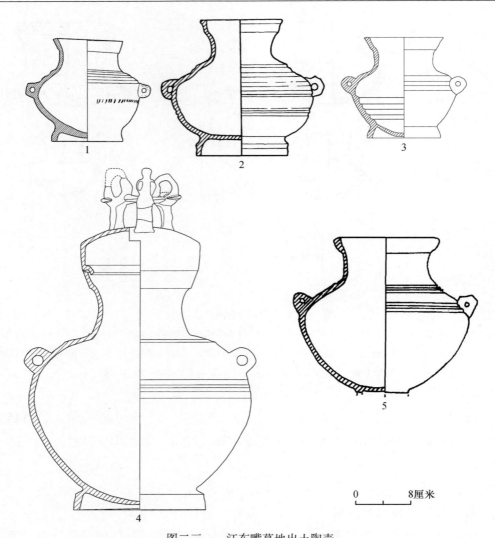

图二三一　江东嘴墓地出土陶壶

1. Ba型Ⅰ式（2004WSM10：7）　2. Ba型Ⅱ式（1998WJM20：17）　3. Ba型Ⅲ式（2004WSM17：6）

4. Bb型Ⅰ式（2004WSM18：1）　5. Bb型Ⅱ式（2000WJM30：31）

　　Ⅰ式：侈口，方唇，束颈较细，宽肩，扁腹，肩腹饰弦纹，腹中部有对称小环耳。如 2000WJM30：60（图二三二，4；图版二一，3）。

　　Ⅱ式：盘口，方唇，长颈，溜肩，鼓腹，喇叭口圈足，平底。颈、肩部饰弦纹，圈足饰数道弦纹。如2004WSM22：8（图二三二，5；图版二一，4）。

　　演变规律：细颈渐长，腹渐小，圈足渐高。

5. 釜

　　共40件。以泥质、夹砂灰陶为主，有部分褐陶。依器形特征，分三型。

　　A型　弧腹较深，平底或圜底。依口腹部特征，分四亚型。

　　Aa型　口略大，矮领，溜肩，弧腹较深。分二式。

　　Ⅰ式：矮领，溜肩，弧腹较深，平底。如2004WSM18：15（图二三三，1；图版二二，1）。

　　Ⅱ式：矮领，溜肩，弧腹较深，圜底。如2004WSM17：17（图二三三，2；图版二二，2）。

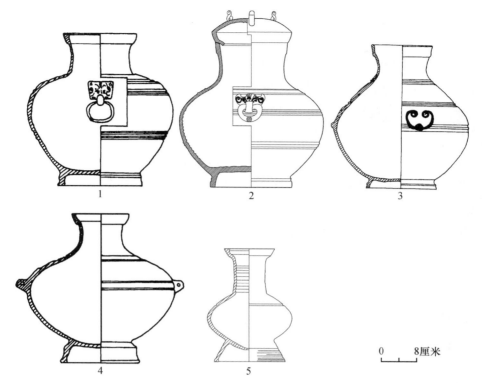

图二三二　江东嘴墓地出土陶壶

1. Bc型Ⅰ式（2000WJM30：62）　2. Bc型Ⅱ式（2004WSM17：1）　3. Bc型Ⅲ式（2000WJM29：3）

4. Bd型Ⅰ式（2000WJM30：60）　5. Bd型Ⅱ式（2004WSM22：8）

演变规律：底渐圜。

Ab型　口略大，矮领，溜肩，鼓腹，平底。如2000WJM30：3（图二三三，3）、2003WSM8：10。

Ac型　口略小，矮领，溜肩，弧腹较深，平底。如2003WSM8：11（图二三三，4；图版二二，3）、2004WSM31：8。

Ad型　口略小，敛口，溜肩，弧腹较深，平底，分二式。

Ⅰ式：矮领，溜肩，鼓腹较深，平底。如2004WSM24：6，（图二三三，5）。

Ⅱ式：矮领，溜肩，鼓腹，平底。如2004WSM26：10（图二三三，6）。

演变规律：腹渐扁。

B型　矮领，溜肩，弧腹，平底。依器形特征，分二亚型。

Ba型　矮领，溜肩，弧腹，平底，分三式。

Ⅰ式：矮领，溜肩，弧鼓腹，平底。如2003WJM10：21（图二三三，7）、2003WJM10：33（图版二二，4）。

Ⅱ式：矮领，溜肩，扁弧腹，平底。如2000WJM25：34（图二三三，8）。

Ⅲ式：矮领，扁弧腹，平底。如2000WJM48：1（图二三三，9）。

演变规律：腹渐扁。

Bb型：口略小，矮领，溜肩，扁弧腹，平底较宽，分二式。

演变规律：腹渐直。

　　Ⅰ式：矮领，溜肩，扁弧腹，平底较宽。如1998WJM18：16、1998WJM18：22（图
二三三，10）。

　　Ⅱ式：敛口，扁弧腹，平底。如2003WJM9：8（图二三三，11）。

　　C型　溜肩，弧腹，圜底或小平底。依器形特征，分二亚型。

　　Ca型　矮领，溜肩，弧腹，圜底，分三式。

　　Ⅰ式：矮领，溜肩，弧腹，圜底。如2000WJM26：18（图二三三，12）。

　　Ⅱ式：矮领，溜肩，扁弧腹，圜底。如2003WJM10：49（图二三三，13）、2000WJM30：57。

　　Ⅲ式：矮领，扁弧腹，圜底。如2000WJM25：4（图二三三，14）。

　　演变规律：腹渐扁。

　　Cb型　敛口，溜肩，弧腹，圜底，如2000WJM25：61（图二三三，15）。

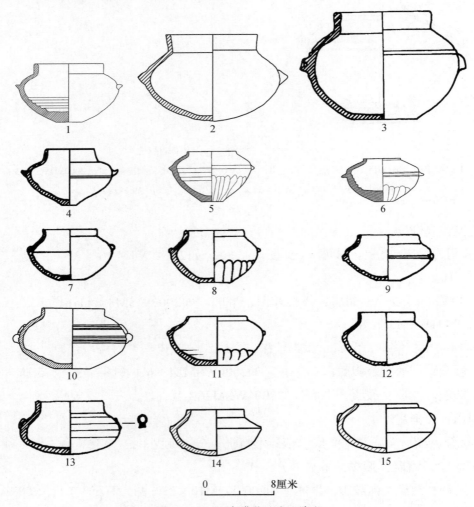

图二三三　江东嘴墓地出土陶釜

1. Aa型Ⅰ式（2004WSM18：15）　2. Aa型Ⅱ式（2004WSM17：17）　3. Ab型（2000WJM30：3）　4. Ac型（2003WSM8：11）
5. Ad型Ⅰ式（2004WSM24：6）　6. Ad型Ⅱ式（2004WSM26：10）　7. Ba型Ⅰ式（2003WJM10：21）　8. Ba型Ⅱ式（2000WJM25：34）
9. Ba型Ⅲ式（2000WJM48：1）　10. Bb型Ⅰ式（1998WJM18：22）　11. Bb型Ⅱ式（2003WJM9：8）　12. Ca型Ⅰ式（2000WJM26：18）
13. Ca型Ⅱ式（2003WJM10：49）　14. Ca型Ⅲ式（2000WJM25：4）　15. Cb型Ⅰ式（2000WJM25：61）

6. 盂

共48件。以泥质、细砂灰陶为主，有部分褐陶。依器形特征，分四型。

A型 矮领，鼓腹，小平底。依腹部特征，分三亚型。

Aa型 鼓腹较深。圆肩，小平底。如2000WJM30：7（图二三四，1）。

Ab型 圆肩，鼓腹略浅，小平底。如2000WJM40：1（图二三四，2）、2003WJM10：5、2003WJM10：18。

Ac型 鼓腹较扁。小平底。如2000WJM30：48（图二三四，3）、2000WJM40：6。

B型 敛口，溜肩，弧腹，平底。依腹部特征，分二亚型。

Ba型 溜肩，鼓腹，平底。如2000WJM30：5（图二三四，4）、2003WJM10：12、2003WJM10：22、2003WJM10：26。

Bb型 敛口，矮领，扁鼓腹，平底。如2000WJM40：2（图二三四，5）。

C型 矮领，扁鼓腹，平底较宽。依口腹部特征，分三亚型。

Ca型 矮领，口略小，宽平底。分二式。

Ⅰ式：溜肩，鼓腹，小平底。如2000WJM30：27（图二三四，6）、2000WJM30：71。

Ⅱ式：矮领，圆肩，弧腹较直。如2000WJM48：2（图二三四，7）。

演变规律：腹渐直。

Cb型 矮领，口略大，宽平底。分二式。

Ⅰ式：口略大，弧腹，宽平底。如2000WJM26：21（图二三四，8）。

Ⅱ式：口略大，弧腹较扁鼓，宽平底。如2000WJM29：15（图二三四，9）。

演变规律：腹渐扁。

Cc型 敛口，口略大，宽平底。分二式。

Ⅰ式：敛口，鼓腹，下腹内收，平底。如2003WJM10：10（图二三四，10）。

Ⅱ式：敛口，口略大，鼓腹，宽平底。如2000WJM51：2（图二三四，11）。

演变规律：腹渐直。

D型 口略小，矮领，扁鼓腹，宽平底。依口腹部特征，分四亚型。

Da型 矮领，口小，宽平底。如2003WSM2：1（图二三四，12；图版三五，1）、2003WSM2：3。

Db型 矮领，口略小，宽平底。如2000WJM30：52（图二三四，13）、2000WJM30：52。

Dc型 矮领，口略大，宽平底。如2000WJM30：56（图二三四，14）。

Dd型 口略小，矮领，鼓扁腹，平底。如2003WJM8：2（图二三四，15）。

7. 甑

共52件。以泥质、细砂灰陶为主，有部分褐陶。依器形特征，分三型。

A型 侈口，卷沿，斜腹，平底。依腹部特征，分三亚型。

Aa型 弧腹较深。分三式。

Ⅰ式：侈口，平沿微卷，斜弧腹较深，平底。如2000WJM30：9（图二三五，1）、

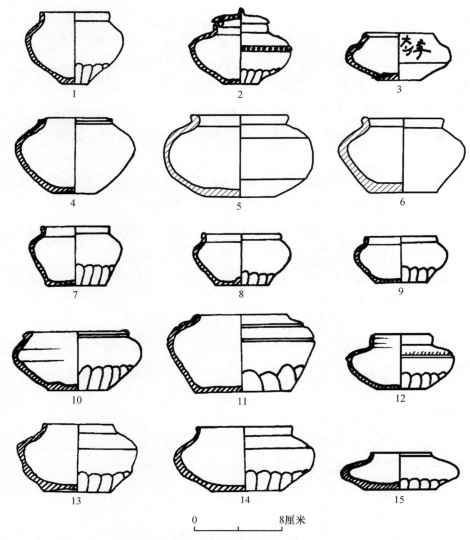

图二三四　江东嘴墓地出土陶盉

1. Aa型（2000WJM30∶7）　　2. Ab型（2000WJM40∶1）　　3. Ac型（2000WJM30∶48）　　4. Ba型（2000WJM30∶5）
5. Bb型（2000WJM40∶2）　6. Ca型Ⅰ式（2000WJM30∶27）　7. Ca型Ⅱ式（2000WJM48∶2）　8. Cb型Ⅰ式（2000WJM26∶21）
9. Cb型Ⅱ式（2000WJM29∶15）　10. Cc型Ⅰ式（2003WJM10∶10）　11. Cc型Ⅱ式（2000WJM51∶2）　12. Da型（2003WSM2∶1）
13. Db型（2000WJM30∶52）　　14. Dc型（2000WJM30∶56）　　15. Dd型（2003WJM8∶2）

2000WJM30∶15（图版二三，1）、2000WJM30∶18、2000WJM26∶12、1998WJM18∶32。

Ⅱ式：侈口，卷沿，斜弧腹，平底。如2000WJM25∶68（图二三五，2；图版二三，2）。

Ⅲ式：微敛口，折沿微卷，斜弧腹较浅，平底。如2000WJM42∶13（图二三五，3）、2003WJM7∶4、2003WJM9∶10。

演变规律：腹渐浅。

Ab型　腹较斜直。分二式。

Ⅰ式：敞口，折沿，斜直腹，平底。如2004WSM18∶17（图二三五，4；图版二三，3）。

Ⅱ式：敞口，折沿，斜直腹较深，平底。如2000WJM25∶32（图二三五，5）。

演变规律：腹渐直。

Ac型　敞口，斜直腹，平底。如1998WJM19：23、2000WJM30：43（图二三五，6）。

B型　侈口，卷沿，弧腹，平底或圜底。依腹部特征，分四亚型。

Ba型　弧腹较浅，小平底。分二式。

Ⅰ式：侈口，卷沿，弧腹较浅，平底。如1998WJM18：4、2000WJM26：16（图二三五，7）。

Ⅱ式：侈口，折沿微卷，斜弧腹，近圜底。如2000WJM48：13（图二三五，8）。

演变规律：腹渐圜。

Bb型　弧腹较浅，平底较宽。分二式。

Ⅰ式：侈口，卷沿，弧腹较浅，宽平底。如2003WJM10：3（图二三五，9）。

Ⅱ式：直口微侈，平沿微卷，浅弧腹，宽平底。如2004WSM11：10（图二三五，10；图版二三，4）。

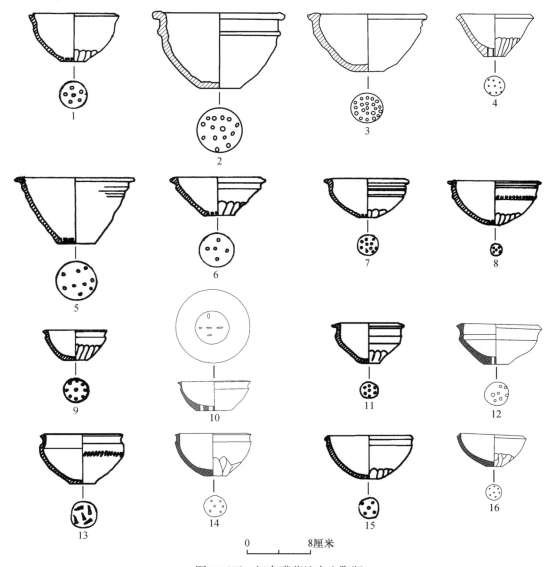

图二三五　江东嘴墓地出土陶甑

1. Aa型Ⅰ式（2000WJM30：9）　2. Aa型Ⅱ式（2000WJM25：68）　3. Aa型Ⅲ式（2000WJM42：13）　4. Ab型Ⅰ式（2004WSM18：17）
5. Ab型Ⅱ式（2000WJM25：32）　6. Ac型（2000WJM30：43）　7. Ba型Ⅰ式（2000WJM26：16）　8. Ba型Ⅱ式（2000WJM48：13）
9. Bb型Ⅰ式（2003WJM10：3）　10. Bb型Ⅱ式（2004WSM11：10）　11. Bc型Ⅰ式（2003WSM2：5）　12. Bc型Ⅱ式（2004WSM25：7）
13. Bd型Ⅰ式（2003WSM8：6）　14. Bd型Ⅱ式（2004WSM31：13）　15. C型Ⅰ式（2003WJM10：15）　16. C型Ⅱ式（2004WSM26：4）

演变规律：腹渐浅。

Bc型　侈口，弧腹较深，小平底。分二式。

Ⅰ式：口微敛，折沿，折腹弧收，小平底。如2003WSM2：5（图二三五，11）。

Ⅱ式：直口微侈，平沿微卷，弧腹，平底。如2004WSM25：7（图二三五，12；图版二四，1）、2004WSM26：7。

演变规律：腹渐浅。

Bd型　直口，弧腹，小平底。分二式。

Ⅰ式：直口微侈，短颈，卷沿，弧腹，平底。如2003WSM8：6（图二三五，13；图版二四，2）。

Ⅱ式：直口微侈，平沿微卷，浅弧腹，宽平底。如2004WSM31：13（图二三五，14；图版二四，3）。

演变规律：腹渐浅。

C型　侈口，微卷沿，弧腹，近圜底，分二式。

Ⅰ式：侈口，微卷沿，弧腹，平底近圜。如2003WJM10：15（图二三五，15）、2003WJM10：19。

Ⅱ式：侈口，卷沿，斜弧腹，近圜底。如2004WSM26：4（图二三五，16；图版二四，4）。

演变规律：腹渐浅。

8. 钵

共60件。以泥质、细砂灰陶为主，有部分褐陶。依器形特征，分四型。

A型　敞口，浅腹，平底。依腹部、底部特征，分三亚型。

Aa型　浅弧腹，平底。分二式。

Ⅰ式：敞口，浅弧腹，平底较宽。如1998WJM18：3（图二三六，1）、1998WJM18：35、1998WJM19：3、1998WJM19：6（图二三六，2）、1998WJM19：33。

Ⅱ式：敞口，弧腹渐低，宽平底。如2004WSM23：52（图二三六，3；图版二五，1）、2004WSM23：53。

演变规律：弧腹渐低。

Ab型　敞口，折腹，平底较窄。分三式。

Ⅰ式：敞口，折腹，小平底。如2003WJM10：61（图二三六，4；图版二五，2）。

Ⅱ式：敞口，折弧腹，小平底。如2000WJM25：36（图二三六，5；图版二五，3）、2000WJM25：36。

Ⅲ式：敞口，曲折腹，小平底。如2004WSM17：11（图二三六，6；图版二五，4）。

演变规律：折腹渐弧直。

Ac型　敞口，腹较斜直，平底较宽。分二式。

Ⅰ式：敞口，腹较斜直，平底较宽。如2000WJM30：4（图二三六，7）、2000WJM30：12。

Ⅱ式：敞口，浅弧腹，平底。如2004WSM23：58（图版二六，1）、2004WSM23：59（图二三六，8）。

演变规律：腹渐浅。

B型　侈口，弧腹，平底。依腹部、底部特征，分四亚型。

Ba型　弧腹较深，平底。分二式。

Ⅰ式：侈口，弧腹较深，平底。如2000WJM30：51（图二三六，9）、1998WJM18：23、1998WJM18：37、2000WJM30：41。

Ⅱ式：弧腹较直，平底。如2000WJM23：1（图二三六，10）。

演变规律：腹渐弧直。

Bb型　弧腹，平底。分二式。

Ⅰ式：侈口，弧腹，平底。如1998WJM19：24（图二三六，11）、1998WJM15：9、2000WJM30：38。

Ⅱ式：侈口，斜弧腹，小平底。如2004WSM38：2（图版二六，2）、2004WSM38：3（图二三六，12）。

演变规律：腹渐弧直。

Bc型　折弧腹，小平底。分二式。

Ⅰ式：敞口，折弧腹，平底。如2003WSM2：12（图二三六，13）。

Ⅱ式：敞口，折腹，下腹斜直，平底。如2004WSM31：6（图二三六，14）、2004WSM27：4（图版二六，3）。

演变规律：腹渐斜直。

Bd型　折弧腹，下腹斜直，小平底。侈口，折弧腹，平底。如2004WSM10：13（图二三六，15；图版二六，4）、2003WJM10：17、2003WJM10：65、2003WJM10：69。

C型　敞口，深弧腹，平底。依腹部、底部特征，分二亚型。

Ca型　弧腹较深，小平底。敞口，弧腹较深，平底。如2000WJM25：38（图二三六，16）、2000WJM25：74。

Cb型　弧腹较深，宽平底。分二式。

Ⅰ式：敞口，深弧腹，宽平底。如1998WJM11：10（图二三六，17）。

Ⅱ式：敞口，深弧腹微鼓，宽平底略凹。如2000WJM36：2（图二三六，18；图版二七，1）。

演变规律：腹渐弧渐鼓。

D型　敛口，鼓腹，平底。依腹部特征，分二亚型。

Da型　弧腹较深，平底。分二式。

Ⅰ式：敛口，弧腹较深，平底。如1998WJM11：7（图二三六，19）。

Ⅱ式：弧腹较直，平底。如2004WSM23：57（图二三六，20；图版二七，2）。

演变规律：腹渐浅直。

Db型　弧腹较浅，平底近圜。分二式。

Ⅰ式：敛口，弧腹，平底。如1998WJM13：5（图二三六，21）。

Ⅱ式：敛口，弧腹扁鼓，圜底。如2000WJM29：6（图二三六，22）。

演变规律：腹渐浅，底渐圜。

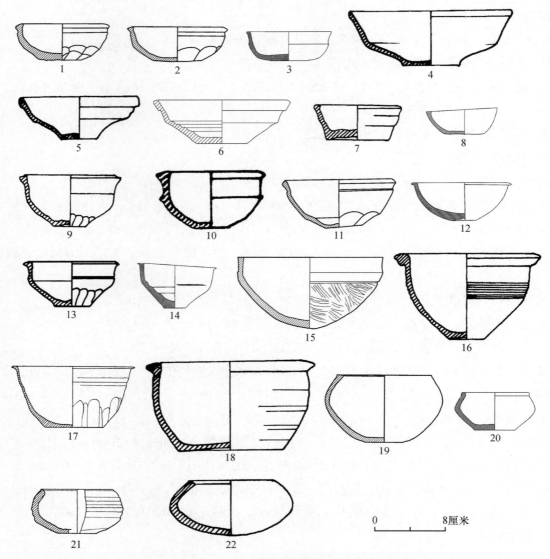

图二三六　江东嘴墓地出土陶钵

　　1、2.Aa型Ⅰ式（1998WJM18：3、1998WJM19：6）　3.Aa型Ⅱ式（2004WSM23：52）　4.Ab型Ⅰ式（2003WJM10：61）
5.Ab型Ⅱ式（2000WJM25：36）　6.Ab型Ⅲ式（2004WSM17：11）　7.Ac型Ⅰ式（2000WJM30：4）　8.Ac型Ⅱ式（2004WSM23：59）
9.Ba型Ⅰ式（2000WJM30：51）　10.Ba型Ⅱ式（2000WJM23：1）　11.Bb型Ⅰ式（1998WJM19：24）　12.Bb型Ⅱ式（2004WSM38：3）
13.Bc型Ⅰ式（2003WSM2：12）　14.Bc型Ⅱ式（2004WSM31：6）　15.Bd型（2004WSM10：13）　16.Ca型（2000WJM25：38）
17.Cb型Ⅰ式（1998WJM11：10）　18.Cb型Ⅱ式（2000WJM36：2）　19.Da型Ⅰ式（1998WJM11：7）　20.Da型Ⅱ式（2004WSM23：57）
21.Db型Ⅰ式（1998WJM13：5）　22.Db型Ⅱ式（2000WJM29：6）

9. 碗

共6件。或为器盖，以泥质灰陶、褐陶为主。依器形特征，分三型。

A型　敞口，弧腹，矮圈足。依腹部特征，分二式。

Ⅰ式：敞口，弧腹较浅，矮圈足。如2000WJM25：81（图二三七，1）、2003WSM1：1。

Ⅱ式：敞口，弧腹，矮圈足。如2000WJM42：4（图二三七，2；图版三三，3）。

演变规律：弧腹渐直。

B型　敞口，折弧腹，圈足略高。如2000WJM25：23（图二三七，3；图版三三，4）、

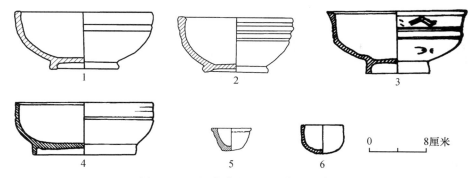

图二三七 江东嘴墓地出土陶碗、陶盅

1. A型 I 式碗（2000WJM25：81） 2. A型 II 式碗（2000WJM42：4） 3. B型碗（2000WJM25：23）

4. C型碗（2003WJM10：73） 5. A型盅（1998WJM18：17） 6. B型盅（2000WJM26：15）

2000WJM25：31。

C型 直口。弧腹。矮圈足。如2003WJM10：73（图二三七，4）。

10. 盅

共22件。以泥质灰陶为主，依器形特征，分二型。

A型 方唇，平沿，斜腹，圜底。如1998WJM18：17（图二三七，5）。

B型 直口，圆唇，筒腹，圜底。如2000WJM26：15（图二三七，6）。

11. 盒

共22件。以泥质灰陶为主。依器形特征，分三型。

A型 子母口，折弧腹，矮圈足。依腹部特征，分四式。

I 式：折腹，矮圈足。如1998WJM19：27（图二三八，1；图版二七，3）。

II 式：上折腹，下弧腹，矮圈足。如2003WJM8：7（图二三八，2；图版二七，4）。

III 式：上折腹渐短，下弧腹，矮圈足。如2000WJM25：24（图二三八，3）、2000WJM25：48、2000WJM25：55。

IV 式：弧腹，矮圈足。如2000WJM42：14（图二三八，4）。

演变规律：折腹渐弧。

B型 子母口，筒腹，平底。依腹部、底部特征，分三亚型。

Ba型 子母口，筒腹较直，平底。分二式。

I 式：子母口，筒腹较直，平底。如2000WJM25：26（图二三八，5）、2000WJM25：27。

II 式：子母口，筒腹弧收，平底。如2000WJM48：8（图二三八，6；图版二八，1）。

演变规律：下腹渐弧收。

Bb型 子母口，筒腹略鼓，平底。分二式。

I 式：子母口，筒腹微鼓，平底。如2000WJM25：51（图二三八，7；图版二八，2）。

II 式：子母口，筒腹较鼓，平底。如2000WJM47：1（图二三八，8）。

演变规律：腹渐鼓。

Bc型 子母口较窄，筒腹较深，平底。如2000WJM45：6（图二三八，9）。

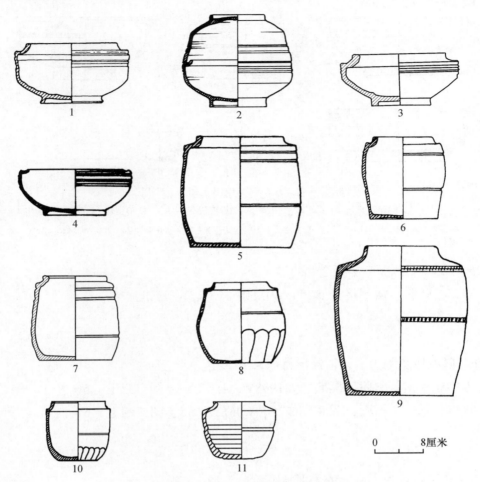

图二三八　江东嘴墓地出土陶盒

1. A型Ⅰ式（1998WJM19：27）　2. A型Ⅱ式（2003WJM8：7）　3. A型Ⅲ式（2000WJM25：24）　4. A型Ⅳ式（2000WJM42：14）
5. Ba型Ⅰ式（2000WJM25：26）　6. Ba型Ⅱ式（2000WJM48：8）　7. Bb型Ⅰ式（2000WJM25：51）　8. Bb型Ⅱ式（2000WJM47：1）
9. Bc型（2000WJM45：6）　10. C型Ⅰ式（2003WJM7：2）　11. C型Ⅱ式（2004WSM23：23）

C型　子母口，筒腹弧收，平底。依腹部特征，分二式。

Ⅰ式：筒腹，平底。如2003WJM7：2（图二三八，10；图版二八，3）。

Ⅱ式：筒腹弧收，平底。如2004WSM23：23（图二三八，11；图版二八，4）、2004WSM23：24、2004WSM23：25、2004WSM23：26、2004WSM23：36、2004WSM23：55。

演变规律：腹渐弧收。

12. 器盖

共16件。以泥质灰陶、褐陶为主。依器形特征，分四型。

A型　鸟状立耳，弧腹。依腹部、口部特征，分二亚型。

Aa型　子母口。分二式。

Ⅰ式：子母口，弧腹。如2000WJM30：33（图二三九，1；图版二九，1）。

Ⅱ式：子母口，立耳较矮。如2000WJM48：11（图二三九，2）。

演变规律：立耳渐矮。

Ab型　敛口，弧腹。分二式。

Ⅰ式：弧腹较浅。如2000WJM30∶40（图二三九，3；图版二九，2）。

Ⅱ式：弧腹较深。如2000WJM29∶21（图二三九，4；图版二九，3）。

演变规律：弧腹渐深。

B型　敛口，弧腹，依腹部、口部特征，分二亚型。

Ba型　有耳。分二式。

Ⅰ式：敛口，弧腹，环状立耳。如2000WJM26∶9（图二三九，5）。

Ⅱ式：敛口，浅弧腹，实心圆状立耳。如2000WJM25∶65（图二三九，6）。

演变规律：立耳渐矮，腹渐浅。

Bb型　无耳。分二式。

Ⅰ式：弧腹。如2000WJM25∶40（图二三九，7）、2000WJM25∶67（图版二九，4）、2000WJM25∶69。

Ⅱ式：弧腹较浅。如2003WJM9∶7（图二三九，8）。

演变规律：弧腹渐浅。

C型　子母口，弧腹。依腹部特征，分二亚型。

Ca型　有耳。如1998WJM15∶4（图二三九，9）。

Cb型　无耳。如2003WJM10∶34（图二三九，10；图版三〇，1）、2003WJM10∶38、2003WJM10∶64。

D型　子母口，覆圆盘形，纽状捉手。如2000WJM26∶8（图二三九，11；图版三〇，2）、2003WSM2∶10。

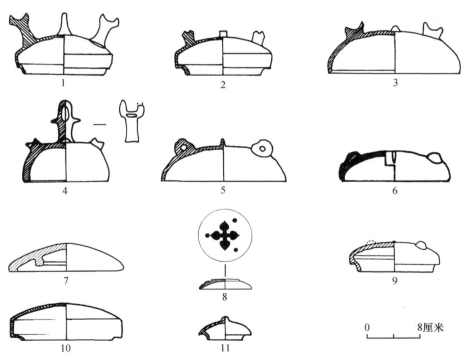

图二三九　江东嘴墓地出土陶器盖

1.Aa型Ⅰ式（2000WJM30∶33）　2.Aa型Ⅱ式（2000WJM48∶11）　3.Ab型Ⅰ式（2000WJM30∶40）

4.Ab型Ⅱ式（2000WJM29∶21）　5.Ba型Ⅰ式（2000WJM26∶9）　6.Ba型Ⅱ式（2000WJM25∶65）

7.Bb型Ⅰ式（2000WJM25∶40）　8.Bb型Ⅱ式（2003WJM9∶7）　9.Ca型（1998WJM15∶4）

10.Cb型（2003WJM10∶34）　11.D型（2000WJM26∶8）

13. 器座

共8件。以泥质灰陶为主，有部分褐陶。依器形特征，分二型。

A型　整体呈豆状，亚腰，上下通透。依腹部特征，分二亚型。

Aa型　粗柄较高，圈足。分三式。

Ⅰ式：折腹，粗柄。如2000WJM40：4（图二四〇，1）。

Ⅱ式：折腹，粗柄较高。如2000WJM25：13（图二四〇，2；图版三四，1）。

Ⅲ式：折腹，粗高柄。如2000WJM23：6（图二四〇，3；图版三四，2）、2003WSM2：11。

演变规律：柄渐高。

Ab型　粗柄较矮。折腹。如1998WJM14：2（图二四〇，4）、1998WJM20：9、2004WSM15：2（图版三四，3）。

B型　整体呈豆状，较矮，曲亚腰，上下通透。如1998M18：34（图二四〇，5）。

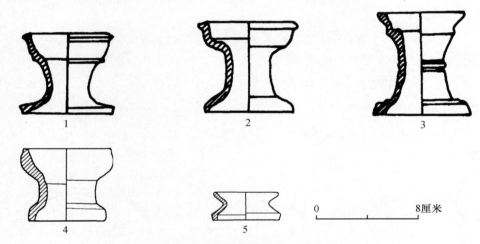

图二四〇　江东嘴墓地出土陶器座

1. Aa型Ⅰ式（2000WJM40：4）　2. Aa型Ⅱ式（2000WJM25：13）　3. Aa型Ⅲ式（2000WJM23：6）

4. Ab型（1998WJM14：2）　5. B型（1998M18：34）

14. 耳杯

共3件。以泥质灰陶、褐陶为主。

椭圆形，有两个长弧耳，内壁涂朱，假圈足。如1998WJM13：2（图二四一，1）、1998WJM13：3、2003WJM10：66。

15. 杯

共2件。以泥质灰陶、褐陶为主。

一端呈柄把，另一端为勺身，方唇，弧腹，平底。如2004WSM23：54（图二四一，2；图版三五，3）、2004WSM22：4。

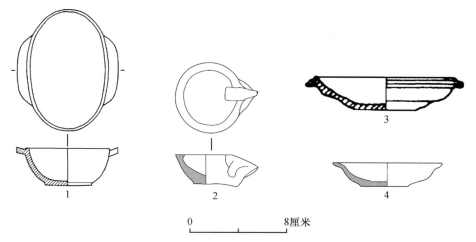

图二四一 江东嘴墓地出土陶耳杯、杯、碟

1. 耳杯（1998WJM13：2） 2. 杯（2004WSM23：54） 3. I式碟（2000WJM30：2） 4. II式碟（2004WSM23：60）

16. 碟

共3件。以泥质灰陶、褐陶为主，依器形特征，分二式。

I式：卷折沿。如2000WJM30：2（图二四一，3）。

II式：敞口，无卷沿。如2004WSM23：60（图二四一，4）、2004WSM22：9（图版三五，2）。

演变规律：卷沿渐无。

17. 灯

共9件。以泥质灰陶为主，有部分褐陶。依器形特征，分二型。

A型 细柄，整体呈豆状。依柄、腹部特征，分二亚型。

Aa型 矮柄，折腹，矮细柄。如2000WJM25：54（图二四二，1）。

Ab型 高柄，分二式。

I式：折腹较浅，细柄。如2003WSM1：5（图二四二，2；图版三二，1）、2000WJM25：29。

II式：弧腹较深，细柄较高。如2004WSM23：61（图二四二，3；图版三二，2）。

演变规律：柄渐高、腹渐弧深。

B型 粗柄较矮，整体做豆状。依柄、腹部特征，分二亚型。

Ba型 浅腹较宽，分二式。

I式：折腹，矮细柄，喇叭口圈足。如2004WSM26：6（图二四二，4；图版三二，3）。

II式：折弧腹，圈足较弧深。如2004WSM38：11（图二四二，5；图版三二，4）。

演变规律：圈足渐弧深。

Bb型 深腹较窄，分二式。

I式：深折腹较窄，喇叭口圈足。如2004WSM31：10（图二四二，6；图版三三，1）。

II式：深折腹，圈足较弧深。如2004WSM23：33（图二四二，7；图版三三，2）。

演变规律：圈足渐弧深。

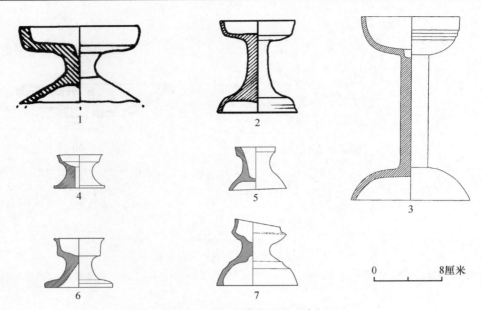

图二四二　江东嘴墓地出土陶灯

1. Aa型（2000WJM25∶54）　2. Ab型Ⅰ式（2003WSM1∶5）　3. Ab型Ⅱ式（2004WSM23∶61）

4. Ba型Ⅰ式（2004WSM26∶6）　5. Ba型Ⅱ式（2004WSM38∶11）　6. Bb型Ⅰ式（2004WSM31∶10）

7. Bb型Ⅱ式（2004WSM23∶33）

18. 灶

共38件。以泥质灰陶、褐陶为主，有部分灰黑陶。依器形特征，分二型。

A型　双眼灶。依器形特征，分三亚型。

Aa型　灶体细长，分三式。

Ⅰ式：灶体细长。如1998WJM19∶21（图二四三，1）、1998WJM19∶22、2000WJM40∶16。

Ⅱ式：灶体较细长。如1998WJM18∶33（图二四三，2）。

Ⅲ式：灶体细长，两端有挡火墙。如1998WJM12∶2（图二四三，3）。

演变规律：渐有挡火墙。

Ab型　灶体较方正，分二式。

Ⅰ式：灶体较方正。如1998WJM20∶16（图二四三，4）。

Ⅱ式：灶体四周较弧。如2003WSM4∶4（图二四三，5）。

演变规律：灶体四周渐弧。

Ac型　灶体呈梯形，分二式。

Ⅰ式：灶体呈梯形。如2000WJM30∶49（图二四三，6）。

Ⅱ式：四周渐弧、有挡火墙。如2004WSM22∶5（图二四三，7）。

演变规律：四周渐弧、渐有挡火墙。

B型　单眼灶。依器形特征，分二亚型。

Ba型　灶体细长，分三式。

Ⅰ式：灶体细长，如1998WJM18∶14（图二四四，1）、2000WJM30∶53、2000WJM30∶54、2000WJM30∶55（图版三〇，3）。

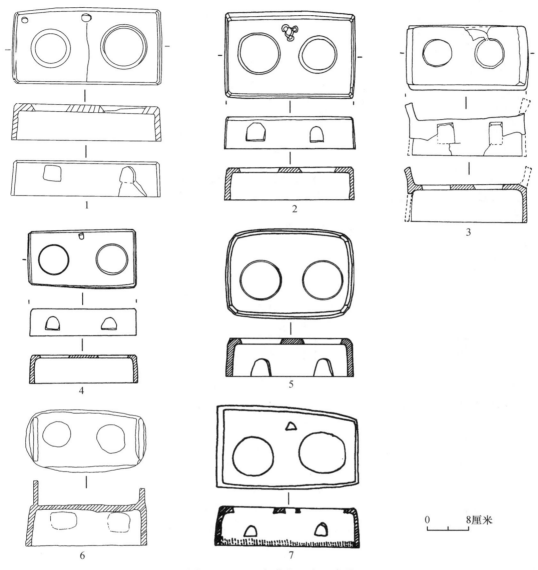

图二四三　江东嘴墓地出土陶灶

1. Aa型Ⅰ式（1998WJM19：21）　　2. Aa型Ⅱ式（1998WJM18：33）　　3. Aa型Ⅲ式（1998WJM12：2）

4. Ab型Ⅰ式（1998WJM20：16）　　5. Ab型Ⅱ式（2003WSM4：4）　　6. Ac型Ⅰ式（2000WJM30：49）

7. Ac型Ⅱ式（2004WSM22：5）

Ⅱ式：灶体较细长。如2000WJM45：3（图二四四，2）。

Ⅲ式：灶面较窄。如1998WJM16：1（图二四四，3；图版三〇，4）、2003WSM6：3。

演变规律：灶面渐窄。

Bb型　灶体较方正，分二式。

Ⅰ式：灶体较方正。如2000WJM40：13（图二四四，4）。

Ⅱ式：灶体较方正，灶面较窄。如2000WJM47：3（图二四四，5）。

演变规律：灶面渐窄。

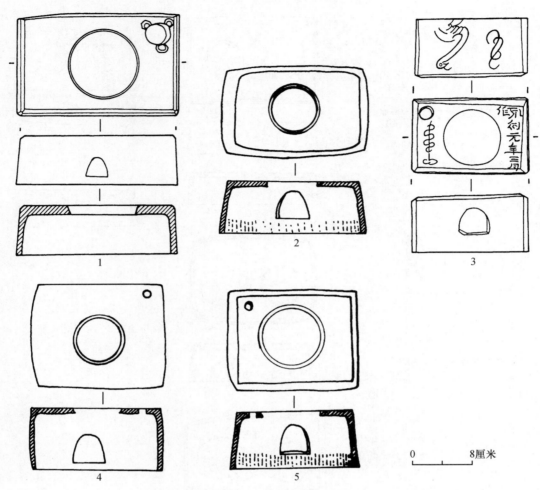

图二四四　江东嘴墓地出土陶灶

1. Ba型Ⅰ式（1998WJM18：14）　2. Ba型Ⅱ式（2000WJM45：3）　3. Ba型Ⅲ式（1998WJM16：1）
4. Bb型Ⅰ式（2000WJM40：13）　5. Bb型Ⅱ式（2000WJM47：3）

19. 井

共1件，泥质褐陶。

呈方形，井盖中部有"中"字形镂空的井口，盖四角有在正方形框中填菱格的刻划纹。如2000WJM25：6（图二四五，1；图版三四，4）。

20. 仓

共10件。以泥质灰陶、褐陶为主，依器形特征，分二型。

A型　深腹，盆形，平底四足。依足部特征，分二亚型。

Aa型　柱足较直，分二式。

Ⅰ式：平底凸出。如1998WJM20：2（图二四五，2；图版三一，1）、2004WSM10：21。

Ⅱ式：平底无凸出，纹饰简化。如2000WJM48：12（图二四五，3）。

演变规律：平底凸出渐收，纹饰渐简。

Ab型　柱足外撇，分二式。

Ⅰ式：平底凸出。如2003WJM8：9（图二四五，4；图版三一，2）。

Ⅱ式：平底无凸出，纹饰简化。如2000WJM25：72（图二四五，5）。

演变规律：平底突出渐收，纹饰渐简。

B型　浅腹，盆形，平底四足。依足部特征，分二亚型。

Ba型　柱足较直。如2004WSM10：6（图二四五，6；图版三一，3）、2000WJM30：35、2000WJM30：37。

Bb型　柱足外撇。如2000WJM30：47（图二四五，7；图版三一，4）。

21. 楼

共2件。以泥质灰陶、褐陶为主。

有斗拱、瓦顶、栏杆等构件。如2004WSM23：9（图二四五，8；图版三五，4）、2004WSM23：10。

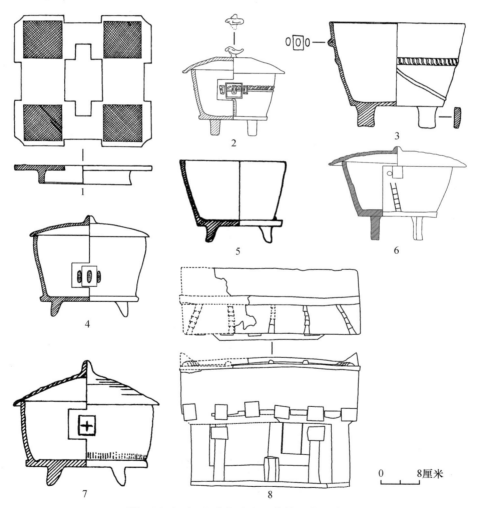

图二四五　江东嘴墓地出土陶井、仓、楼

1.陶井（2000WJM25：6）　2.Aa型Ⅰ式仓（1998WJM20：2）　3.Aa型Ⅱ式仓（2000WJM48：12）

4.Ab型Ⅰ式仓（2003WJM8：9）　5.Ab型Ⅱ式仓（2000WJM25：72）　6.Ba型仓（2004WSM10：6）

7.Bb型仓（2000WJM30：47）　8.陶楼（2004WSM23：9）

22. 站立俑

共4件。以泥质灰陶、褐陶为主，依器形特征，分三型。

A型　双手抱腹，男像，带冠，着裙，中空。如2000WJM25：2（图二四六，1；图版三七，1）、2000WJM25：11。

B型　左手持物立于胸前，头戴平巾帻，着及地长袍。如2004WSM23：50（图二四六，2；图版三七，2）。

C型　一臂半伸，男像，带冠，着裙，中空。如2000WJM31：1（图二四六，3）。

图二四六　江东嘴墓地出土陶人俑

1. A型站立俑（2000WJM25：2）　2. B型站立俑（2004WSM23：50）　3. C型站立俑（2000WJM31：1）

4. A型侍立俑（2004WSM23：46）　5. B型侍立俑（2004WSM23：48）　6. C型侍立俑（2004WSM23：47）

7. 击鼓俑（2004WSM23：37）　8. A型舞蹈俑（2004WSM23：39）　9. B型舞蹈俑（2004WSM23：40）

23. 侍立俑

共4件。以泥质褐陶为主。依器形特征，分三型。

A型　戴平巾帻，两手拢袖拱于胸前，站立状。如2004WSM23∶46（图二四六，4；图版三六，1）、2004WSM23∶49。

B型　头戴圆巾帻，面露微笑，高鼻，颧骨较高，嘴大，着及地长袍。如2004WSM23∶48（图二四六，5；图版三六，2）。

C型　梳山形髻，裹巾，深目，高鼻，颧骨较高，着及地长袍，右衽，窄长袖，束腰。如2004WSM23∶47（图二四六，6；图版三六，3）。

24. 击鼓俑

共2件。以泥质褐陶为主。

踞坐，右膝前置鼓，左手抚鼓，右手持在胸前，做击鼓状。如2004WSM23∶37（图二四六，7；图版三八，4）、2004WSM23∶45。

25. 舞蹈俑

共2件。以泥质褐陶为主。

梳山形髻，左手提裙，右手上扬，跨步起舞。如2004WSM23∶39（图二四六，8）。

B型　束方巾，右手提裙，左手上扬，跨步起舞。如2004WSM23∶40（图二四六，9；图版三七，4）。

26. 抱袋俑

共1件。以泥质褐陶为主。

站立状，右手上抬，左手抱袋横于胸前，袋口朝下。如2004WSM23∶38（图二四七，1；图版三七，3）。

27. 庖厨俑

共1件。以泥质褐陶为主。

头戴平巾帻，踞坐，膝前置案，左手置鱼于案上，右手持刀。如2004WSM23∶41（图二四七，2；图版三八，3）。

28. 抚琴俑

共1件。以泥质褐陶为主。

头戴平巾帻，踞坐，琴横置于两膝之间，左手扶弦，右手弹拨，做抚琴状。如2004WSM23∶42（图二四七，3；图版三八，2）。

图二四七　江东嘴墓地出土陶人俑

1. 抱袋俑（2004WSM23：38）　2. 庖厨俑（2004WSM23：41）　3. 抚琴俑（2004WSM23：42）　4. 吹箫俑（2004WSM23：43）

5. 持便面俑（2004WSM23：44）

29. 吹箫俑

共1件。以泥质褐陶为主。

戴尖帽，双手握长箫，做吹奏状，跪坐式。如2004WSM23：43（图二四七，4；图版三八，1）。

30. 持便面俑

共1件。以泥质褐陶为主。

头戴平巾帻，站立状，左手提裙，右手持便面置于胸前。如2004WSM23：44（图二四七，5；图版三六，4）。

31. 狗

共3件。以泥质灰陶、褐陶为主。依器形特征，分二型。

A型　颈系带并穿于背部环中，站立状，短尾上卷贴于背部。如2004WSM23：35（图二四八，1；图版三九，1）、2003WJM9：11。

B型　站立状，短束耳，尾上翘。如2004WSM25：8（图二四八，2；图版三九，2）。

32. 鸡

共3件。以泥质灰陶、褐陶为主。依器形特征，分二型。

A型　双足站立状，低首，尖喙，尾上翘，翅膀、后部及尾羽刻划线条。如2004WSM23：51（图二四八，3；图版三九，3）、2000WJM31：2。

B型　子母鸡，胸前和背上各有1只小鸡，翅膀、后部及尾羽刻划线条。如2004WSM23：28（图二四八，4；图版三九，4）。

33. 猪

共4件，以泥质褐陶为主。依器形特征，分三型。

A型　短立耳，吻部短平，龇牙咧嘴，体态健硕，四肢矮短粗壮，尾下卷。如2004WSM25：5（图二四八，5；图版四〇，1）、2004WSM25：12。

B型　耳贴于脑后，吻部短平上翘，龇牙咧嘴，体态健硕，四肢矮短粗壮。如2004WSM25：11（图二四八，6；图版四〇，2）。

C型　立耳，圆形睁目，吻部上翘，龇牙咧嘴，体态健硕，背部有一道鬃毛浓密。如2004WSM23：27（图二四八，7；图版四〇，3）。

34. 吐舌俑

共1件。以泥质褐陶为主。

低首，双目微张，张嘴吐舌，舌长至地，前腿直立，后腿弯曲呈蹲踞状。如2004WSM23：30（图二四八，8；图版四〇，4）。

图二四八　江东嘴墓地出土陶动物俑

1. A型狗（2004WSM23：35）　2. B型狗（2004WSM25：8）　3. A型鸡（2004WSM23：51）　4. B型鸡（2004WSM23：28）

5. A型猪（2004WSM25：5）　6. B型猪（2004WSM25：11）　7. C型猪（2004WSM23：27）　8. 吐舌俑（2004WSM23：30）

35. 瓦当

共3件。以泥质灰褐陶为主。

前部为圆形瓦当主体，后部为瓦当身，辐射状浮雕形图案。如2003WJM9：16（图二四九，1）、1998WJM1：1、2003WJM9：17。

36. 板瓦

共1件。以泥质灰陶为主。

呈四分之一圆筒状，外饰绳纹。如2003WJM9：18（图二四九，2）。

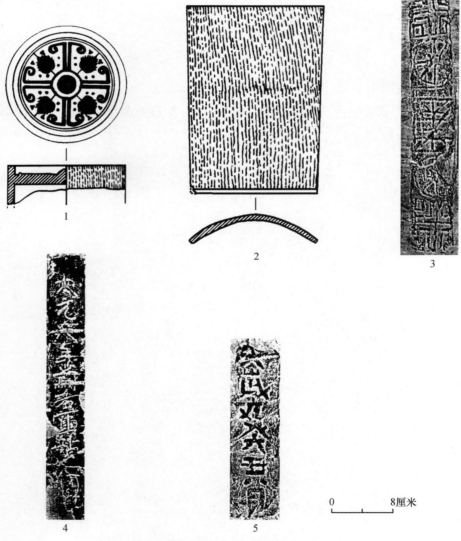

图二四九　江东嘴墓地出土陶瓦当、板瓦、墓砖

1. 瓦当（2003WJM9：16）　2. 板瓦（2003WJM9：18）　3. 印纹砖（1998WJM3：2）　4、5. 纪年砖（1998WJM9：2、

1998WJM10：1）

37. 墓砖

印纹砖 1件。1998WJM3：2，正面有模印规矩和轮辐纹等（图二四九，3）。

纪年砖 2件。1998WJM9：2，正面刻有行书"太元六年前右军□行"（图二四九，4）。1998WJM10：1，残。正面残存"□□六岁元癸丑八月"模印字样（图二四九，5）。

二、釉　陶　器

釉陶器以泥质灰陶、红褐陶为主，器表施红釉、酱黑釉、青釉等。器类有壶、盆、罐、碗、钵、盅、博山炉等。依器类分析如下。

1. 壶

共14件。以泥质灰陶、红褐陶为主，器表施红釉为主，有部分酱黑釉、青釉。依器形特征，分三型。

A型 长颈，鼓腹，盆形，圈足。依足腹部特征，分二亚型。

Aa型 整体较细长，长颈，鼓腹，高圈足。如2003WJM7：1、1998WJM12：15（图二五〇，1；图版四一，1）、1998WJM12：16、2000WJM47：4、2004WSM23：6、2004WSM23：8、2004WSM23：31、2004WSM23：32。

Ab型 整体较矮胖，长颈，鼓腹，圈足。如2003WSM1：11（图二五〇，2）、2000WJM47：5、2003WJM9：6、2003WJM9：15。

B型 盘口，细长颈，平底略内凹，一双柱状流。如2003WJM1：1（图二五〇，3；图版四一，2）。

C型 斜直颈，平底，矮圈足，桥形鋬耳。如2003WJM10：2（图二五〇，4；图版四一，3）。

2. 盆

共3件。以泥质灰陶、红褐陶为主，器表施红釉。依器形特征，分二型。

A型 弧鼓腹，平底。如2003WJM7：7（图二五一，1）。

B型 弧鼓腹，下腹内收，宽平底。如2000WJM50：2（图二五一，2；图版四二，3）、2003WJM9：14。

3. 罐

共2件。以泥质红褐陶为主，器表施青釉等。依器形特征，分二型。

A型 四系罐，矮领，溜肩，深鼓腹，平底内凹，对称桥形双系，肩腹部饰刻划菱形小方格纹。如2004WSM23：5（图二五一，3；图版四二，1）。

B型 厚圆唇，曲颈，斜肩，深鼓腹，厚平底。如2004WSM29：1（图二五一，4；图版四二，2）。

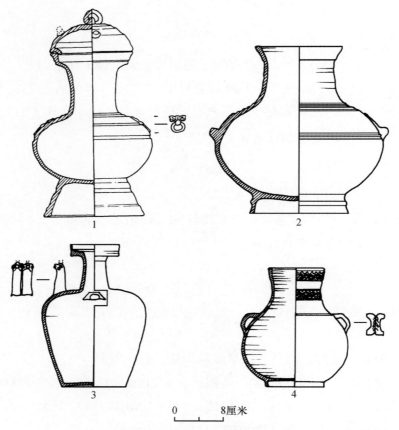

0 ———— 8厘米

图二五〇　江东嘴墓地出土釉陶壶

1. Aa型（1998WJM12：15）　2. Ab型（2003WSM1：11）　3. B型（2003WJM1：1）　4. C型（2003WJM10：2）

4. 碗

共1件。以泥质红褐陶为主，器表施红釉。

侈口，弧腹，矮圈足。如2003WJM9：13（图二五一，5；图版四二，4）。

5. 钵

共1件。以泥质红褐陶为主，器表施红釉。

弧腹，平底。如2003WJM7：5（图二五一，6）。

6. 盅

共1件。以泥质红褐陶为主，器表施红釉。

直口，直腹，平底内凹，三角形纽。如2003WJM9：12（图二五一，7）。

7. 博山炉（盖）

共5件。以泥质灰陶、红褐陶为主，器表施红釉为主，有部分酱黑釉。

炉盖分体，炉体为折腹盘状，喇叭形高圈足。分二式。

Ⅰ式：炉体折弧腹较深。如2000WJM30：30（图二五一，8）。

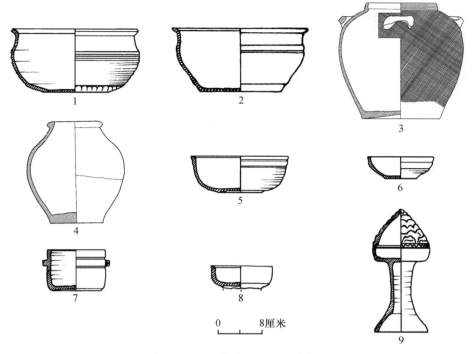

图二五一 江东嘴墓地出土釉陶器

1. A型盆（2003WJM7：7） 2. B型盆（2000WJM50：2） 3. A型罐（2004WSM23：5） 4. B型罐（2004WSM29：1）

5. 碗（2003WJM9：13） 6. 钵（2003WJM7：5） 7. 盅（2003WJM9：12） 8. I式博山炉（2000WJM30：30）

9. II式博山炉（2003WJM9：5）

II式：炉体折腹较浅。如2003WJM9：5（图二五一，9；图版四一，4）、2004WSM20：1、2004WSM20：2、2004WSM20：3。

演变规律：炉体折腹渐浅。

三、瓷　　器

瓷器以灰白色胎为主，有部分灰褐、褐黄胎，器表主要施青釉。器类有壶、罐、碗、钵等。依器类分析如下。

1. 壶

共2件。以灰白胎为主，器表施青釉，依器形特征，分二型。

A型　盘口较窄。如1998WJM2：2（图二五二，1）。

B型　盘口较宽。如2000WJM36：6（图二五二，2）。

2. 罐

共1件。以灰白胎为主，器表施酱青釉。

四系罐，敛口，方唇，溜肩，鼓腹，平底，鞍桥形四系纽。如2000WJM37：1（图二五二，3）。

3. 碗

共2件。以灰白胎为主，器表施青釉。

斜弧腹，平底，假圈足。如1998WJM1：2（图二五二，4）、1998WJM7：1。

4. 钵

共3件。以灰白胎为主，器表施青釉。依器形特征，分三型。

A型　底宽，腹弧直。如1998WJM9：1（图二五二，5）。

B型　底较宽，微折腹。如2000WJM36：5（图二五二，6）。

C型　底略窄，折腹。如2000WJM37：2（图二五二，7）。

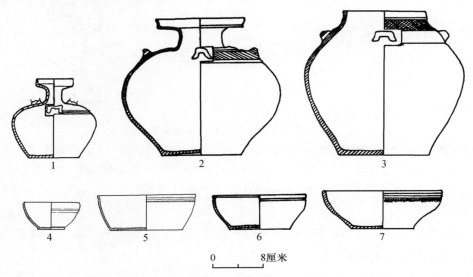

图二五二　江东嘴墓地出土瓷器

1. A型壶（1998WJM2：2）　2. B型壶（2000WJM36：5）　3. 罐（2000WJM37：1）　4. 碗（1998WJM1：2）

5. A型钵（1998WJM9：1）　6. B型钵（2000WJM36：5）　7. C型钵（2000WJM37：2）

四、铜　　器

铜器以容器类、兵器类、生活装饰类、工具类、铜钱等为主。器类有鍪、盘、矛、剑、箭镞、矛镦、戈樽、镦、镜、耳饰、带钩、指环、铃、饰件、泡钉、凿、刷柄、构件、器座、摇钱树叶、印章、铜钱等。依器类分析如下。

1. 鍪

共5件。锈蚀，器壁较薄，依器形特征，分三型。

A型　盘口较窄，器身较扁，双环耳在腹部。如2000WJM38：1（图二五三，1）。

B型　盘口较窄，器身较高，双环耳在肩腹部。如2003WJM8：12（图二五三，2）。

C型　盘口较宽，器身较扁，双环耳在肩部。如2004WSM23：2（图二五三，3；图版四三，3）、2004WSM23：1、2004WSM23：4。

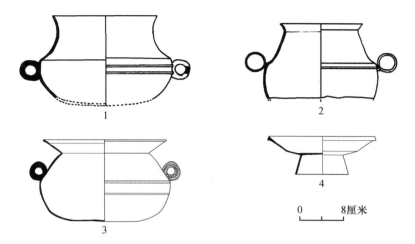

图二五三 江东嘴墓地出土铜容器

1. A型鍪（2000WJM38：1） 2. B型鍪（2003WJM8：12） 3. C型鍪（2004WSM23：2）

4. 盘（2004WSM23：11）

2. 盘

共1件。锈蚀。敞口，尖唇，三角缘，浅弧腹，圈足较高，外撇，平底。如2004WSM23：11（图二五三，4；图版四三，4）。

3. 矛

共1件。长条形，柳叶状，尖锋，凸脊，有血槽，圆銎，銎端有小圆形系。如2000WJM24：10（图二五四，1；图版四五，3）。

4. 剑

共1件。柳叶形，尖锋，有脊，扁茎，无格无柄，截面呈菱形。如2000WJM25：7（图二五四，2）。

5. 箭镞

共1件。尖前锋，长厚中脊，双翼宽大，翼刃锋锐，柱形长铤，铤尾和其中一翼残缺。如2003WSM4：10（图二五四，3）。

6. 矛镦

共2件。锈蚀。如2004WSM14：1（图二五四，4；图版四五，2）、2004WSM14：3。

7. 戈樽

共2件。锈蚀。如2004WSM14：2（图二五四，5；图版四五，1）、2004WSM14：4。

8. 镦

共1件。长管形，圆筒状，中间有凸节。如2000WJM24：5（图二五四，6）。

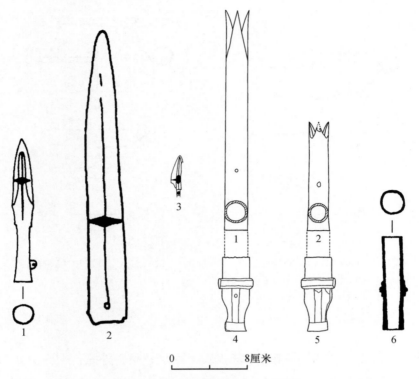

图二五四　江东嘴墓地出土铜兵器

1. 矛（2000WJM24：10）　2. 剑（2000WJM25：7）　3. 箭镞（2003WSM4：10）　4. 矛镦（2004WSM14：1）

5. 戈樽（2004WSM14：2）　6. 镦（2000WJM24：5）

9. 镜

共3件。锈蚀。依器形特征，分二型。

A型　日光昭明镜。重圈文，镜内圈铭文："见日之光，长（勿相忘）。"外圈铭文："内清质以昭明，光辉象夫兮日月，心忽夫愿忠，然雍塞夫不泄。"圆纽及纽座，宽素缘。如2003WSM6：1（图二五五，1；图版四三，1）。

B型　连弧纹镜。如2004WSM11：1（图二五五，2；图版四三，2）、2004WSM11：14。

10. 耳饰

共1件。铜丝呈弧形，一端如钉帽状，残留有鎏金痕迹。如1998WJM14：12（图二五五，3）。

11. 带钩

共2件。长条形，中部有余扣，前端做钩状。如1998WJM18：40（图二五五，4；图版四五，4）、2000WJM39：2。

12. 指环

共2件。环形。如2004WSM23：14（图二五五，5）、1998WJM12：13。

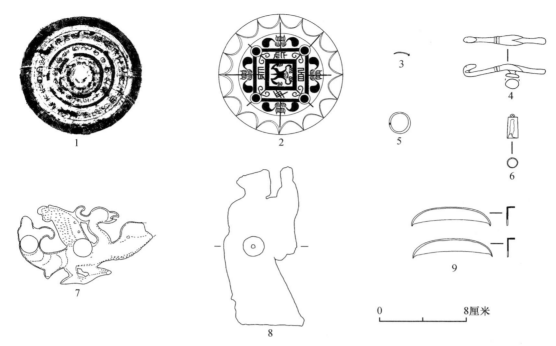

图二五五　江东嘴墓地出土其他铜器

1. A型镜（2003WSM6：1）　2. B型镜（2004WSM11：1）　3. 耳饰（1998WJM14：12）　4. 带钩（1998WJM18：40）
5. 指环（2004WSM23：14）　6. 铃（2004WSM11：17）　7. 凤鸟饰（2004WSM23：12）　8. 人形饰（2004WSM23：13）
9. 扣件（2004WSM23：29）

13. 铃

共1件。环状纽，截面呈梯形。如2004WSM11：17（图二五五，6）。

14. 饰件

铜凤鸟饰　1件。片形，呈凤鸟站立展翅状，凤鸟上似骑有一人状，中间有泡钉微凸起。如2004WSM23：12（图二五五，7；图版四四，1）。

铜人形饰　2件。锈蚀。片形，呈人形站立。如2004WSM23：13（图二五五，8；图版四四，2）、2004WSM23：22。

铜扣件　1件。平面呈"月牙形"，扣件长弧边有廓。如2004WSM23：29（图二五五，9；图版四四，4）。

15. 泡钉

共4件。依器形特征，分三型。

A型　圆形，弧顶弧度略缓，中接扁菱形尖钉。如1998WJM12：11（图二五六，1）、2004WSM23：16。

B型　呈蘑菇状，器表刻划有一"龙"形图案。如2004WSM23：17（图二五六，2；图版四四，3）。

C型　呈"蝉"状，长椭圆形，泡钉表面刻划有"蝉"状线条。如2004WSM23：19（图二五六，3）。

16. 凿

共1件。方体，斜刃。如1998WJM7：2（图二五六，4）。

17. 刷柄

共1件。长条形，刷头端为圆筒状，细长柄，柄端扁平如匕状。如2000WJM30：14（图二五六，5）。

18. 构件

共2件。长条形。如2004WSM11：15（图二五六，6）、2004WSM11：16。

19. 器座

共1件。折沿，亚腰，折腹。如2004WSM18：3（图二五六，7）。

20. 摇钱树叶

共1件。方孔圆郭钱形，无文，边缘有枝叶残痕。如1998WJM2：3（图二五六，8）。

21. 印章

共2件。方形，桥纽，阳文。印文作隶体，字迹模糊，可辨为"周觉之印"。如1998WJM18：41（图二五六，9）。

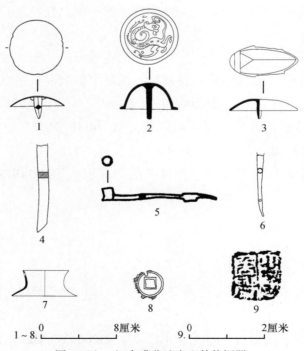

图二五六　江东嘴墓地出土其他铜器

1.A型泡钉（1998WJM12：11）　2.B型泡钉（2004WSM23：17）　3.C型泡钉（2004WSM23：19）　4.凿（1998WJM7：2）
5.刷柄（2000WJM30：14）　6.构件（2004WSM11：15）　7.器座（2004WSM18：3）　8.摇钱树叶（1998WJM2：3）
9.印章（1998WJM18：41）

22. 铜钱

半两　共3件。如2003WSM2：15、2003WSM3：1、2003WSM4：9（图二五七，1、2）。

五铢　共10件。如1998WJM11：4、1998WJM12：12、1998WJM14：11、1998WJM15：19、1998WJM19：32（图二五七，3~7）。

剪轮五铢　共1件。如1998WJM1：3（图二五七，8）。

货泉　共1件。如2003WSM1：9（图二五七，9）。

大泉五十　共2件。如1998WJM5：4、2003WSM1：12（图二五七，10、11）。

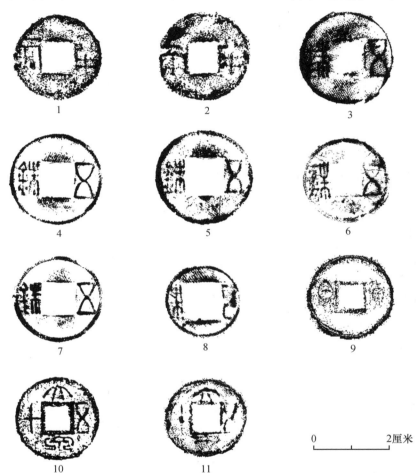

图二五七　江东嘴墓地出土铜钱

1、2.半两（2003WSM2：15、2003WSM4：9）　3~7.五铢（1998WJM11：4、1998WJM12：12、1998WJM14：11、

1998WJM15：19、1998WJM19：32）　8.剪轮五铢（1998WJM1：3）　9.货泉（2003WSM1：9）

10、11.大泉五十（1998WJM5：4、2003WSM1：12）

五、铁　　器

铁器以容器类、兵器类、工具类等为主。器类有鼎、鍪、剑、环首刀、削刀、铲、锸、棺钉等。依器类分析如下。

1. 鼎

共1件。长方形附耳立在口沿下方，扁鼓腹，圜底，三扁蹄足直立。如2000WJM24：1（图二五八，1；图版四六，1）。

2. 鍪

共2件。弧领，折肩，圜底近平，绳索状环耳。如2003WSM2：13（图二五八，2；图版四六，2）、2003WSM4：1。

3. 剑

共2件。长条形，双面刃，中间有脊。如2000WJM45：1（图二五八，3）、2004WSM18：16。

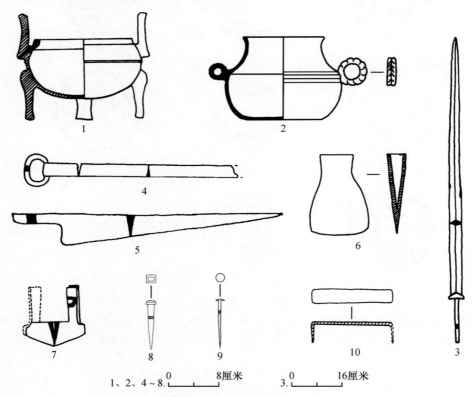

图二五八　江东嘴墓地出土铁器

1. 鼎（2000WJM24：1）　2. 鍪（2003WSM2：13）　3. 剑（2000WJM45：1）　4. 环首刀（2003WJM10：30）

5. 削刀（2000WJM38：3）　6. 铲（2000WJM26：2）　7. 锸（2003WJM10：25）　8. Aa型棺钉（1998WJM2：1）

9. Ab型棺钉（1998WJM3：1）　10. B型棺钉（1998WJM11：5）

4. 环首刀

共6件。长条形，圆形环首，单面弧刃，正锋。如2003WJM10：30（图二五八，4；图版四六，4）、1998WJM18：39、1998WJM19：31、2003WJM8：26、2004WSM11：11、2004WSM12：8。

5. 削刀

共1件。长角状，刃端斜直，细柄。如2000WJM38：3（图二五八，5）。

6. 铲

共1件。弧刃近平，两面刃，长方形銎孔。如2000WJM26：2（图二五八，6；图版四六，3）。

7. 锸

共1件。刃部呈三角形，中空。如2003WJM10：25（图二五八，7）。

8. 棺钉

共5件。依器形特征，分二型。
A型　方锥体。依钉帽特征，分二亚型。
Aa型　方形钉帽。如1998WJM2：1（图二五八，8）、1998WJM7：3。
Ab型　圆形钉帽。如1998WJM3：1（图二五八，9）、1998WJM6：3。
B型　长方扁条形，两端折成直角，作"门"形。如1998WJM11：5（图二五八，10）。

第二节　分期与年代讨论

根据型式划分，江东嘴墓地的墓葬材料按照其共存关系、组合特点和层位可分为五期。

第一期：包括2004WSM10、2004WSM18、2003WSM2、2000WJM26等，以土坑竖穴墓为主。本期器物主要有Aa型Ⅰ式陶鼎，Aa型Ⅰ式、Ba型Ⅰ式、Bb型Ⅰ式、Bc型Ⅰ式、C型陶罐，Aa型Ⅰ式、Ab型Ⅰ式、Ac型Ⅰ式、Ba型Ⅰ式、Bb型Ⅰ式陶壶，Aa型Ⅰ式陶釜，Da型陶盂，Ab型Ⅰ式陶瓿，Bc型Ⅰ式陶钵，B型陶豆，D型器盖，半两钱等（图二五九）。本期出现的罐、壶、釜、盂、瓿、钵等陶器组合与麦沱M31、M32、M68、M70、M91陶器组合接近，推测第一期年代在西汉中期。

第二期：包括1998WJM15～1998WJM20、2000WJM30、2000WJM40、2003WJM8、2003WJM10、2003WSM1、2003WSM2、2003WSM6、2004WSM31、2004WSM24等，以土坑竖穴墓为主，有少量土坑洞室墓、石室墓，其中可以分为两段，一段：1998WJM15～1998WJM20、2003WSM6、2004WSM18、2004WSM31等。二段：

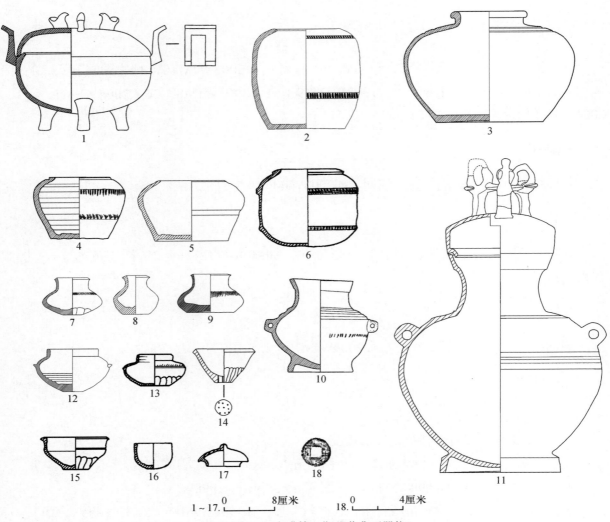

图二五九　江东嘴第一期墓葬典型器物

1. Aa型Ⅰ式陶鼎（2004WSM18：4）　2. Aa型Ⅰ式陶罐（2004WSM18：5）　3. Ba型Ⅰ式陶罐（2004WSM10：5）

4. Bb型Ⅰ式陶罐（2004WSM10：19）　5. Bc型Ⅰ式陶罐（2004WSM18：9）　6. C型陶罐（2000WJM26：14）

7. Aa型Ⅰ式陶壶（2004WSM18：10）　8. Ab型Ⅰ式陶壶（2004WSM18：7）　9. Ac型Ⅰ式陶壶（2004WSM10：3）

10. Ba型Ⅰ式陶壶（2004WSM10：7）　11. Bb型Ⅰ式陶壶（2004WSM18：1）　12. Aa型Ⅰ式陶釜（2004WSM18：15）

13. Da型陶盂（2003WSM2：1）　14. Ab型Ⅰ式陶甑（2004WSM18：17）　15. Bc型Ⅰ式陶钵（2003WSM2：12）

16. B型陶盅（2000WJM26：15）　17. D型器盖（2000WJM26：8）　18. 半两钱（2003WSM2：15）

2000WJM30、2003WJM10、2003WSM1、2004WSM11等，一段略早，二段略晚。本期一段器物主要有Aa型Ⅱ式、Ab型Ⅰ式、C型陶鼎，C型陶瓮，Ac型Ⅱ式陶壶，Aa型Ⅰ式、Bb型Ⅰ式陶钵，A型陶盅，A型Ⅰ式盒，Ca型器盖，Aa型Ⅰ式、B型器座，Aa型Ⅰ式、Ab型Ⅰ式陶灶，Aa型Ⅰ式陶仓，铜带钩，A型铜镜等（图二六〇）；本期二段器物主要有Ab型Ⅱ式、B型陶鼎，Aa型Ⅱ式、Ab型Ⅰ式陶罐，Aa型Ⅰ式、Ac型Ⅰ式、Ad型Ⅰ式陶瓮，Aa型Ⅱ式、Ab型Ⅱ式、Bb型Ⅱ式陶壶，Ab型、Ba型Ⅰ式、Ca型Ⅱ式陶釜，Aa型、Ac型、Ba型、Ca型Ⅰ式、Cc型Ⅰ式、Db型、Dc型、Dd型陶盂，Aa型Ⅰ式甑，C型陶碗，A型Ⅱ式陶盒，Aa型Ⅰ式、Ab型Ⅰ式、Cb型器盖，Ⅰ式陶碟，Ab型Ⅰ式、Bb型陶仓，B型铜鍪，B型铜镜，铁环首刀，五铢钱等（图二六一、图二六二）。本期延续了第一期的罐、壶、釜、盂、甑、钵等陶器组合，陶器种

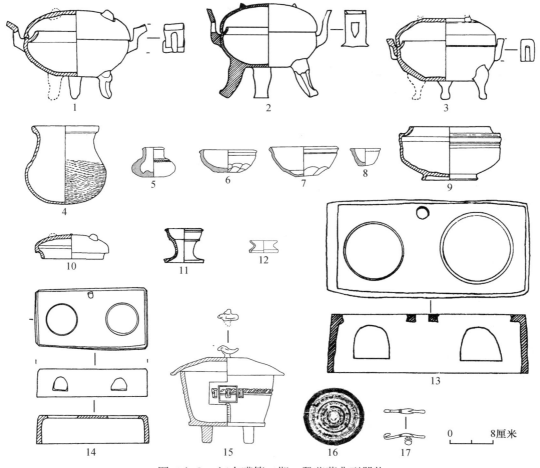

图二六〇　江东嘴第二期一段墓葬典型器物

1~3.Aa型Ⅱ式、Ab型Ⅰ式、Ad型陶鼎（1998WJM15：5、2003WSM6：6、1998WJM20：15）　4.C型陶瓿（1998WJM18：31）

5.Ac型Ⅱ式陶壶（1998WJM18：8）　6、7.Aa型Ⅰ式、Bb型Ⅰ式陶钵（1998WJM18：3、1998WJM19：24）　8.A型陶盅

（1998WJM18：17）　9.A型Ⅰ式盒（1998WJM19：27）　10.Ca型器盖（1998WJM15：4）　11、12.Aa型Ⅰ式、B型器座

（2000WJM40：4、1998M18：34）　13、14.Aa型Ⅰ式、Ab型Ⅰ式陶灶（1998WJM19：21、1998WJM20：16）

15.Aa型Ⅰ式陶仓（1998WJM20：2）　16.A型铜镜（2003WSM6：1）　17.铜带钩（1998WJM18：40）

类增多，组合更加丰富，出现陶瓿、盒、仓，有日光昭明、连弧纹铜镜等，铜钱主要为五铢，与麦沱M38~M40、M66、M101器物组合接近，推测第二期年代在西汉晚期。

第三期：包括1998WJM13、2000WJM25、2000WJM45、2003WSM1、2004WSM17、2004WSM38等，以土坑竖穴墓为主，有部分土坑洞室墓和砖室墓。本期器物主要有Aa型Ⅲ式、Ab型Ⅱ式、Ac型、Ba型Ⅱ式、Bb型Ⅲ式、Bc型Ⅲ式陶罐，Aa型Ⅱ式、Ab型Ⅱ式、Ad型Ⅱ式瓿，Aa型Ⅲ式、Ab型Ⅲ式、Ba型Ⅲ式陶壶，Ba型Ⅱ式、Ca型Ⅲ式、Cb型Ⅱ式陶釜，Aa型Ⅱ式、Ab型Ⅱ式、Bd型Ⅰ式陶瓿，Ab型Ⅱ式、Ac型Ⅱ式、Bc型Ⅱ式陶钵，A型Ⅲ式、Ba型Ⅰ式、Bb型Ⅰ式陶盒，A型Ⅰ式、B型陶碗，Ba型Ⅱ式、Bb型Ⅰ式器盖，Aa型Ⅱ式器座，Aa型陶灯，A型陶井，Ab型Ⅱ式陶仓，A型站立俑，铜剑，五铢、货泉、大泉五十等（图二六三、图二六四）。本期基本上延续了第二期的罐、瓿、壶、釜、盂、瓿、钵等陶器组合，新出现陶俑、陶灯、陶井等，铜钱有五铢、货泉、大泉五十，与麦沱M10、M22、M35、M81等器物组合接近，推测第三期年代在西汉末、新莽至东汉早期。

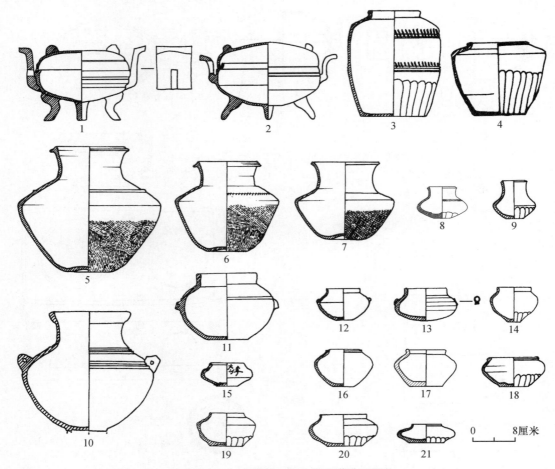

图二六一　江东嘴第二期二段墓葬典型器物

1. Ab型Ⅱ式陶鼎（2003WSM1∶8）　2. C型陶鼎（2003WJM8∶10）　3. Aa型Ⅱ式陶罐（2000WJM30∶1）

4. Ab型Ⅰ式陶罐（2000WJM30∶42）　5. Aa型Ⅰ式陶瓮（2003WJM10∶44）　6. Ac型Ⅰ式陶瓮（2003WJM10∶68）

7. Ad型Ⅰ式陶瓮（2003WJM10∶46）　8. Aa型Ⅱ式陶壶（2003WJM10∶28）　9. Ab型Ⅱ式陶壶（2003WJM10∶24）

10. Bb型Ⅱ式陶壶（2000WJM30∶31）　11. Ab型陶釜（2000WJM30∶3）　12. Ba型Ⅰ式陶釜（2003WJM10∶21）

13. Ca型Ⅱ式陶釜（2003WJM10∶49）　14. Aa型陶盂（2000WJM30∶7）　15. Ac型陶盂（2000WJM30∶48）

16. Ba型陶盂（2000WJM30∶5）　17. Ca型Ⅰ式陶盂（2000WJM30∶27）　18. Cc型Ⅰ式陶盂（2003WJM10∶10）

19. Db型陶盂（2000WJM30∶52）　20. Dc型陶盂（2000WJM30∶56）　21. Dd型陶盂（2003WJM8∶2）

第四期：包括1998WJM12、2000WJM23、2000WJM51、2000WJM42、2003WJM1、2003WJM7、2003WJM9、2004WSM20、2004WSM22、2004WSM23、2004WSM29，以土坑竖穴墓、土坑洞室墓为主。本期器物主要有Aa型Ⅲ式陶鼎，Ac型Ⅱ式陶瓮，Aa型Ⅳ式、Ab型Ⅳ式、Bd型Ⅱ式陶壶，Ba型Ⅲ式陶釜，Cc型Ⅱ式陶盂，Aa型Ⅱ式、Ba型Ⅱ式、Da型Ⅱ式陶钵，Ⅱ式陶碗，Ba型Ⅱ式、Bb型Ⅱ式、C型Ⅱ式陶盒，Aa型Ⅱ式器盖，Aa型Ⅲ式陶器座，陶杯，Ⅱ式陶碟，Ab型Ⅱ式、Bb型Ⅱ式陶灯，Ac型Ⅱ式、Ba型Ⅱ式陶灶，陶楼，陶人俑，陶动物俑，B型釉陶壶，釉陶盆、罐、碗、钵、盅、博山炉，C型铜鍪，铜盘，铜饰件等（图二六五、图二六六）。本期基本上还是罐、瓮、壶、釜、盂、甑、钵等陶器组合，但较简化，釉陶器大量出现，陶人物俑、动物俑丰富，与麦沱M11、M15、M16、M33等器物组合接近，推测第四期年代在东汉中晚期。

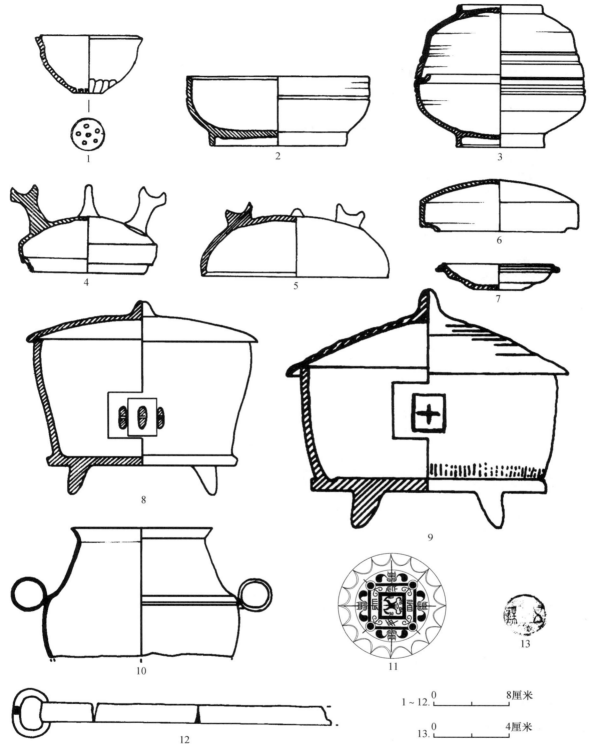

图二六二　江东嘴第二期二段墓葬典型器物

1.Aa型Ⅰ式甑（2000WJM30：9）　2.C型陶碗（2003WJM10：73）　3.A型Ⅱ式陶盒（2003WJM8：7）

4.Aa型Ⅰ式器盖（2000WJM30：33）　5.Ab型Ⅰ式器盖（2000WJM30：40）　6.Cb型器盖（2003WJM10：34）

7.A型Ⅰ式陶碟（2000WJM30：2）　8.Ab型Ⅰ式陶仓（2003WJM8：9）　9.Bb型陶仓（2000WJM30：47）

10.B型铜鍪（003WJM8：12）　11.B型铜镜（2004WSM11：1）　12.铁环首刀（2003WJM10：30）

13.五铢钱（1998WJM15：19）

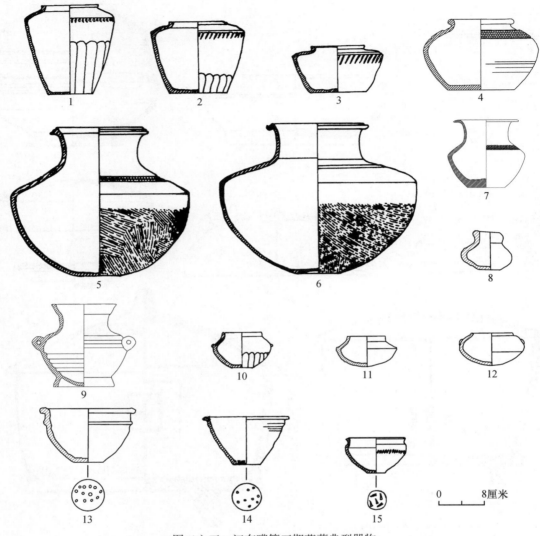

图二六三　江东嘴第三期墓葬典型器物

1. Aa型Ⅲ式陶罐（2000WJM25：21）　　2. Ab型Ⅱ式陶罐（2000WJM25：1）　　3. Ac型陶罐（2000WJM25：75）

4. Ba型Ⅱ式陶罐（2004WSM17：4）　　5. Aa型Ⅱ式瓮（2000WJM25：10）　　6. Ab型Ⅱ式瓮（2000WJM25：8）

7. Ad型Ⅱ式瓮（2004WSM38：8）　　8. Ab型Ⅲ式陶壶（2004WSM25：37）　　9. Ba型Ⅲ式陶壶（2004WSM17：6）

10. Ba型Ⅱ式陶釜（2000WJM25：34）　　11. Ca型Ⅲ式陶釜（2000WJM25：4）　　12. Cb型Ⅱ式陶釜（2000WJM25：61）

13. Aa型Ⅱ式陶甑（2000WJM25：68）　　14. Ab型Ⅱ式陶甑（2000WJM25：32）　　15. Bd型Ⅰ式陶甑（2003WSM8：6）

　　第五期：包括1998WJM1、1998WJM2、1998WJM7、1998WJM9，2000WJM36、2000WJM37，以砖室墓为主，有少量土坑竖穴墓。本期器物主要有A、B型瓷壶，瓷罐，瓷碗，A、B、C型瓷钵，A型铜泡钉，铜凿，铁棺钉等（图二六七）。本期墓葬盗扰严重，出土器物较少，器物组合面貌完全改变。根据2000WJM37出有"元康六年"纪年砖（应为西晋孝惠帝元康六年，即296年），1998WJM9出有"太元六年"纪年砖（应为东晋孝武帝太元六年，即381年），推测第五期年代在两晋时期。

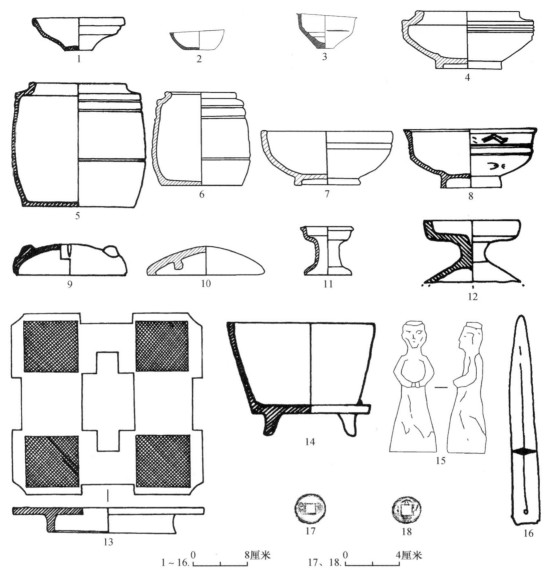

图二六四　江东嘴第三期墓葬典型器物

1. Ab型Ⅱ式陶钵（2000WJM25∶36）　2. Ac型Ⅱ式陶钵（2004WSM23∶59）　3. Bc型Ⅱ式陶钵（2004WSM31∶6）

4. A型Ⅲ式陶盒（2000WJM25∶24）　5. Ba型Ⅰ式陶盒（2000WJM25∶6）　6. Bb型Ⅰ式陶盒（2000WJM25∶51）

7. A型Ⅰ式陶碗（2000WJM25∶81）　8. B型陶碗（2000WJM25∶23）　9. Ba型Ⅱ式器盖（2000WJM25∶65）

10. Bb型Ⅰ式器盖（2000WJM25∶40）　11. Aa型Ⅱ式器座（2000WJM25∶13）　12. Aa型陶灯（2000WJM25∶54）

13. A型陶井（2000WJM25∶6）　14. Ab型Ⅱ式陶仓（2000WJM25∶72）　15. A型站立俑（2000WJM25∶2）

16. 铜剑（2000WJM25∶7）　17. 货泉（2003WSM1∶9）　18. 大泉五十（2003WSM1∶12）

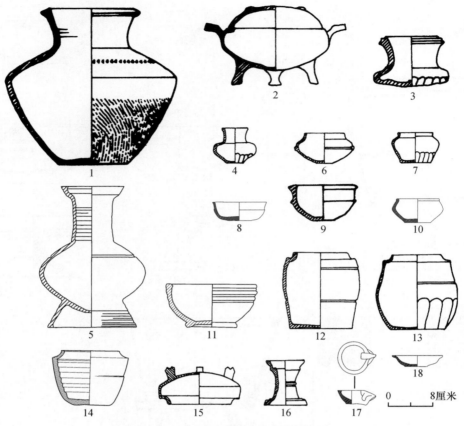

图二六五　江东嘴第四期墓葬典型器物

1. Ac型Ⅱ式陶瓮（2000WJM42∶1）　　2. Aa型Ⅲ式陶鼎（2000WJM42∶2）　　3. Aa型Ⅳ式陶壶（2000WJM23∶3）

4. Ab型Ⅳ式陶壶（2000WJM23∶2）　　5. Bd型Ⅱ式陶壶（2004WSM22∶8）　　6. Ba型Ⅲ式陶釜（2000WJM48∶1）

7. Ca型Ⅱ式陶盂（2000WJM48∶2）　　8. Aa型Ⅱ式陶钵（2004WSM23∶52）　　9. Ba型Ⅱ式陶钵（2000WJM23∶1）

10. Da型Ⅱ式陶钵（2004WSM23∶57）　　11. A型Ⅱ式陶碗（2000WJM42∶4）　　12. Ba型Ⅱ式陶盒（2000WJM48∶8）

13. Bb型Ⅱ式陶盒（2000WJM47∶1）　　14. C型Ⅱ式陶盒（2004WSM23∶23）　　15. Aa型Ⅱ式器盖（2000WJM48∶11）

16. Aa型Ⅲ式陶器座（2000WJM23∶6）　　17. A型陶杯（2004WSM23∶54）　　18. A型Ⅱ式陶碟（2004WSM23∶60）

图二六六 江东嘴第四期墓葬典型器物

1. Ab型Ⅱ式陶灯（2004WSM23：61） 2. Bb型Ⅱ式陶灯（2004WSM23：59） 3. Ac型Ⅱ式陶灶（2004WSM22：5）

4. Ba型Ⅱ式陶灶（2000WJM45：3） 5. A型陶楼（2004WSM23：9） 6. 陶舞蹈俑（2004WSM23：39） 7. 陶狗（2004WSM23：35）

8. 吐舌俑（2004WSM23：30） 9. B型釉陶壶（2003WJM1：1） 10. Aa型釉陶盆（2003WJM7：7）

11. A型釉陶罐（2004WSM23：5） 12. A型釉陶碗（2003WJM9：13） 13. A型釉陶钵（2003WJM7：5）

14. A型釉陶盅（2003WJM9：12） 15. A型Ⅱ式博山炉（2003WJM9：5） 16. C型铜鍪（2004WSM23：2）

17. 铜盘（2004WSM23：11） 18. 铜凤鸟饰（2004WSM23：12）

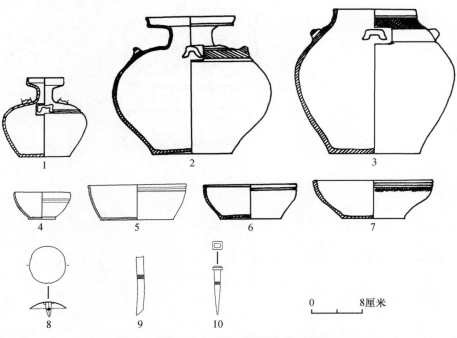

图二六七　江东嘴第五期墓葬典型器物

1. Aa型瓷壶（1998WJM2∶2）　2. Ab型瓷壶（2000WJM36∶5）　3. A型瓷罐（2000WJM37∶1）　4. A型瓷碗（1998WJM1∶2）

5. Aa型瓷钵（1998WJM9∶1）　6. Ab型瓷钵（2000WJM36∶5）　7. Ac型瓷钵（2000WJM37∶2）　8. A型铜泡钉（1998WJM12∶11）

9. 铜凿（1998WJM7∶2）　10. 铁棺钉（1998WJM2∶1）

第八章　结　语

　　本报告详细介绍了江东嘴墓地考古发掘、整理、报告编写等工作概况，以及1998WJ、2000WJ、2003WJ、2003WS、2004WS五个发掘区历年的发掘成果，比较完整地反映了江东嘴102座墓葬的材料，同时对江东嘴墓地出土器物进行了型式划分，在此基础上讨论了其分期与年代。报告主要内容是客观真实地反映发掘情况，仅讨论了墓葬材料的分期与年代，未对江东嘴墓地的文化内涵进行详细的分析。

　　江东嘴墓地可分为五期，年代在西汉中期到两晋时期，以汉墓为主，墓葬分布密集，反映出从土坑墓到砖室墓的转变，其土坑洞室墓较有特色，江东嘴墓地处在沿长江及大宁河的山前阶地，隔大宁河与巫山县城相望，应是作为一个性能专一、集中的安葬区，其墓葬结构与布局、葬制葬俗还有待进一步分析讨论。从江东嘴墓地出土器物的类型及演变来看，在西汉中晚期就形成了比较稳定的器物基本组合，器物演变序列较为完整，一直延续到东汉晚期，同时还有两晋时期墓葬的出土器物，地处三峡地区的江东嘴墓地与汉文化的形成与汉代社会背景息息相关。江东嘴墓地对建立峡江地区汉晋墓葬分期序列提供了参考，对再现巫山地区汉至六朝时期的政治、经济、文化和社会变迁具有重要意义。

附表　江东嘴墓地发掘墓葬登记表

墓号	方向/（°）	墓葬结构	墓底内室（长×宽-深）（厘米）	葬具	人骨（葬式）	随葬品
1998WJM1	165	长方形竖穴砖室墓	392×164-200	不明	无	瓷碗、瓦当、铜钱
1998WJM2	175	长方形竖穴砖室墓	325×108-（160～180）	木棺朽痕、棺钉	朽痕	瓷壶、铜摇钱树叶
1998WJM3	175	长方形竖穴砖室墓	170×82-（130～180）	木棺朽痕、棺钉	朽痕	无
1998WJM4	190	长方形竖穴砖室墓	385×100-（100～130）	木棺朽痕、棺钉	朽痕	无
1998WJM5	107	土坑竖穴墓	160×70-20	不明	仰身直肢	陶罐、钵，"大泉五十"铜钱
1998WJM6	165	长方形竖穴砖室墓	360×110-51	棺钉	朽痕	陶纺轮、料珠
1998WJM7	140	长方形竖穴砖室墓	377×134-60	棺钉	牙齿	瓷碗、铜凿、铜钱
1998WJM8	160	长方形竖穴砖室墓	残160×残134-34	不明	无	无
1998WJM9	155	长方形竖穴砖室墓	180（残）×175-（50～80）	不明	朽痕	瓷钵、"太元六年"铭砖
1998WJM10	113	长方形竖穴砖室墓	残309×149-（50～80）	不明	无	纪年砖
1998WJM11	195	带斜坡墓道土洞墓	330×240-200	木棺朽痕、棺钉	两具人骨朽痕	陶罐、釜、钵、瓿、盆和铜钱
1998WJM12	200	带斜坡墓道土洞墓	440×320-250	不明	无	陶罐、瓮、釜、钵、灶和釉陶壶，铜泡钉、铜指环、铜钱和料珠
1998WJM13	200	带斜坡墓道土洞墓	410×185-250	不明	无	陶瓮、釜、钵、耳杯
1998WJM14	175	土坑竖穴墓	280×160-140	不明	无	陶罐、瓮、壶、釜、瓿、钵、耳饰，铜钱
1998WJM15	160	土洞石室墓	350×215-175	不明	无	陶鼎、罐、壶、釜、瓿、器盖
1998WJM16	175	带斜坡墓道土洞墓	532×300-295	不明	朽痕	陶灶
1998WJM17	210	土坑竖穴墓	212×64-（200～340）	木棺朽痕	保存较差，仰身直肢	陶瓮

续表

墓号	方向/ (°)	墓葬结构	墓底内室 （长×宽-深） （厘米）	葬具	人骨 （葬式）	随葬品
1998WJM18	160	土坑竖穴墓	248×216-365	已朽成灰	三具人骨	铜带钩、铜印章、铁削和陶罐、壶、釜、甑、灶
1998WJM19	215	带斜坡墓道土洞墓	330×230-220	木棺朽痕	朽痕	陶罐、瓮、壶、釜、甑、盆，铁环首刀
1998WJM20	200	土坑竖穴墓	310×185-594	不明	无	陶鼎、陶壶、陶罐、陶釜、陶甑、陶灶
2000WJM21	110	土坑竖穴墓	355×280- （120~225）	木棺朽痕	无	无
2000WJM22	268	土坑竖穴墓	250×158-168	有木棺朽痕	无	无
2000WJM23	343	土坑竖穴墓	320×260-255	木椁、垫木 朽痕	成人人骨朽痕， 仰身直肢	陶壶、釜、盆、器座
2000WJM24	290	土坑竖穴墓	275×162- （315~350）	木椁、 棺朽痕	成人人骨朽痕， 仰身直肢	铁鼎、铜镦、铜矛
2000WJM25	146	土坑竖穴墓，带斜 坡墓道	380×300- （135~225）	木棺朽痕	两具成人人骨朽 痕，仰身直肢	陶罐、瓮、壶、甑、钵、豆、 仓、灯，铜剑，铜钱
2000WJM26	95	土坑竖穴墓，带斜 坡墓道	414×414-570	木棺朽痕	无	陶罐、瓮、壶、釜、甑、盆、器 盖，铁锸
2000WJM27	10	土坑竖穴墓	275×160- （170~225）	木棺朽痕	成人人骨朽痕， 仰身直肢	无
2000WJM28	355	土坑竖穴墓	250×160- （150~260）	不明	无	无
2000WJM29	205	土坑竖穴墓，带斜 坡墓道	310×240- （340~380）	不明	无	五铢钱，陶罐、瓮、壶、钵、 器盖
2000WJM30	10	土坑竖穴墓，带斜 坡墓道	718×470-370	疑似木构 椁室	3具人骨，仰身 直肢	陶鼎、罐、瓮、壶、釜、甑、 灶、仓、盆、碟、博山炉
2000WJM31	278	长方形竖穴砖室墓	740×250-150	木棺朽痕及 棺钉	成人人骨朽痕	陶罐残片、陶站立俑、陶鸡
2000WJM32	15	土坑竖穴墓	200×100- （115~250）	不明	无	无
2000WJM33	90	土坑竖穴墓	200×100-130	不明	无	无
2000WJM34	96	土坑竖穴墓	260×150- （160~230）	木棺朽痕	无	泥质灰陶罐残片
2000WJM35	243	刀形竖穴砖室墓	360×140-142	木棺痕迹	无	"五铢"铜钱
2000WJM36	32	长方形竖穴砖室墓	330×310-133	木棺痕迹	成人女性人骨 痕迹	青瓷盘口壶、钵、陶罐、釜、 盆、盘

墓号	方向/（°）	墓葬结构	墓底内室（长×宽-深）（厘米）	葬具	人骨（葬式）	随葬品
2000WJM37	240	长方形竖穴砖室墓	444×215-260	木棺痕迹	无	青瓷四系罐、钵及"元康六年"铭砖
2000WJM38	270	土坑竖穴墓	320×210-（40～160）	不明	无	陶瓷残片、铜鍪、铁削刀
2000WJM39	250	长方形竖穴砖室墓	480×200-200	木棺朽痕	两具成人人骨朽痕，仰身直肢	陶罐，铜带钩、铜笄
2000WJM40	0	土坑竖穴墓	250×145-（170～240）	木棺痕迹	无	陶罐、壶、釜、甑、器座、灶
2000WJM41	240	刀形竖穴砖室墓	350×178-307	不明	无	无
2000WJM42	270	土坑竖穴墓	300×180-223	木棺	单人葬	陶鼎、罐、瓮、壶、甑、盒、灶，五铢钱
2000WJM43	230	长方形竖穴砖室墓	390×140-120	木棺痕迹	无	无
2000WJM44	250	刀形竖穴砖室墓	410×170-200	木棺朽痕	成人约40岁男性人骨	无
2000WJM45	290	土坑竖穴墓，带斜坡墓道	350×340-（65～290）	木棺朽痕	无	陶壶、釜、盆、灶，铁剑
2000WJM46	284	土坑竖穴墓	325×170-290	木棺朽痕	无	无
2000WJM47	275	土坑洞室墓，带斜坡墓道	400×225-270	木棺痕迹	无	釉陶壶，陶盒、灶，铜钱
2000WJM48	264	土坑竖穴墓，带阶梯墓道	300×295-260	木棺朽痕	人骨朽痕	陶罐、壶、釜、甑、器盖、仓
2000WJM49	275	土坑洞室墓，带斜坡墓道	500×230-180	木棺痕迹	无	无
2003WJM1	186	刀形竖穴砖室墓	490×170-190	不明	无	釉陶壶
2003WJM2	161	长方形竖穴砖室墓	340×105-（75～100）	不明	无	陶瓷碎片
2003WJM3	156	长方形竖穴砖室墓	160×55-残40	不明	无	无
2003WJM4	164	长方形竖穴砖室墓	340×70-（30～65）	不明	无	无
2003WJM5	145	长方形竖穴砖室墓	360×160-（80～85）	不明	无	无
2003WJM6	215	"中"字形竖穴砖室墓	600×（170～330）-（350～380）	不明	无	青铜碎片、铜钱、陶盆
2003WJM7	202	"凸"字形竖穴砖室墓	930×230-65	不明	无	陶壶、甑、盒，釉陶钵、釉陶盆

墓号	方向/ （°）	墓葬结构	墓底内室 （长×宽-深） （厘米）	葬具	人骨 （葬式）	随葬品
2003WJM8	174	刀形土坑竖穴墓	615×390- （425~430）	棺椁朽痕	2具人骨，仰身 直肢	铜鍪，陶鼎、罐、釜、甑、钵、 盒、灶、仓
2003WJM9	230	土坑洞室墓	630×（220~ 250）-（425~ 600）	棺椁朽痕	1具人骨，仰身 直肢	陶罐、壶、釜、盆、甑、钵、器 盖、狗，釉陶壶、盆、碗、盅、 博山炉，瓦当
2003WJM10	178	土坑竖穴双室墓	775×（330~ 370）-（130~ 151）	木棺痕迹	5具人骨，仰身 直肢	陶罐、瓮、壶、釜、甑、钵、 灶，釉陶壶，铁环首刀、铁锸
2003WJM11	70	土坑竖穴墓	260×115- （120~140）	不明	无	无
2003WJM12	114	土坑竖穴墓	290×125-175	不明	无	铜钱
2003WJM13	85	土坑竖穴墓	265×125-185	不明	无	陶鼎残片
2003WSM1	15	石室墓	380×230-147	不明	5具人骨	陶鼎、罐、瓮、盒盖、鍪、魁、 灯，釉陶壶，铜钱
2003WSM2	286	长方形土坑竖穴墓	280×160-125	不明	1具人骨	陶壶、釜、甑、钵、灶、灯， 铁鍪
2003WSM3	135	长方形土坑竖穴墓	328×（192~ 200）-380	不明	无	铜钱、陶器碎片
2003WSM4	47	长方形土坑竖穴墓	350×260- （420~490）	不明	1具人骨	陶钵、铜钱、箭镞、铜印、铁 鍪、铁勺、陶灶以及兽骨
2003WSM5	53	长方形土坑竖穴墓	270×200-355	不明	1具人骨	残陶器
2003WSM6	48	长方形土坑竖穴墓	306×192- （140~158）	不明	1具人骨痕迹	铜镜，陶鼎、罐、壶、釜、 灶、甑
2003WSM7	51	长方形土坑竖穴墓	220×140- （90~96）	不明	1具人骨痕迹	无
2003WSM8	58	长方形土坑竖穴墓	230×（156~ 164）-（220~ 240）	不明	1具人骨痕迹	铜钱、铜环、铜佩饰，陶罐、 壶、釜、甑、钵等
2004WSM9	245	土坑竖穴墓	220×（80~90） -30	不明	1具人骨，仰身 直肢	无
2004WSM10	335	土坑竖穴墓	340×330-370	一椁三棺	人骨痕迹	陶罐、瓮、壶、盂、甑、钵、 灶、仓，铜钱
2004WSM11	348	土坑竖穴双室墓	294×124-155； 296×145-166	不明	人骨已朽	陶罐、瓮、壶、釜、甑、钵、 灶，铜镜，铜铃，铁环首刀
2004WSM12	356	土坑竖穴墓	240×109-220	头箱、棺箱	人骨已朽	仅存陶片
2004WSM13	22	土坑竖穴墓	294×125-230	不明	无	无

续表

墓号	方向/（°）	墓葬结构	墓底内室（长×宽-深）（厘米）	葬具	人骨（葬式）	随葬品
2004WSM14	88	带斜坡墓道的土坑竖穴墓	362×（272~290）-370	不明	无	铜矛镦、戈镦
2004WSM15	170	土坑竖穴墓	100×100-120	不明	无	陶釜、甑、钵、灶、器座
2004WSM16	170	土坑竖穴墓	残210×60-104	不明	无	无
2004WSM17	175	带斜坡墓道的土坑竖穴墓	292×250-260	不明	无	陶罐、瓮、壶、釜、甑、钵，纺轮，铜钱
2004WSM18	84	土坑竖穴墓	366×306-280	不明	无	陶鼎、罐、壶、釜、甑、钵，铜器座、铜钱，铁剑
2004WSM19	180	土坑洞室墓	330×200-162	不明	无	无
2004WSM20	178	土坑洞室墓	380×240-196	不明	无	釉陶博山炉盖、陶钵
2004WSM21	173	土坑竖穴墓	336×235-（240~270）	不明	无	无
2004WSM22	179	土坑洞室墓	326×120-（130~180）	不明	无	陶罐、壶、钵、盒、杯、灶
2004WSM23	177	土坑洞室墓	524×（200~208）-（180~220）	木棺朽痕	1具人骨，直肢	铜鍪、铜盘、铜凤鸟饰、铜人形饰、铜泡钉、釉陶壶、陶罐、陶楼、陶钵、陶人俑、动物俑
2004WSM24	196	土坑竖穴墓	（272~296）×232-（60~188）	不明	无	陶罐、瓮、壶、甑、灶
2004WSM25	172	带斜坡墓道土坑竖穴墓	324×（310~330）-360	木棺朽痕	1具人骨，仰身直肢	陶罐、瓮、壶、釜、甑、钵、灶、狗、猪
2004WSM26	183	土坑竖穴墓	260×140-（50~170）	不明	1具人骨已朽	陶罐、瓮、壶、甑、釜、灶、灯
2004WSM27	181	土坑竖穴墓	260×140-250	不明	无	陶罐、壶、钵
2004WSM28	188	土坑竖穴墓	230×92-（100~160）	不明	无	无
2004WSM29	3	土坑竖穴墓	230×88-（92~150）	单棺朽痕	人骨朽痕	釉陶罐
2004WSM30	96	土坑竖穴墓	320×220-（160~238）	不明	无	无
2004WSM31	356	土坑竖穴墓	260×140-（250~330）	木棺朽痕	人骨1块，直肢葬	陶罐、瓮、壶、釜、甑、钵、灶、灯
2004WSM32	176	土坑竖穴墓	272×152-200	不明	无	陶罐、陶灶残片
2004WSM33	358	土坑竖穴墓	238×172-130	木棺朽痕	人骨被扰乱，应为仰身直肢	无

墓号	方向/ （°）	墓葬结构	墓底内室 （长×宽-深） （厘米）	葬具	人骨 （葬式）	随葬品
2004WSM34	350	土坑竖穴墓	252×212-165	不明	人骨被扰乱，应 为仰身直肢	无
2004WSM35	348	土坑竖穴墓	232×114-155	木棺朽痕	人骨被扰乱，应 为仰身直肢	无
2004WSM36	354	土坑竖穴墓	244×134-140	木棺朽痕	人骨被扰乱，应 为仰身直肢	无
2004WSM37	87	土坑竖穴墓	270×124-180	不明	无	无
2004WSM38	25	土坑竖穴墓	260×140-160	不明	无	陶罐、瓮、壶、釜、甑、钵、灯

Abstract

Jiangdongzui cemetery is located in East Village, Wuxia Town, Wushan County, Chongqing, on the triangle spur at the east bank about the confluence of the Yangtze River and Daning River, administratively subordinate to the Two Group and the Three Group in East Village. The Jiangdongzui cemetery was seriously destroyed by soil amelioration and ploughing, cover an area of over 75000 square meters.

In order to cooperate with the cultural relics rescue and protection works of the Three Gorges Project, multiple institutes of archaeology and museum took part in the excavation works under the unified planning of Chongqing Three Gorges Cultural Relics Protection Office from 1998 to 2004 in the area where the Jiangdongzui cemetery located. The excavation of tombs in the historical period above 135 meters elevation of Jiangdongzui relocation area have been completed by China Relics Research Institute (now called China Academy of Cultural Heritage), Chongqing Municipal Institute of Archaeology (now called Chongqing Municipal Academy of Cultural Relics and Archaeology) and Yichang Museum.

This report introduces all the information about the archaeological works in detail, containing excavating, collating and editing to completely reflect the materials of 102 tombs of the Jiangdongzui cemetery, within the unearthed results in the five excavation areas: 1998WJ, 2000WJ, 2003WJ, 2003WS and 2004WS. Meanwhile, the types classification as well as the stages and times of the objects unearthed are also done. The report mainly focuses on the objective excavation works and discusses the stages and times of the tombs. The cultural connotation of the Jiangdongzui cemetery needs further and detailed analysis then.

There are eight chapters in total:

Chapter one mainly introduces the basic situation and background information of the Jiangdongzui cemetery, including the geographic location, historical development and overview of archaeological works.

Chapter two introduces the excavation work of Jiangdongzui cemetery in 1998 in detail, which have been completed by China Relics Research Institute (now called China Academy of Cultural Heritage) and Jilin University. The tomb forms and the objects unearthed from 20 tombs are described in detail, like the brick-chambered tomb, pit tomb and catacomb.

Chapter three introduces the excavation work of Jiangdongzui cemetery in 2000 in detail, which have been completed by China Relics Research Institute (now called China Academy of Cultural Heritage) and Yichang Museum cooperated with Wushan County Cultural Relics Management Institute. The work in 2000 was based on the work in 1998. 31 tombs have been excavated in total, including brick-chambered tombs, pit tombs and catacombs.

Chapter four introduces the excavation work of Jiangdongzui cemetery from Oct. 2003 to Dec. 2003 in detail, which have been completed by Yichang Museum with the authorization of Three Gorges office of Chongqing Bureau of Culture. 13 tombs have been excavated in total, including brick-chambered tombs, pit tombs and catacombs.

Chapter five introduces the excavation work of Shennvmiao site from Oct. 2003 to Dec. 2003 in detail, which have been completed by Yichang Museum with the support of Wushan County Cultural Relics Management Institute. The Shennümiao site is close to the Jiangdongzui cemetery. Thus, their cultural connotation shall be similar. The remains of Shennümiao site were totally destroyed, while the tombs densely distributing, so, this work focused on tomb-excavating. 8 tombs have been excavated in total, including mastabas and pit tombs.

Chapter six introduces the subsequent archaeological excavation work of Shennümiao site from Sep. 2004 to Dec. 2004. 30 tombs have been excavated in total, including pit tombs and catacombs. Because of the long-term destroys caused by production and living over the years as well as the tomb-robbing, most of the tombs had been disorganized in different degrees.

In chapter seven, based on the relative chronology relationship among the tombs, two of which have a in-break relationship in between, the author uses the methods of archaeological stratigraphy and typology to analyze the evolution rule of the objects unearthed in the Jiangdongzui cemetery such as potteries, glazed potteries, porcelains, bronzes and irons. Considering the implements suite unearthed from the tombs, this chapter also discusses the stages and times of tomb materials in the Jiangdongzui cemetery.

The epilogue, chapter eight, summarizes the situation and the value of the archaeological work in the Jiangdongzui cemetery, and brings up some considerations about the further work of archaeological research.

后　记

　　《巫山江东嘴墓地》是三峡工程文物保护工作成果之一，是集体劳动的结晶。为配合三峡工程建设，从1998年至2004年，经过中国文化遗产研究院（原中国文物研究所）、重庆市文物考古研究院（原重庆市考古所）、宜昌博物馆等历年多次发掘，江东嘴墓地发现了大量遗迹、遗物，丰富了三峡巫山地区汉晋时期的文化内涵。

　　本报告由肖承云、阮胜胜主编，乔梁、刘继东、吴义兵、赵冬为副主编，报告全书由阮胜胜统稿，肖承云、吴义兵审定。第一章由李增辉、何怀红、王超执笔，第三章第一、二节由赵冬执笔，第四章由李孝配、余朝婷、覃楠执笔，第五章由乔峡、张添、裴蓓执笔，第二、六、七章等由阮胜胜、向婧蠹执笔。报告中插图、图版由阮胜胜完成，线图描绘由王超、杜青、刘锐完成，英文提要由吴忧翻译完成。

　　在考古发掘、整理和报告编写的过程中，得到了各级领导、专家学者的关心、支持和指导，参与发掘、整理和研究工作的同仁付出了辛勤的劳动，科学出版社王光明先生为本报告的出版倾注大量心血，在此，谨表示诚挚的感谢！

编　者

2025年3月

1.1998年江东嘴墓地远景

2.2000年江东嘴墓地远景

江东嘴墓地远景（一）

1. 2003年江东嘴墓地远景

2. 2004年江东嘴墓地远景

江东嘴墓地远景（二）

1.1998WJⅡ区发掘工作照

2.2000WJⅡ区布方发掘照

发掘区场景照（一）

1. 2003WJ发掘区

2. 2003WJM9发掘工作照

发掘区场景照（二）

1. 2000WJ发掘区工作人员

2. 2000WJ发掘区绘图工作照

发掘区现场工作照（一）

1. 2003WJ发掘区现场工作照

2. 2003WS发掘区工作人员

发掘区现场工作照（二）

1. 1998WJM18（西→东）

2. 2000WJM25（东南→西北）

墓葬发掘照（一）

1. 2000WJM26（东→西）

2. 2000WJM30（西→东）

墓葬发掘照（二）

1. 2003WJM8（北→南）

2. 2004WSM10（北→南）

墓葬发掘照（三）

1. 2004WSM17、2004WSM18（西→东）

2. 2004WSM23（南→北）

墓葬发掘照（四）

1. 2003WSM1出土器物

2. 2004WSM10出土器物

墓葬出土器物现场照（一）

1. 2004WSM23 出土器物

2. 2004WSM31出土器物

墓葬出土器物现场照（二）

1. Aa型Ⅰ式（2004WSM18：4）

2. Aa型Ⅱ式（1998WJM15：5）

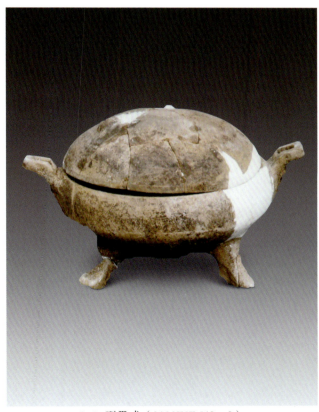

3. Aa型Ⅲ式（2000WJM42：2）

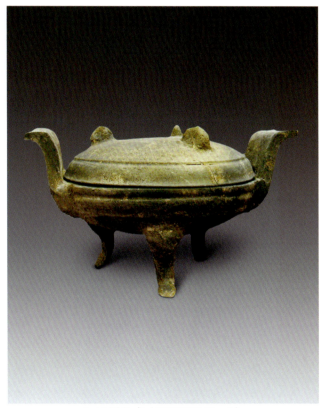

4. Ab型Ⅱ式（2003WSM1：8）

江东嘴墓地出土陶鼎

1. C型鼎（1998WJM20：15）

2. Aa型Ⅰ式瓮（2003WJM10：44）

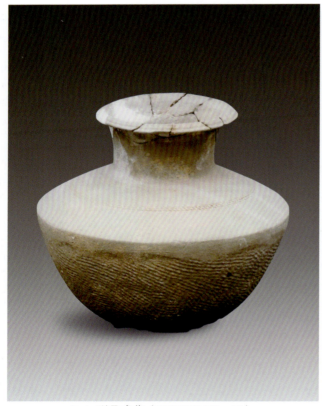

3. Aa型Ⅱ式瓮（2000WJM25：10）

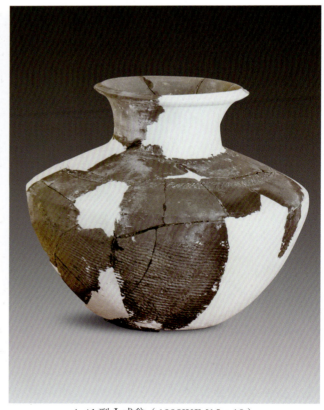

4. Ab型Ⅰ式瓮（1998WJM15：18）

江东嘴墓地出土陶鼎、瓮

1. Ac型Ⅰ式（2003WJM10：68）

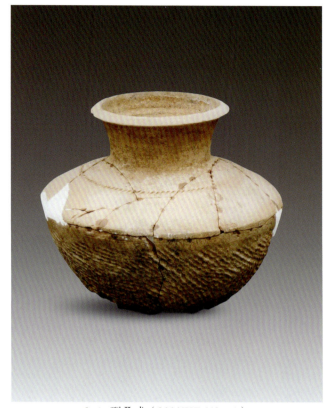

2. Ac型Ⅱ式（2000WJM42：1）

3. Ad型Ⅰ式（2003WJM10：46）

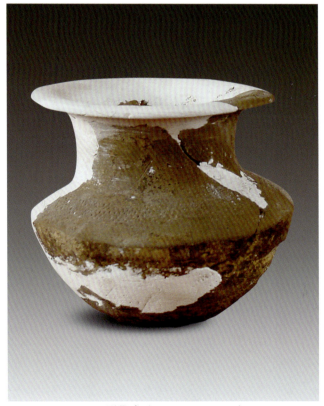

4. Ad型Ⅱ式（2004WSM38：8）

江东嘴墓地出土陶瓷（一）

1. Ba型（1998WJM18：6）

2. Bb型（2003WJM10：53）

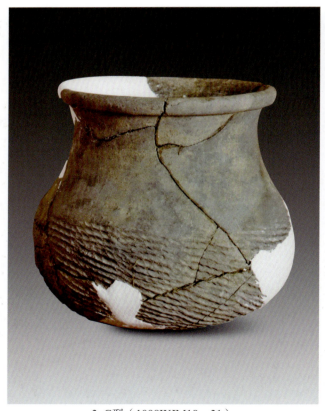

3. C型（1998WJM18：31）

4. D型（2000WJM38：2）

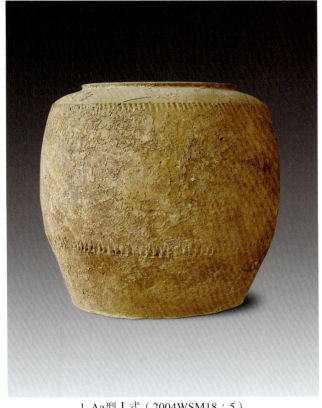

1. Aa型Ⅰ式（2004WSM18：5）

2. Aa型Ⅲ式（2000WJM25：39）

3. Ba型Ⅰ式（2004WSM10：5）

4. Ba型Ⅱ式（2004WSM17：4）

江东嘴墓地出土陶罐（一）

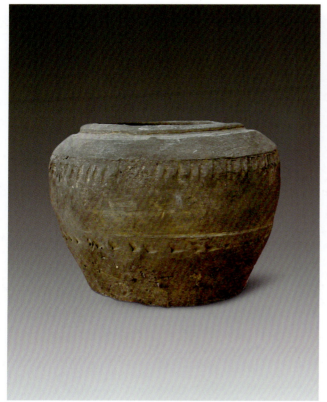

1. Bb型Ⅰ式（2004WSM10：19）

2. Bb型Ⅲ式（2000WJM25：19）

3. Bc型Ⅰ式（2004WSM18：9）

4. Bd型（2004WSM10：2）

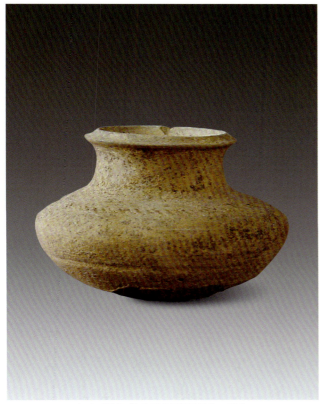

1. Aa型Ⅰ式（2004WSM18：10）

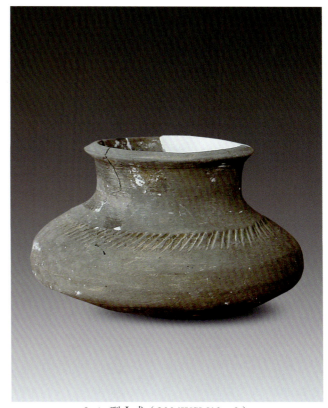

2. Ac型Ⅰ式（2004WSM10：3）

3. Ba型Ⅰ式（2004WSM10：7）

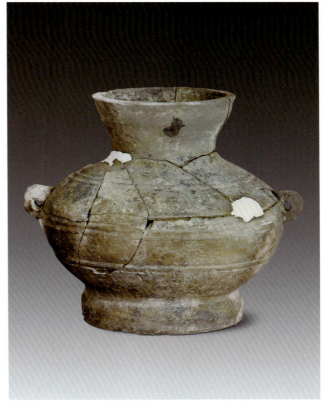

4. Ba型Ⅱ式（1998WJM20：17）

江东嘴墓地出土陶壶（一）

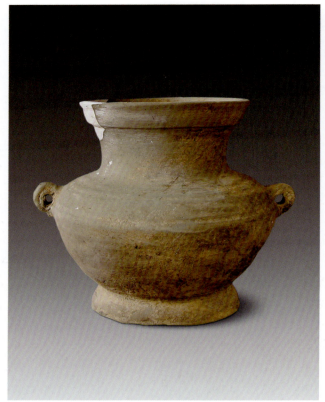

1. Ba型Ⅲ式（2004WSM17：6）

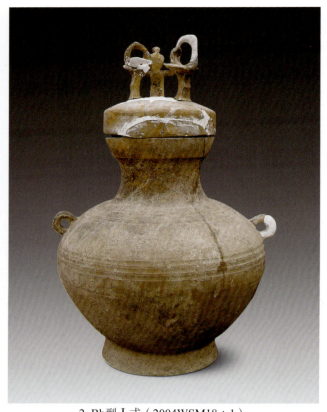

2. Bb型Ⅰ式（2004WSM18：1）

3. Bb型Ⅱ式（1998WJM15：17）

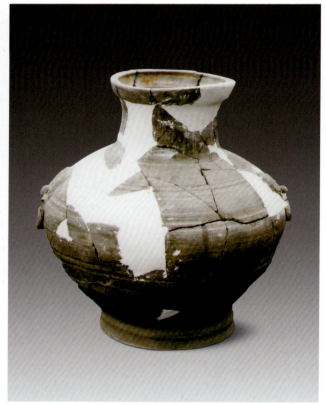

4. Bc型Ⅰ式（2000WJM30：62）

江东嘴墓地出土陶壶（二）

1. Bc型Ⅱ式（2004WSM17：1）

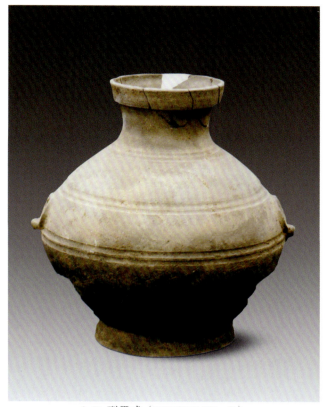

2. Bc型Ⅲ式（2000WJM29：3）

3. Bd型Ⅰ式（2000WJM30：60）

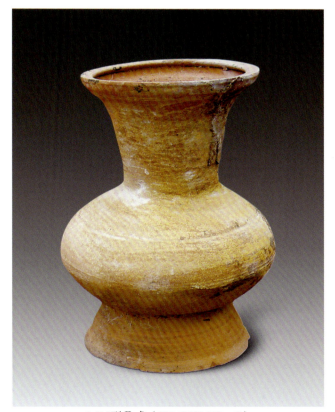

4. Bd型Ⅱ式（2004WSM22：8）

江东嘴墓地出土陶壶（三）

1. Aa型Ⅰ式（2004WSM18：15）

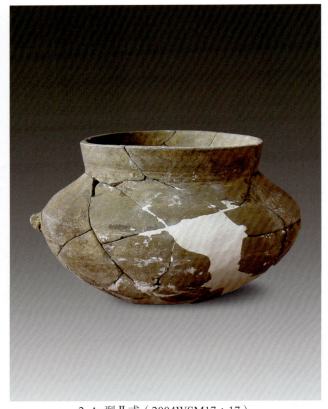

2. Aa型Ⅱ式（2004WSM17：17）

3. Ac型（2003WSM8：11）

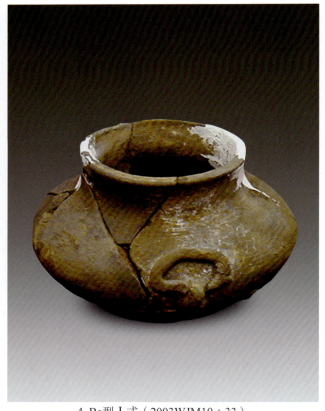

4. Ba型Ⅰ式（2003WJM10：33）

江东嘴墓地出土陶釜

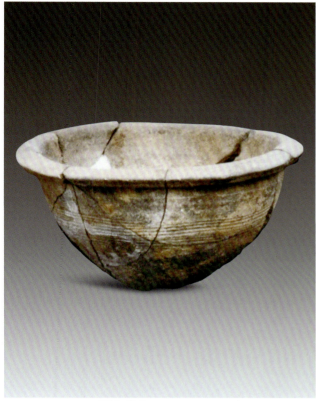

1. Aa型Ⅰ式（2000WJM30：15）

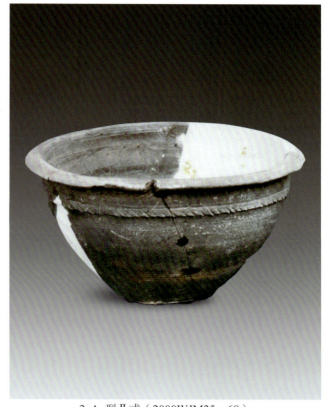

2. Aa型Ⅱ式（2000WJM25：68）

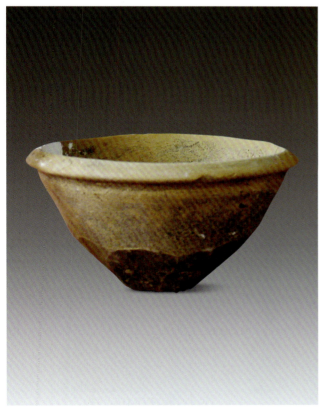

3. Ab型Ⅰ式（2004WSM18：17）

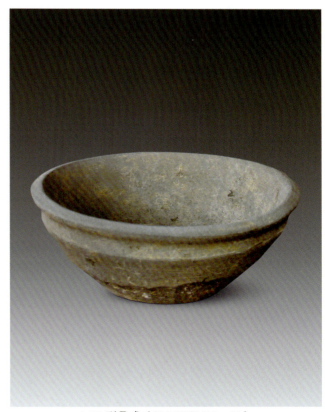

4. Bb型Ⅱ式（2004WSM11：10）

江东嘴墓地出土陶甑（一）

1. Bc型Ⅱ式（2004WSM25：7）

2. Bd型Ⅰ式（2003WSM8：6）

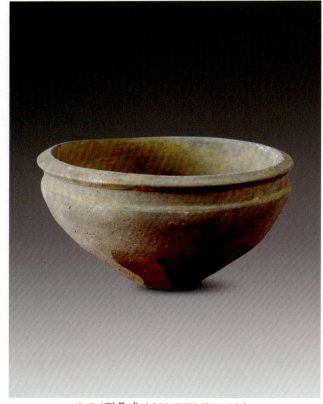

3. Bd型Ⅱ式（2004WSM31：13）

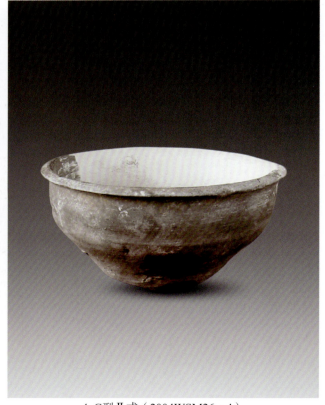

4. C型Ⅱ式（2004WSM26：4）

江东嘴墓地出土陶瓿（二）

1. Aa型Ⅱ式（2004WSM23：52）

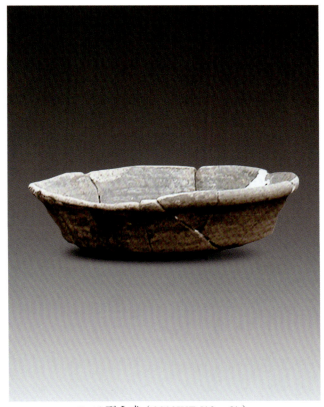

2. Ab型Ⅰ式（2003WJM10：61）

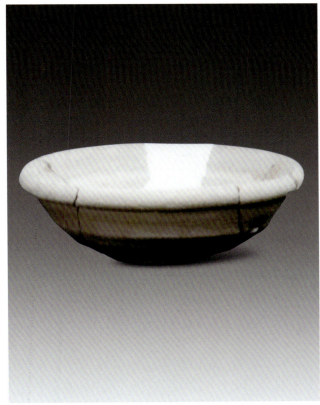

3. Ab型Ⅱ式（2000WJM25：36）

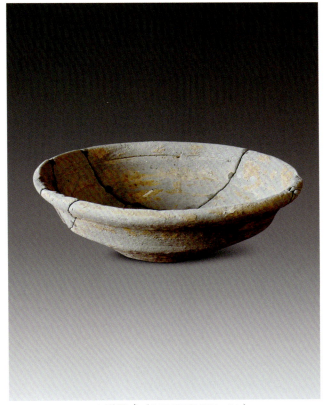

4. Ab型Ⅲ式（2004WSM17：11）

江东嘴墓地出土陶钵（一）

1. Ac型Ⅱ式（2000WJM25：58）

2. Bb型Ⅱ式（2004WSM38：2）

3. Bc型Ⅱ式（2004WSM27：4）

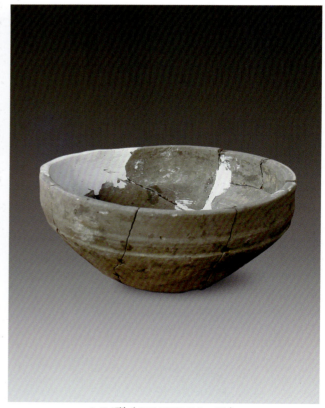

4. Bd型（2004WSM10：13）

江东嘴墓地出土陶钵（二）

1. Cb型Ⅱ式钵（2000WJM36：2）

2. Da型Ⅱ式钵（2004WSM23：57）

3. A型Ⅰ式盒（1998WJM19：27）

4. A型Ⅱ式盒（2003WJM8：7）

江东嘴墓地出土陶钵、盒

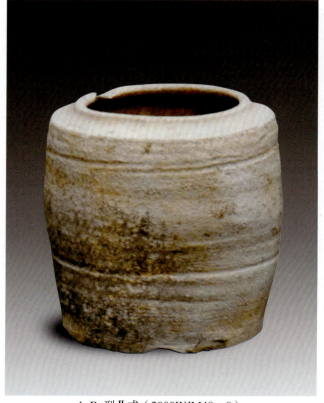

1. Ba型Ⅱ式（2000WJM48∶8）

2. Bb型Ⅰ式（2000WJM25∶51）

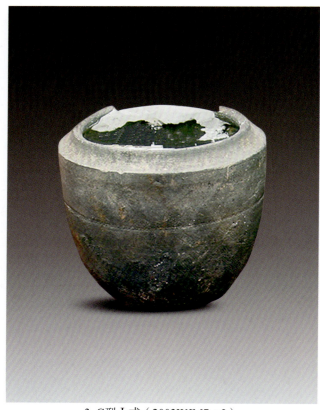

3. C型Ⅰ式（2003WJM7∶2）

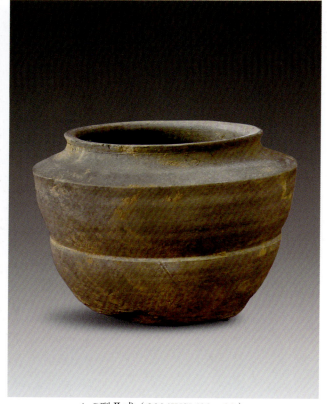

4. C型Ⅱ式（2004WSM23∶23）

江东嘴墓地出土陶盒

1. Aa型Ⅰ式（2000WJM30：33）

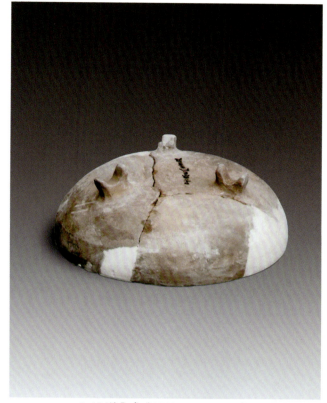

2. Ab型Ⅰ式（2000WJM30：40）

3. Ab型Ⅱ式（2000WJM29：21）

4. Bb型Ⅰ式（2000WJM25：67）

江东嘴墓地出土陶器盖

1. Cb型器盖（2003WJM10：34）

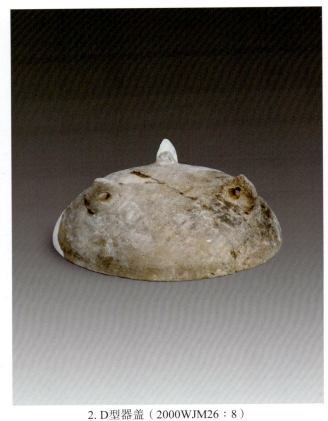

2. D型器盖（2000WJM26：8）

3. Ba型Ⅰ式灶（2000WJM30：55）

4. Ba型Ⅲ式灶（1998WJM16：1）

江东嘴墓地出土陶器盖、灶

1. Aa型Ⅰ式（1998WJM20：2）

2. Ab型Ⅰ式（2003WJM8：9）

3. Ba型（2004WSM10：6）

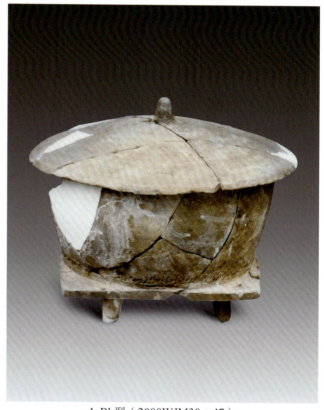

4. Bb型（2000WJM30：47）

江东嘴墓地出土陶仓

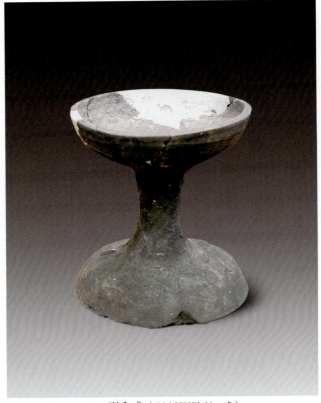

1. Ab型Ⅰ式（2003WSM1：5）

2. Ab型Ⅱ式（2004WSM23：61）

3. Ba型Ⅰ式（2004WSM26：6）

4. Ba型Ⅱ式（2004WSM38：11）

江东嘴墓地出土陶灯

1. Bb型Ⅰ式灯（2004WSM31∶10）

2. Bb型Ⅱ式灯（2004WSM23∶33）

3. A型Ⅱ式碗（2000WJM42∶4）

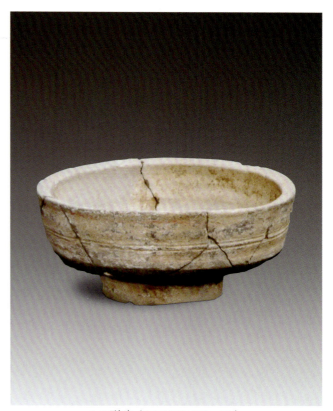

4. B型碗（2000WJM25∶23）

江东嘴墓地出土陶灯、碗

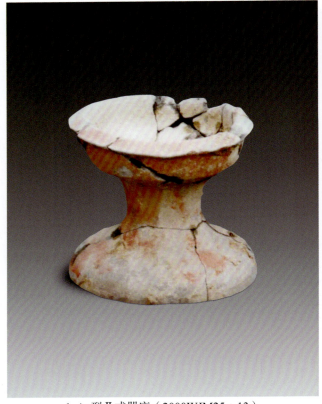

1. Aa型Ⅱ式器座（2000WJM25：13）

2. Aa型Ⅲ式器座（2000WJM23：6）

3. Ab型器座（2004WSM15：2）

4. 井（2000WJM25：6）

江东嘴墓地出土陶器座、井

1. Da型盂（2003WSM2：1）

2. Ⅱ式碟（2004WSM22：9）

3. 杯（2004WSM23：54）

4. 楼（2004WSM23：9）

江东嘴墓地出土陶盂、碟、杯、楼

1. A型侍立俑（2004WSM23：46）

2. B型侍立俑（2004WSM23：48）

3. C型侍立俑（2004WSM23：47）

4. 持便面俑（2004WSM23：44）

江东嘴墓地出土陶人俑（一）

1. A型站立俑（2000WJM25：2）

2. B型站立俑（2004WSM23：50）

3. 抱袋俑（2004WSM23：38）

4. B型舞蹈俑（2004WSM23：40）

江东嘴墓地出土陶人俑（二）

1. 吹箫俑（2004WSM23：43）

2. 抚琴俑（2004WSM23：42）

3. 庖厨俑（2004WSM23：41）

4. 击鼓俑（2004WSM23：37）

江东嘴墓地出土陶人俑（三）

1. A型狗（2004WSM23：35）

2. B型狗（2004WSM25：8）

3. A型鸡（2004WSM23：51）

4. B型鸡（2004WSM23：28）

江东嘴墓地出土陶动物俑（一）

1. A型猪（2004WSM25：5）

2. B型猪（2004WSM25：11）

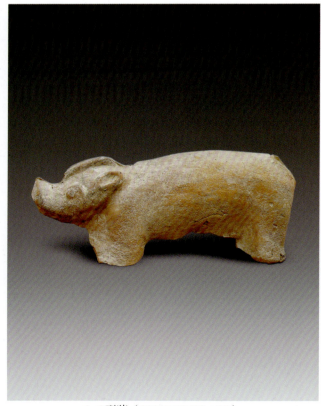

3. C型猪（2004WSM23：27）

4. 吐舌俑（2004WSM23：30）

江东嘴墓地出土陶动物俑（二）

1. Aa型壶（1998WJM12：15）

2. B型壶（2003WJM1：1）

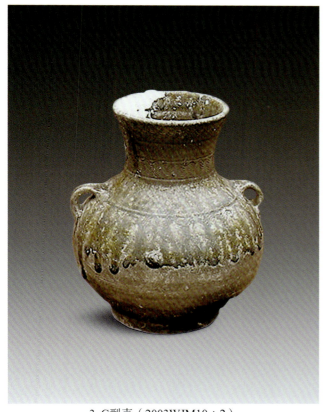

3. C型壶（2003WJM10：2）

4. Ⅱ式博山炉（2003WJM9：5）

江东嘴墓地出土釉陶器（一）

1. A型罐（2004WSM23：5）

2. B型罐（2004WSM29：1）

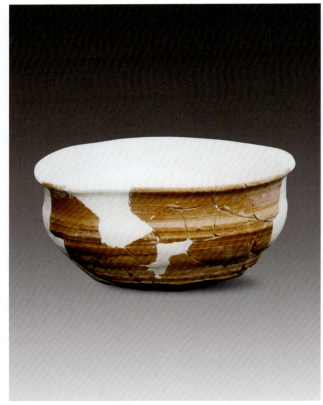

3. B型盆（2000WJM50：2）

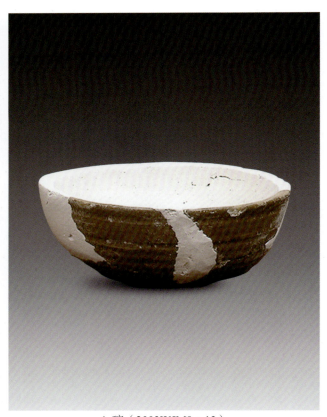

4. 碗（2003WJM9：13）

江东嘴墓地出土釉陶器（二）

1. A型镜（2003WSM6：1）

2. B型镜（2004WSM11：1）

3. C型鍪（2004WSM23：2）

4. 盘（2004WSM23：11）

江东嘴墓地出土铜器（一）

1. 凤鸟饰（2004WSM23：12）

2. 人形饰（2004WSM23：13）

3. B型泡钉（2004WSM23：17）

4. 扣件（2004WSM23：29）

江东嘴墓地出土铜器（二）

1. 戈樽（2004WSM14：2）

2. 矛镦（2004WSM14：1）

3. 矛（2000WJM24：10）

4. 带钩（1998WJM18：40）

江东嘴墓地出土铜器（三）

1. 鼎（2000WJM24：1）

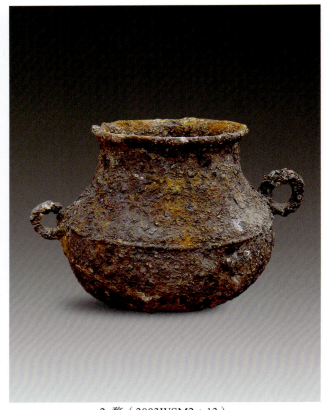

2. 鍪（2003WSM2：13）

3. 铲（2000WJM26：2）

4. 环首刀（2003WJM10：30）

江东嘴墓地出土铁器

1. 铜鍪（2003WJM8：12）

2. 陶罐（2003WJM8：8）

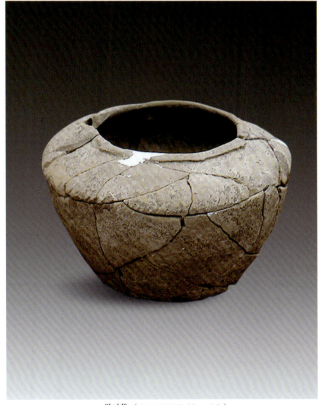

3. 陶罐（2003WJM8：17）

4. 陶灶（2003WJM8：20）

2003WJM8出土器物

1. 陶罐（2003WJM9：2）

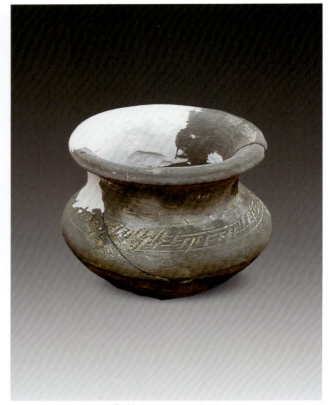

2. 陶壶（2003WJM9：3）

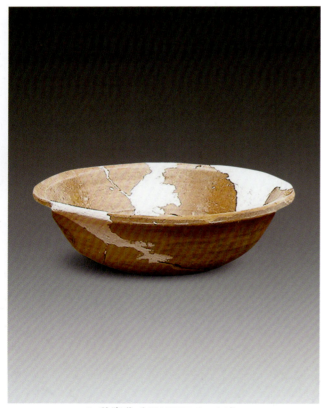

3. 釉陶盆（2003WJM9：14）

4. 釉陶盅（2003WJM9：12）

2003WJM9出土器物

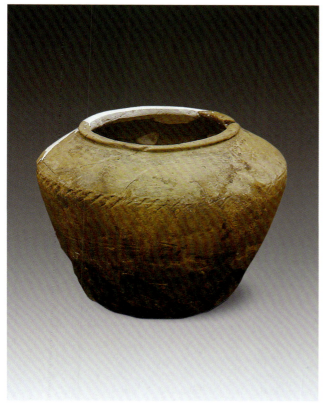

1. 陶罐（2003WJM10：8）

2. 陶罐（2003WJM10：14）

3. 陶瓮（2003WJM10：43）

4. 陶灶（2003WJM10：20）

2003WJM10出土器物

1. 陶罐（2003WSM1：7）

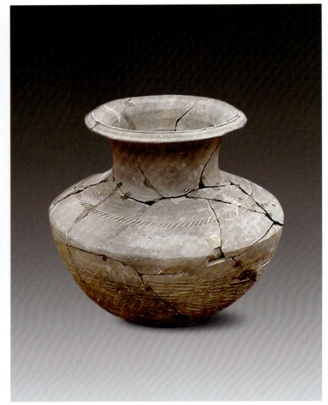

2. 陶瓮（2003WSM1：6）.

3. 陶鍪（2003WSM1：4）

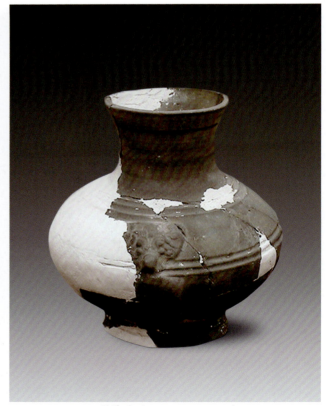

4. 釉陶壶（2003WSM1：11）

2003WSM1出土器物

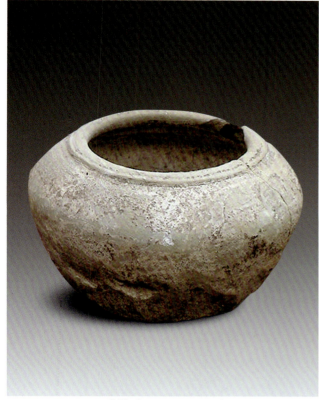

1. 陶罐（2003WSM6∶9）

2. 陶罐（2003WSM6∶12）

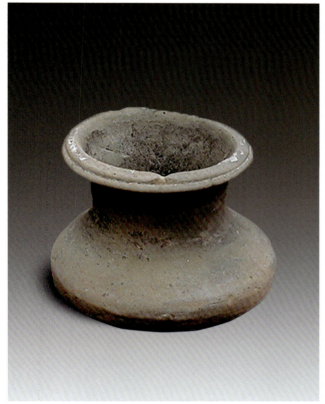

3. 陶壶（2003WSM6∶8）

4. 陶灶（2003WSM6∶3）

2003WSM6出土器物

1. 陶罐（2004WSM10：1）

2. 陶瓮（2004WSM10：10）

3. 陶壶（2004WSM10：3）

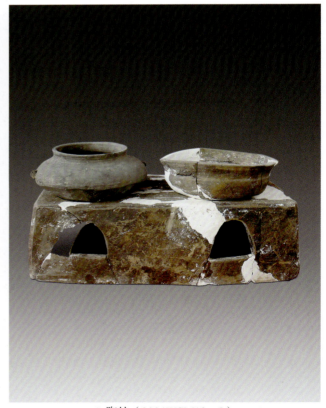

4. 陶灶（2004WSM10：9）

2004WSM10出土器物

1. 陶罐（2004WSM11：18）

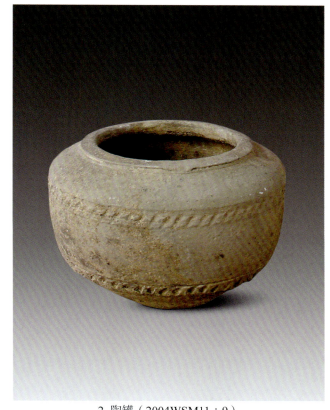

2. 陶罐（2004WSM11：9）

3. 陶瓮（2004WSM11：6）

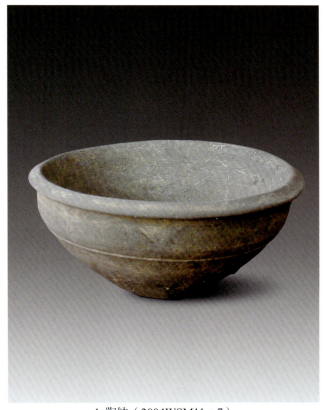

4. 陶钵（2004WSM11：7）

2004WSM11出土器物

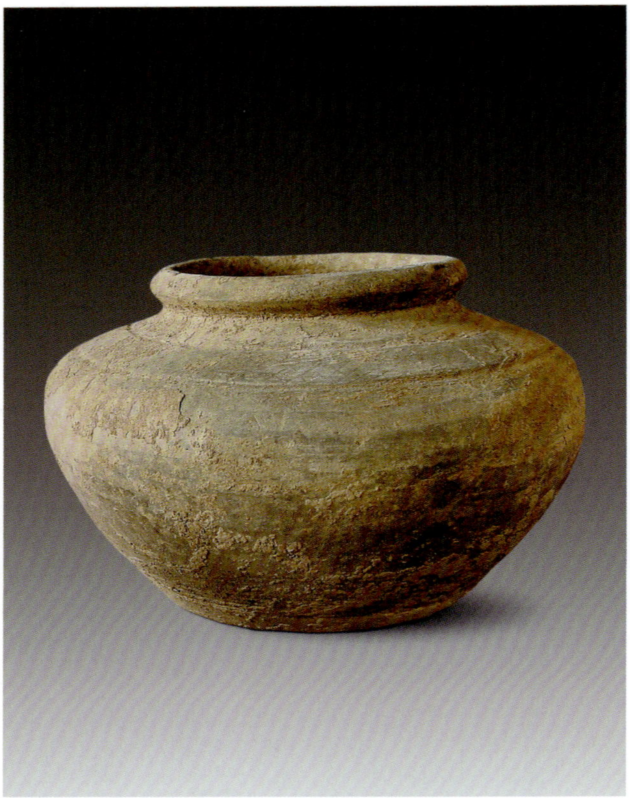

1. 陶罐（2004WSM17：9）

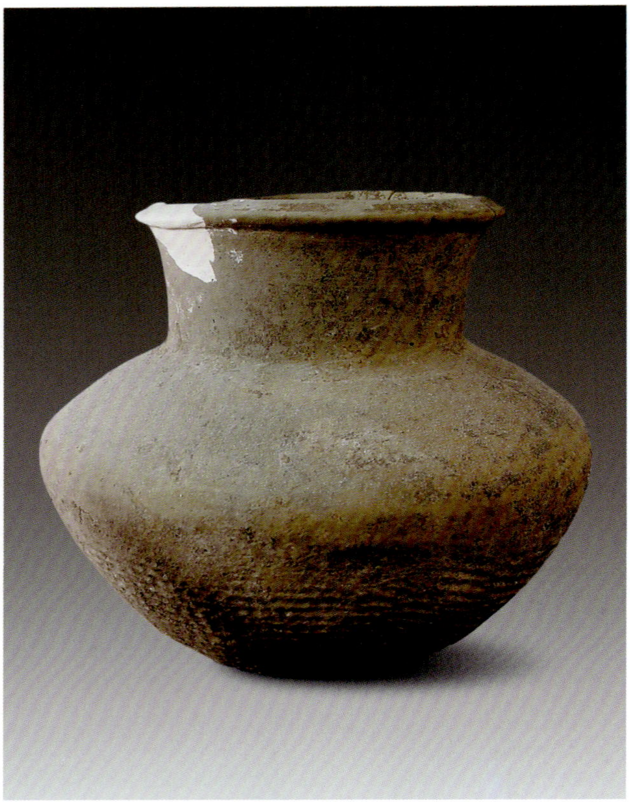

2. 陶瓮（2004WSM17：18）

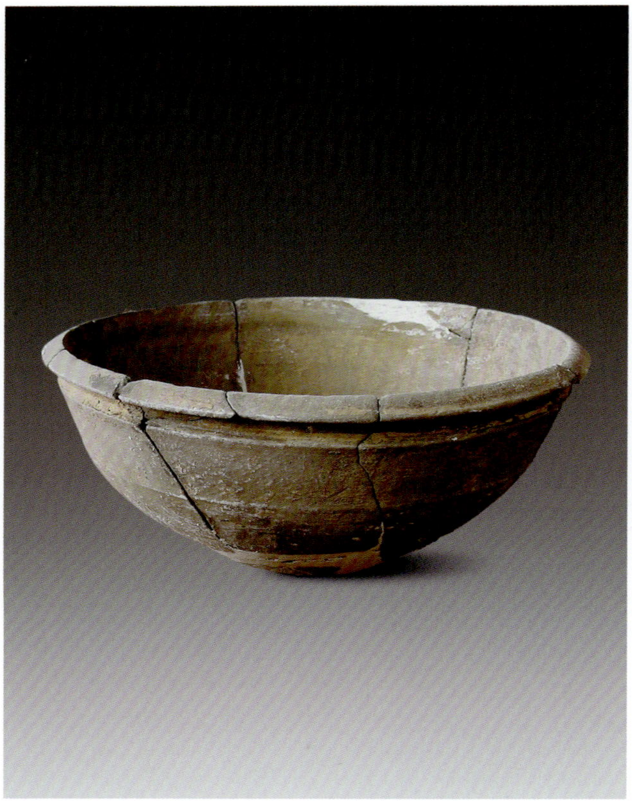

3. 陶甑（2004WSM17：16）

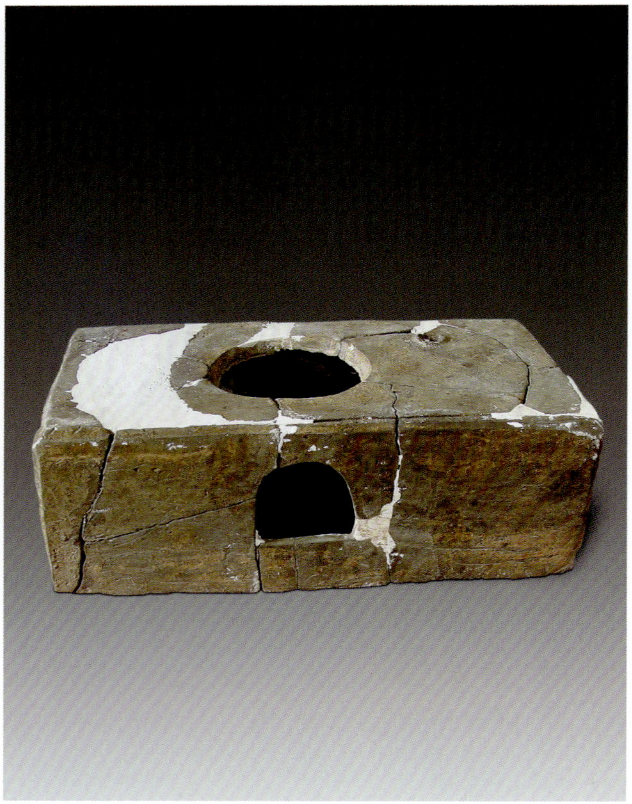

4. 陶灶（2004WSM17：7）

2004WSM17出土器物

1. 釉陶壶（2004WSM23：6）

2. 陶楼（2004WSM23：10）

3. 陶舞蹈俑（2004WSM23：39）

4. 铜泡钉（2004WSM23：19）

2004WSM23出土器物

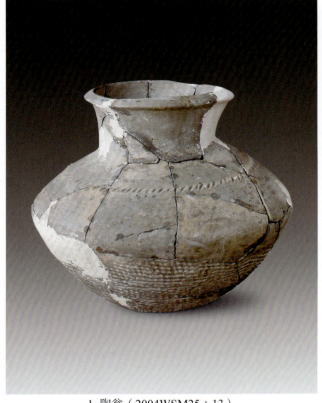

1. 陶瓮（2004WSM25：13）

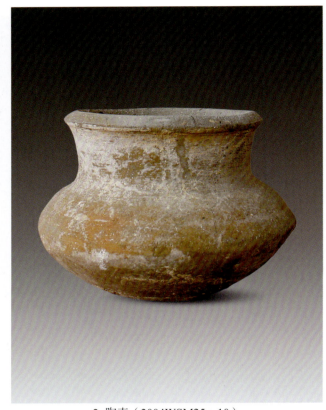

2. 陶壶（2004WSM25：10）

3. 陶釜（2004WSM25：16）

4. 陶盒（2004WSM25：14）

2004WSM25出土器物

1. 陶罐（2004WSM22：2）

2. 陶杯（2004WSM22：4）

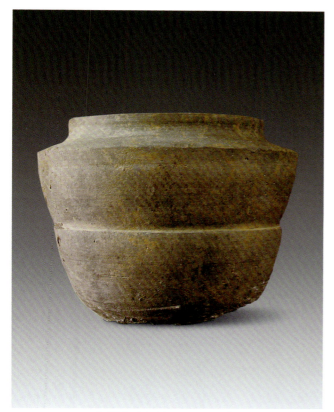

3. 陶盒（2004WSM22：1）

4. 陶灶（2004WSM22：5）

2004WSM22出土器物

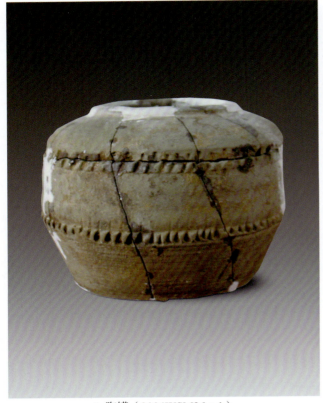

1.陶罐（2004WSM26：1）

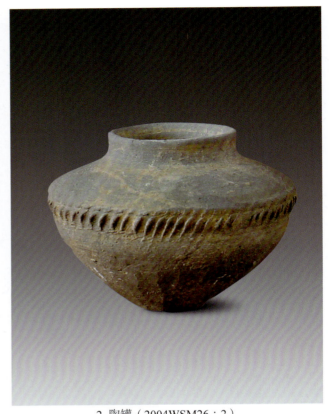

2.陶罐（2004WSM26：2）

3.陶瓮（2004WSM26：12）

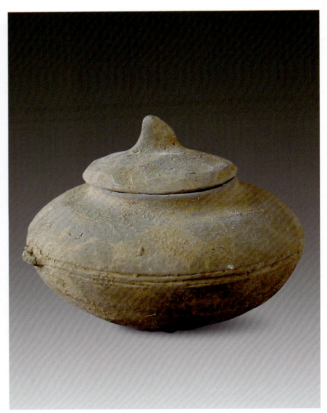

4.陶釜（2004WSM26：11）

2004WSM26出土器物

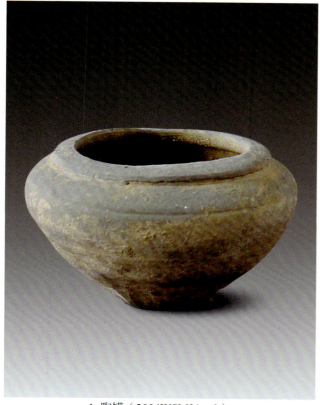

1. 陶罐（2004WSM31：3）

2. 陶壶（2004WSM31：9）

3. 陶釜（2004WSM31：8）

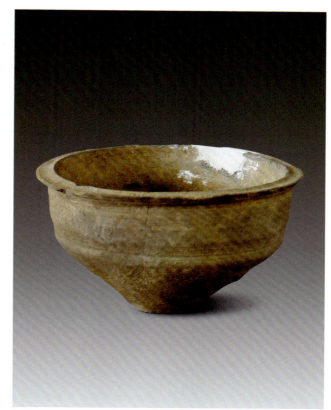

4. 陶钵（2004WSM31：6）

2004WSM31出土器物

1. 陶罐（2004WSM38：6）

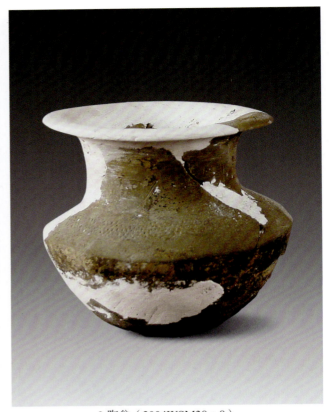

2. 陶瓮（2004WSM38：8）

3. 陶壶（2004WSM38：9）

4. 陶钵（2004WSM38：3）

2004WSM38出土器物